Onderzoek doen!

'De menselijke geest is erop gericht feiten te verzamelen, in een poging de wereld voorspelbaar te maken.'

— *(Psychologie Magazine)*

Onderzoek doen!
Kwantitatief en kwalitatief onderzoek

Tom Fischer

Mark Julsing

Tweede druk

Noordhoff Uitgevers Groningen/Houten

Ontwerp omslag: G2K Designers, Groningen/Amsterdam
Omslagillustratie: iStockphoto

Eventuele op- en aanmerkingen over deze of andere uitgaven kunt u richten aan: Noordhoff Uitgevers bv, Afdeling Hoger Onderwijs, Antwoordnummer 13, 9700 VB Groningen, e-mail: info@noordhoff.nl

Met betrekking tot sommige teksten en/of illustratiemateriaal is het de uitgever, ondanks zorgvuldige inspanningen daartoe, niet gelukt eventuele rechthebbende(n) te achterhalen. Mocht u van mening zijn (auteurs)rechten te kunnen doen gelden op teksten en/of illustratiemateriaal in deze uitgave dan verzoeken wij u contact op te nemen met de uitgever.

Deze uitgave is gedrukt op FSC-papier.

© 2014 Noordhoff Uitgevers bv Groningen/Houten, The Netherlands.

Behoudens de in of krachtens de Auteurswet van 1912 gestelde uitzonderingen mag niets uit deze uitgave worden verveelvoudigd, opgeslagen in een geautomatiseerd gegevensbestand of openbaar gemaakt, in enige vorm of op enige wijze, hetzij elektronisch, mechanisch, door fotokopieën, opnamen of enige andere manier, zonder voorafgaande schriftelijke toestemming van de uitgever. Voor zover het maken van reprografische verveelvoudigingen uit deze uitgave is toegestaan op grond van artikel 16h Auteurswet 1912 dient men de daarvoor verschuldigde vergoedingen te voldoen aan Stichting Reprorecht (postbus 3060, 2130 KB Hoofddorp, www.reprorecht.nl). Voor het overnemen van gedeelte(n) uit deze uitgave in bloemlezingen, readers en andere compilatiewerken (artikel 16 Auteurswet 1912) kan men zich wenden tot Stichting PRO (Stichting Publicatie- en Reproductierechten Organisatie, postbus 3060, 2130 KB Hoofddorp, www.stichting-pro.nl).

All rights reserved. No part of this publication may be reproduced, stored in a retrieval system, or transmitted, in any form or by any means, electronic, mechanical, photocopying, recording, or otherwise, without the prior written permission of the publisher.

ISBN 978-90-01-83396-1
NUR 916

Woord vooraf

Onderzoek speelt in het hoger onderwijs een steeds belangrijkere rol. Tijdens de studie worden vaak in groepjes opdrachten uitgewerkt, waarbij onderzoek moet worden uitgevoerd om aan gegevens te komen. Ook tijdens de stage komen veel studenten in aanraking met onderzoek. En bij de afstudeeropdracht moet bij de meeste studierichtingen de student zelfstandig een onderzoek uitvoeren. Genoeg redenen dus om aandacht te besteden aan het op een verantwoorde manier opzetten en doen van onderzoek.

Onderzoek doen! is praktisch van opzet. De student moet onderzoek als vaardigheid krijgen aangeleerd. Praktische tips, checklists en handige overzichten zijn daarbij onmisbaar.
We hebben ernaar gestreefd het boek voor studenten zo aantrekkelijk mogelijk te maken.
Onderzoek doen is een leuke bezigheid, al is niet elke student daar op voorhand van overtuigd. We hebben veel kranten- en internetartikelen opgenomen die aansluiten bij de belevingswereld van studenten, evenals veel voorbeelden uit de praktijk van onderzoek gedaan door studenten.
Sommige studenten vinden onderzoek doen gelukkig al bij voorbaat leuk. Dit boek is geschreven door een afstudeerdocent samen met een (ex)student die na zijn afstuderen als marktonderzoeker is gaan werken.

Schrijven is schrappen en keuzes maken. We hebben ervoor gekozen om het experiment niet uitvoerig te behandelen. De doelgroep die we voor ogen hebben met dit boek zijn hbo-studenten. De nadruk ligt daardoor op praktijkonderzoek en niet op wetenschappelijk onderzoek. Uiteraard wordt wel aandacht besteed aan het opzetten van een wetenschappelijk verantwoord onderzoek, maar we hebben met name die methoden beschreven die bij praktijkonderzoek het meeste toegepast worden.
Een andere keuze die gemaakt is, betreft statistiek en SPSS. Om de omvang van het boek beperkt te houden, is ervoor gekozen om statistiek en SPSS niet te behandelen.
Voor deze onderwerpen zijn uitstekende aanvullende boeken en boekjes op de markt. Op de website www.onderzoekdoen.noordhoff.nl verwijzen we naar een aantal van deze boeken. Ook komt het regelmatig voor dat het vak onderzoek en het vak statistiek met SPSS-practicum afzonderlijk worden aangeboden en soms ook door verschillende docenten worden gegeven.

Ter afsluiting van dit woord vooraf willen wij als auteurs de uitgever, mevrouw Judith Boertjens van Noordhoff Uitgevers, hartelijk danken voor het uitgeven van *Onderzoek doen!*. Verder willen we iedereen bedanken die behulpzaam is geweest bij de totstandkoming van het boek. Speciale dank gaat uit naar Marleen Boer en Ina Bruining voor het kritisch beoordelen en redigeren van teksten.

In deze tweede herziene druk is een aantal wijzigingen doorgevoerd. Het hoofdstuk over online-onderzoek is komen te vervallen. Online is nu geïntegreerd in de andere hoofdstukken. De reden hiervoor is dat online-onderzoek een gewoon onderdeel is geworden van het instrumentarium en in alle hoofdstukken aandacht verdient. Ook de toepassing van smartphones en tablets komt in deze tweede druk aan de orde. Een belangrijke ontwikkeling is de toegenomen aandacht voor onderzoek in de accreditaties binnen het hoger onderwijs. De door de Vereniging Hogescholen opgestelde gedragscode praktijkgericht onderzoek voor het hbo is bij de herziening meegenomen bij de eisen waar goed onderzoek aan dient te voldoen, net als de regelgeving door overheid en brancheorganisaties.

Voorjaar 2014
Tom Fischer
Mark Julsing

Inhoud

1 Onderzoek doen 11
1.1 Wat is onderzoek? 13
1.2 Redenen voor onderzoek 17
1.3 Methoden van onderzoek 21
1.4 Onderzoeksproces 26
     Samenvatting 28
     Opdrachten 29

2 Afbakening van het onderzoek 33
2.1 Doelstelling van het onderzoek 35
2.2 Centrale vraag en probleemstelling 38
2.3 Deelvragen en onderzoeksvragen 41
2.4 Conceptueel model 43
     Samenvatting 49
     Opdrachten 50

3 Methoden voor informatieverzameling 55
3.1 Soort onderzoek: beschrijven, exploreren of toetsen? 57
3.2 Deskresearch en fieldresearch 57
3.3 Online-onderzoek 58
3.4 Kwantitatief of kwalitatief onderzoek 62
3.5 Betrouwbaarheid en validiteit 63
3.6 Informatieverzameling en informatieplan 72
     Samenvatting 80
     Opdrachten 81

4 Deskresearch 83
4.1 Typen bestaande gegevens 85
4.2 Literatuurbronnen 89
4.3 Zoeken op internet 90
4.4 Deskresearchplan 95
     Samenvatting 97
     Opdrachten 98

5 Kwalitatief onderzoek 105
5.1 Interviews 107
5.2 Focusgroepen 119
5.3 Observatie 121
5.4 Casestudy 124
5.5 Online kwalitatief onderzoek 124
     Samenvatting 131
     Opdrachten 132

6	**Kwantitatief onderzoek: populatie en steekproef** 135	
6.1	Populatie 137	
6.2	Steekproef 137	
6.3	Responscontrole en maatregelen 142	
	Samenvatting 147	
	Opdrachten 148	

7	**Kwantitatief onderzoek: enquête-research** 153	
7.1	Dataverzameling 155	
7.2	Online kwantitatief onderzoek 157	
7.3	Variabelen operationaliseren 161	
7.4	Enquêtevragen 162	
7.5	Antwoordcategorieën 165	
7.6	Afname-instrument 167	
7.7	Analyse 168	
	Samenvatting 170	
	Opdrachten 171	

8	**Rapportage** 175	
8.1	Verslaglegging 177	
8.2	Uitkomsten presenteren 185	
	Samenvatting 189	
	Opdrachten 190	

Begrippenlijst 194

Literatuuroverzicht 198

Illustratieverantwoording 200

Bijlagen 201
1. Checklist aanleiding onderzoek 202
2. Checklist inperken onderzoek 203
3. Checklist onderzoeksopzet 205
4. Checklist onderzoeksbriefing (voor opdrachtgever) 206
5. Checklist keuze informatieverzamelingsmethode 207
6. Checklist operationalisering variabelen 209
7. Checklist steekproeftrekking 211
8. Checklist vragenlijst 213
9. Checklist rapportage 215
10. Checklist presentatie 217
11. Beoordelingsformulier Onderzoeksrapport 219

Register 220

Over de auteurs 224

'Geloof in hel goed voor economie'

Vrouwen rijden onveiliger

Vrouwen rijden beter auto dan mannen

Onderzoek bewijst: echte Italiaanse pizza is heel gezond

Hoe meer borsthaar, hoe intelligenter

1 Onderzoek doen

1.1 Wat is onderzoek?
1.2 Redenen voor onderzoek
1.3 Methoden van onderzoek
1.4 Onderzoeksproces

In dit hoofdstuk belichten we op een systematische manier het vertrekpunt van een onderzoek.
We gaan eerst in op de redenen die in het onderwijs en de beroepspraktijk aanleiding kunnen geven tot het doen van onderzoek. Vervolgens behandelen we de manieren waarop je onderzoek kunt doen en welke fundamentele keuzes je hierbij moet maken. Daarna kijken we naar de fasen in het onderzoeksproces. Deze fasen vormen de rode draad van dit boek. De overige paragrafen in dit hoofdstuk vormen input voor de onderzoeksopzet. Tot slot volgen oefenvragen om te kijken of je de stof beheerst. Deze vragen kunnen ook gebruikt worden tijdens werkcolleges.

Na bestudering van dit hoofdstuk moet je in staat zijn om aan te geven:
- wat onderzoek doen is
- wat redenen kunnen zijn om onderzoek uit te (laten) voeren
- welke methoden van onderzoek worden onderscheiden
- welke fasen in het onderzoeksproces worden onderscheiden
- welke eisen gesteld worden aan verantwoord onderzoek

Google kan nu ook al filmsucces voorspellen

Hoe vaker er op een filmtitel wordt gegoogeld, des te succesvoller hij zal worden in de bios. Eigenlijk best logisch.

Dit is de uitkomst van een onderzoek dat Google deed naar de correlatie tussen zoekopdrachten en filmsuccessen. Ze zeggen het met een nauwkeurigheid tot 94 procent bij het juist eind te hebben. Mede omdat we steeds vaker filmgerelateerde zoekopdrachten invullen bij de advertentiegigant – een stijging van 56% in 2012 – wordt de voorspelling van kassuccessen steeds nauwkeuriger. Ook de status van de film en seizoensgebondenheid worden meegenomen in de voorspelling.

'At four weeks out, trailer search volume on Google coupled with both the franchise status of the movie andttracan predict opening weekend box office revenue with 94% accuracy.'

Een voorbeeldje uit het onderzoek in onderstaande grafiek. Zoekopdracht versus geld-in-het-laatje aan de kassa. Over welke film het gaat is niet bekendgemaakt.

Voorlopig heeft Hollywood dikke pech: de informatie wordt niet vrijgegeven. Voorlopig althans. Want hier zit natuurlijk een leuk verdienmodelletje in.

Bron: www.apparata.nl

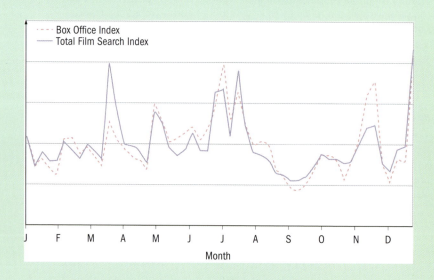

1.1 Wat is onderzoek?

Voor iedereen met de nodige dosis nieuwsgierigheid is onderzoek doen een van de leukste bezigheden die er zijn. Hoe zitten dingen in elkaar? En waarom is dat zo? Vragen stellen, antwoorden zoeken die weer nieuwe vragen oproepen en steeds zoeken naar nieuwe informatie, is de basis voor het doen van onderzoek.
We kijken in deze paragraaf vooral naar de categorieën onderzoek en gaan daarna in op de stappen in het onderzoek.

1.1.1 Categorieën onderzoek

Aan onderzoek hechten we in de moderne samenleving veel waarde. Veel beslissingen worden pas na uitvoerig onderzoek genomen. En vele politieke debatten worden gevoerd over de juiste interpretatie van de laatste onderzoeksgegevens van het Centraal Planbureau (CPB). Kennis staat in hoog aanzien. En aangezien nieuwe kennis voortkomt uit onderzoek, is het niet verbazingwekkend dat in Nederland vele miljoenen per jaar aan onderzoek worden gespendeerd.
Voor de meeste hogeropgeleiden vormen onderzoeksrapporten een onderdeel van het werk. Ook thuis kun je er niet omheen. Je hoeft maar een krant open te slaan, of de meer en minder serieuze onderzoeksresultaten vliegen om je oren. Onderzoek levert bijna altijd wel een of meer verrassende, boeiende of interessante resultaten op. Zo niet, dan kun je daar met gebruik van de nodige statistiek vaak wel voor zorgen. Zoals de artikelen in dit hoofdstuk duidelijk maken, wordt er naar veel verschillende onderwerpen onderzoek gedaan.

Het doen van onderzoek lijkt heel eenvoudig. In de loop van je leven heb je al veel onderzoek gedaan, al zul je het lang niet altijd als onderzoek hebben benoemd.
Onderzoek doen lijkt simpeler dan het is. Als je onderzoek interessante uitkomsten oplevert, zorgt het ook voor discussie. Er is altijd wel iemand die belang heeft bij een andere uitkomst. Je zult je dan moeten verdedigen en aantonen dat je onderzoek goed is opgezet en uitgevoerd. Slecht opgezet en uitgevoerd onderzoek levert onbetrouwbare resultaten op waar je niets mee kunt.
Om (wetenschappelijk) verantwoord onderzoek te kunnen doen, is kennis van onderzoeksmethodiek onontbeerlijk.

Onderzoeksmethodiek

Als je willekeurige mensen op straat vraagt naar een definitie van onderzoek, krijg je uiteenlopende antwoorden. Deze variëren van 'datgene wat wetenschappers doen om aan nieuwe theorieën te komen' tot 'metingen verrichten'. Als je op internet zoekt met als zoekterm 'onderzoek', krijg je miljoenen hits. Ze vallen met name in twee categorieën uiteen:
1 praktijkonderzoek
2 wetenschappelijk onderzoek

Ad 1 Praktijkonderzoek
Praktijkonderzoek is bijvoorbeeld onderzoek van experts die hun kennis toepassen door één geval te onderzoeken met als doel te diagnosticeren. Voorbeelden hiervan zijn medisch onderzoek, marktonderzoek, milieuonderzoek en forensisch onderzoek. Hierbij wordt de wetenschappelijke kennis toegepast en dient het onderzoek voor het verzamelen van de gegevens om

de diagnose te stellen. Op basis van deze diagnose wordt vaak een plan van aanpak opgesteld voor verbetering.

Ad 2 Wetenschappelijk onderzoek
Wetenschappelijk onderzoek is onderzoek om nieuwe algemene kennis te verwerven. Voorbeelden hiervan zijn wetenschappelijk onderzoek naar ziektebeelden of onderzoek hoe arbeid motiverender gemaakt kan worden.

Beide soorten onderzoek moeten wel op een (wetenschappelijk) verantwoorde wijze worden uitgevoerd, anders heb je weinig aan de resultaten. Rest de vraag wat onderzoek nou eigenlijk is. Volgens de website van het MOA, Center for Information Based Decision Making & Marketing Research (instituut voor mensen en bedrijven die zich bezighouden met marktonderzoek, digital analytics, marketing intelligence en beleidsonderzoek) zijn er veel definities over onderzoek in omloop. Om tot een eigen definitie te komen, gaan we uit van alledaagse situaties waarin het woord 'onderzoek' wordt gebruikt. Op basis hiervan maken we duidelijk wat er allemaal achter het begrip 'onderzoek' schuilgaat.

Verzamelen van informatie

In de omschrijvingen en definities van onderzoek komt één aspect altijd naar voren: het verzamelen van informatie. Dat kan op heel verschillende manieren worden gedaan. Zo wordt iemand die bij de dokter komt en daar de klachten voorlegt, vaak aan een lichamelijk onderzoek onderworpen. Deze activiteiten verschillen nogal van de astronoom die de sterrenhemel onderzoekt op zoek naar nieuwe planeten. En ook dat verschilt weer aanzienlijk van de antropoloog die volken in de Amazone beschrijft.
Maar ook alledaagse activiteiten worden met de term onderzoek aangeduid. Iemand die de weg kwijt is, gaat op onderzoek uit om te bepalen waar hij zich bevindt.
Onderzoek komt dus in zeer veel uiteenlopende vormen, soorten en maten voor. Maar alle vormen van onderzoek hebben één kenmerk gemeen: het verzamelen van gegevens die moeten leiden tot informatie. Het MOA komt zelf met de volgende definitie:

> Onderzoek is het verzamelen van (nieuwe) informatie om de kennis te vergroten, teneinde daarmee de probleemhebber een advies te kunnen geven hoe zijn probleem is op te lossen.

In dit boek gaan we uit van de volgende definitie van onderzoek:

> Onderzoek is: alle systematische activiteiten gericht op het verzamelen van gegevens die informatie bevatten over een van tevoren afgebakend onderwerp met als doel een of meerdere vragen aangaande dit onderwerp te beantwoorden.

Het gaat hier dus om het verzamelen van informatie op een systematische manier. Het afbakenen van het onderwerp komt in hoofdstuk 2 aan de orde en de invulling en uitvoering van onderzoek in de hoofdstukken erna.

1.1.2 Stappen in het onderzoek

Voordat we de fasen van onderzoek bespreken, gaan we in op de vraag wat niet onder onderzoek wordt verstaan. De eerste stap van je onderzoek betreft het vooronderzoek, waarna je een plan van aanpak maakt.

Wat wordt niet onder onderzoek verstaan?

Net zo interessant als de vraag wat we onder onderzoek verstaan is de vraag wat dan niet onder onderzoek valt. Als de informatieverzameling niet systematisch en/of planmatig plaatsvindt, spreken we hier niet over onderzoek. Iemand die toevallig hoort waar je het goedkoopst kunt tanken, heeft hier volgens deze definitie dus geen onderzoek naar gedaan. Iemand die deze vraag bewust aan een vertegenwoordiger stelt, bedrijft volgens deze definitie wel onderzoek. En dat geldt ook voor iemand die op de website van de ANWB het antwoord op deze vraag gaat opzoeken.

Het gaat er dus niet alleen om hoe je informatie verzamelt, maar het gaat er vooral ook om dat je bewust nadenkt over wat je te weten wilt komen en hoe je dat het beste kunt uitzoeken. Vervolgens onderneem je bewuste acties om aan informatie te komen. Slechts dan is er sprake van onderzoek. Dit wil overigens nog niet zeggen dat er ook sprake is van (wetenschappelijk) verantwoord onderzoek. Onderzoek waarover van tevoren zorgvuldig is nagedacht, kan nog steeds onverwachte resultaten hebben. Vervolgonderzoek moet dan aantonen of het bij toeval gevonden resultaat inderdaad geldig is. Deze 'toevalstreffers' noemen we *serendipity*. Zo was het geneesmiddel Viagra bedoeld als medicijn tegen hoge bloeddruk. Bij onderzoek naar de werking bleek dat het niet hielp tegen hoge bloeddruk, maar als onverwachte bijwerking werd wel geconstateerd dat het bleek te helpen bij erectiestoornissen. Voor het uitvoeren van een systematisch onderzoek begin je met een plan van aanpak.

Toevalstreffers

Plan van aanpak

Het is mogelijk dat je zelf de 'opdrachtgever' bent van je onderzoek, maar meestal word je gevraagd om iets voor iemand anders uit te zoeken. In dat laatste geval komt er een extra complicatie bij. Je hebt dan namelijk te maken met een opdrachtgever. Eerst moet je zien uit te zoeken waarom diegene dat uitgezocht wil hebben en wat precies uitgezocht moet worden. Vervolgens kijk je wat de opdrachtgever met het antwoord zou kunnen en willen doen. Je moet dan dus eigenlijk eerst een onderzoekje doen naar het onderzoek zelf.

Opdrachtgever

Deze stap van het vooronderzoek moet uiterst zorgvuldig te worden gedaan en de resultaten moeten in een plan van aanpak vóór het onderzoek worden vastgelegd. Dit plan van aanpak stem je met de opdrachtgever af voordat je met het eigenlijke onderzoek kunt beginnen. Het voorkomt dat je dingen gaat uitzoeken waar geen behoefte aan is of dat je een richting uitgaat met je onderzoek waar je opdrachtgever helemaal niet op zit te wachten. Het plan van aanpak dient in dit geval twee doelen, ten eerste het systematisch plannen van het onderzoek, maar in dit geval ook het afstemmen van de verwachtingen met de opdrachtgever.

Empirische cyclus

Kenmerkend voor wetenschappelijk onderzoek is de empirische cyclus. Onder empirie wordt de waarneembare werkelijkheid verstaan: de kennis komt hieruit voort en wordt hieraan getoetst. De cyclus bestaat uit vier fasen en begint met het waarnemen (observatie) van een verschijnsel. De tweede stap is het zoeken naar een verklaring voor deze waarneming in de vorm van een theorie en/of model. Vervolgens moeten bij stap drie voorspellingen kunnen worden afgeleid uit die theorie of het model. Bij praktijkonderzoek is dit vaak de voorspelling over het succes van bepaalde maatregelen.

Empirie

Ten slotte worden in de vierde en laatste fase deze voorspellingen weer getoetst aan de werkelijkheid door het uitvoeren van een onafhankelijk onderzoek.

Doel van het doorlopen van deze cyclus is het komen tot nieuwe theorievorming. Er is sprake van een cyclus, omdat de uitkomsten van fase 4 vaak weer aanleiding vormen om de theorie bij te stellen of nieuwe theorieën te formuleren. Nieuwe theorie komt dus niet uit de lucht vallen, zij is gebaseerd op onderzoeksresultaten. De empirische cyclus geeft aan hoe dat in wetenschappelijk onderzoek moet verlopen (zie figuur 1.1).

FIGUUR 1.1 Empirische cyclus

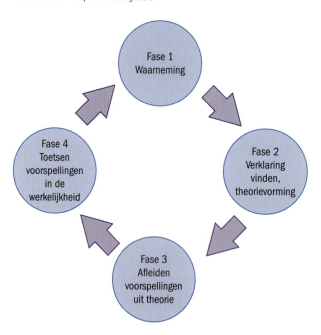

We lichten het model toe aan de hand van een voorbeeld, zie het krantenartikel 'Geloof in hel goed voor economie'.

DAGBLAD VAN HET NOORDEN, 24 JULI 2004

'Geloof in hel goed voor economie'

Landen waar veel mensen in de hel geloven, zijn minder corrupt en welvarender dan andere landen. Dit valt te lezen in een rapport van Federal Reserve Bank van St.-Louis in de Verenigde Staten. Onderzoekers van deze regionale bank zochten naar redenen waarom sommige landen rijker zijn dan andere. Productiviteit en investeringen zijn belangrijk voor de economie, vinden ook deze economen. Maar zij hebben ook naar andere, minder voor de hand liggende zaken gekeken. Zij hebben daarbij onderzoeken betrokken van economen naar 35 landen, waaronder de

Verenigde Staten, Europese landen, Japan, India en Turkije. Daaruit trokken zij de conclusie dat ook religie kan helpen bij het vinden van het antwoord. 'In landen waar een groot percentage van de bevolking in de hel gelooft, lijkt minder corruptie te zijn en een hogere levensstandaard', aldus het rapport. In de Verenigde Staten gelooft 71 procent van de mensen in de hel en dat land heeft het hoogste inkomen per hoofd van de bevolking. Ook in Ierland, dat in welvaart niet ver achterligt op de Verenigde Staten, gelooft een meerderheid van de mensen (53 procent) in de hel. Het onderzoek duidt erop dat het inkomen per hoofd van de bevolking hoger is, naarmate er minder corruptie is. (ANP/RTR)

De vier fasen van wetenschappelijk onderzoek die in het krantenartikel aan de orde komen, kunnen als volgt worden beschreven. Fase 1 is dat iemand opmerkt dat religie en economische prestaties een link lijken te hebben. Landen met een religie waarbij zondes bestraft worden, blijken het economisch beter te doen.

Fasen van wetenschappelijk onderzoek

Fase 2 is een verklaring voor dit fenomeen. Er kan een theorie ontwikkeld worden waarbij geloof in de hel leidt tot minder corruptie. Dit leidt weer tot een betere besteding van de geldstromen in de economie, waardoor een land het economisch beter doet. In een model ziet dit eruit als in figuur 1.2.

FIGUUR 1.2 Model van het geloof in de hel

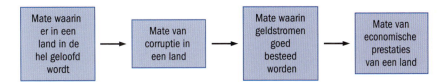

Fase 3 is het afleiden van nieuwe voorspellingen uit de theorie die getoetst kunnen worden. Je zou bijvoorbeeld op basis van deze theorie kunnen verwachten dat:
- corruptie bij gelovigen minder voorkomt dan bij ongelovigen
- het verband ook nog bestaat als voor verschil in arbeidsethos is gecorrigeerd

Fase 4 is het opzetten van een onderzoek waarin de hypothesen (voorspellingen) uit fase 3 worden getoetst. Dit onderzoek kan weer nieuwe verrassende gegevens opleveren, die weer aanleiding kunnen zijn voor nieuwe theorievorming enzovoort.

1.2 Redenen voor onderzoek

Het eerste onderscheid dat we hebben gemaakt, is tussen wetenschappelijk onderzoek en praktijkonderzoek, zie paragraaf 1.1.
Wetenschappelijk onderzoek heeft tot doel nieuwe algemene kennis te verkrijgen in de vorm van theorieën en modellen. Praktijkonderzoek heeft tot

doel het beantwoorden van een of meer vragen vanuit de praktijk, waarmee een persoon of organisatie in een concrete situatie worstelt.
In deze paragraaf gaan we eerst in op de motieven van onderzoek en daarna kijken we naar de gedragscode voor sociologisch en marktonderzoek.

1.2.1 Motieven van onderzoek

Andere vormen van onderzoek, zoals diagnostisch onderzoek in medische settings, blijven hier buiten beschouwing.
Als we inzoomen op het praktijkonderzoek, zijn er diverse motieven om onderzoek uit te (laten) voeren. In tabel 1.1 hebben we een aantal motieven weergegeven (niet uitputtend).

TABEL 1.1 Motieven onderzoek

Motieven	Toelichting
1 Verzamelen van informatie om beleid te wijzigen	Een organisatie die wil beslissen of ze prijsvechter wil worden, zou bijvoorbeeld onderzoek kunnen doen naar: • de kostprijsopbouw en besparingsmogelijkheden • de klantwensen • het belang van prijs bij de besluitvorming van klanten • de prijsstelling van concurrenten
2 Verzamelen van informatie om betere beslissingen te kunnen nemen over operationele zaken	Een organisatie die wil weten hoe ze het beste het personeel kan informeren, zou bijvoorbeeld een onderzoek kunnen doen naar: • de informatiebehoeften van het personeel • en de waardering van het personeelsbulletin
3 Verzamelen van informatie om beter op de externe omgeving in te kunnen spelen	Door middel van een klanttevredenheidsonderzoek kan een bedrijf nagaan of het zijn klanten in de toekomst nog beter kan bedienen.
4 Verzamelen van informatie om geconstateerde verschillen of verschuivingen te verklaren	Een organisatie kan bijvoorbeeld onderzoeken hoe het komt dat op de ene afdeling het ziekteverzuim zo veel hoger ligt dan op de andere.
5 Verzamelen van gegevens ten behoeve van externe certificering	Een bedrijf kan bijvoorbeeld in het kader van een ISO-certificering gedwongen zijn een onderzoek naar de uitval in de productie te houden.
6 Uitstellen van een beslissing	Om tijd te winnen, kan een organisatie onderzoek laten uitvoeren, in de hoop dat aan het einde van het onderzoek het probleem vanzelf wel is verdwenen.
7 Proberen het eigen gelijk bevestigd te krijgen	Waar binnen een organisatie meningsverschillen zijn ten aanzien van de oorzaak van problemen of ten aanzien van de te kiezen oplossingen, kan een partij proberen via onderzoek zijn gelijk te halen. Met name door de richting waarin het onderzoek gaat te sturen, kan men proberen de uitkomsten gunstig te laten uitpakken voor de eigen standpunten.
8 Onderzoek als zoethoudertje	Als een partij of organisatie niet van plan is iets aan een probleem te doen, kan het instellen van een onderzoek de indruk wekken dat men wel iets aan het probleem wil doen.

Het is voor de onderzoeker van groot belang om te achterhalen wat de werkelijke motieven zijn om een onderzoek op te starten. Het maakt bijvoorbeeld veel verschil of ISO-certificering dan wel een organisatiemissie ten

grondslag ligt aan een klantentevredenheidsonderzoek. In het eerste geval is de betrokkenheid waarschijnlijk lager, omdat een organisatie in het kader van ISO verplicht is een klantentevredenheidsonderzoek te houden.
In het laatste geval kan een organisatie zelfs doelen op het gebied van klantentevredenheid hebben gesteld. Dergelijke organisaties zijn vaak gemotiveerder iets met de uitkomsten van klantentevredenheidsonderzoek te doen. De motieven 6, 7 en 8 zijn oneigenlijke motieven om onderzoek te doen. De onderzoeker loopt het risico door iemand, een afdeling of organisatie voor het karretje gespannen te worden, terwijl men niet de bedoeling heeft objectief onderzoek te laten uitvoeren. Met name als student word je op die manier nog wel eens 'misbruikt'. Punt 7 is bijvoorbeeld een beruchte. Men probeert je in de opzet en bij de uitvoering van het onderzoek in een gewenste richting te duwen. En als het onderzoek de gewenste uitkomst heeft, wordt het gebruikt om het eigen gelijk aan te tonen. Als het onderzoek niet de gewenste uitkomst oplevert, is het 'slechts' een onderzoekje waar weinig waarde aan hoeft te worden gehecht. Bij een project is dit niet zo erg. De leerervaring van het onderzoek weegt dan meestal wel op tegen eventuele teleurstellingen. Bij een stage of afstudeeropdracht ligt het anders. Als je soms een half jaar bezig bent met je onderzoek, is het niet leuk als er niets mee gebeurt.

Oneigenlijke motieven

Bij onderzoek is niet altijd direct duidelijk wie de opdrachtgever is geweest en wat de motieven dan wel vragen waren die aanleiding vormden voor het onderzoek.

● www.scientias.nl

'Gefeliciteerd! Uw onderzoek was het meest zinloos!'

Voor het eerst dit jaar wordt er in Nederland een evenement georganiseerd rondom de IG-Nobelprijzen, de award voor 'het meest nutteloze onderzoek van het jaar'. Kees Moeliker, onderzoeker en curator van het Natuurhistorisch Museum, won de prijs in 2003 en vertelt waarom de IG-Nobelprijzen er wel degelijk toe doen.

De IG-Nobelprijzen zijn een onofficiële award voor 'het meest zinloze onderzoek van het jaar'. Moeliker wil het echter niet zo noemen. 'Het is een prijs die je eerst aan het lachen zet, en daarna aan het denken.' En gelachen werd er om zijn onderzoek in 2003. Toen kwam de professor in het nieuws met zijn bevindingen naar de necrofiele neigingen van de homoseksuele eend. 'Daarover ben ik helemaal platgebeld.'

Schertsend
De media hebben altijd veel aandacht voor de IG-Nobelprijzen. Vaak gebeurt dat in een beetje schertsende context. 'Dat klopt', zegt Moeliker. 'De stukjes vallen vaak in de luchtige secties in de krant. Maar mensen lezen het wel. Zo raken ze weer een beetje meer betrokken bij de wetenschap.'

Duf en saai
Met de IG-Nobelprijzen moet het gewone publiek meer aandacht krijgen voor wetenschap. Moeliker: 'We willen mensen laten zien dat wetenschap niet alleen maar duf en saai is, maar dat ook wetenschappers humor hebben.' De organisatie wil ermee bereiken dat mensen meer gaan nadenken over wetenschap, wat het is, wat het kan betekenen…

> **WINNAAR IN DE CATEGORIE 'ECONOMIE' (2008):**
> Onderzoek naar het uitvinden dat strippers meer fooi verdienen *wanneer ze ovuleren*.
> **WINNAAR IN DE CATEGORIE 'VEEHOUDERIJ' (2010):**
> Onderzoek waaruit bleek dat koeien die een naam hebben, *meer melk produceren*.
> **WINNAAR IN DE CATEGORIE 'NATUURKUNDE':**
> Onderzoek naar waarom discuswerpers *wél duizelig worden*, en hamerwerpers juist niet.

16 september 2012

1.2.2 Gedragscode voor sociologisch en marktonderzoek

Een ander obstakel dat je als student kunt tegenkomen, is dat de opdrachtgever een commercieel doel wil koppelen aan een onderzoek. We noemen dit ook wel verkoop onder het mom van onderzoek doen. Dit is absoluut niet toelaatbaar. Ten eerste krijgt de onderwijsinstelling een slechte naam, ten tweede verpest je het voor toekomstige studenten. Iemand die een keer aan een dergelijk 'onderzoek' heeft meegewerkt zal dit in de toekomst niet nogmaals overkomen. Tenslotte staat in de code voor marktonderzoekers dat dit niet toegestaan is en de meeste hogescholen onderschrijven deze code.

Gedragscode In de gedragscode voor sociologische en marktonderzoeken (ESOMAR/ICC) is onder andere vastgelegd dat alle toezeggingen die je aan je respondenten doet, inhoudelijk juist dienen te zijn en ook moeten worden nagekomen. Verder is belangrijk dat de respondent vrijwillig meewerkt, dat geen valse voorstelling van zaken wordt gegeven, de uitkomsten voor de respondent geen nadelig effect hebben en dat, tenzij nadrukkelijk anders afgesproken, de gegevens anoniem worden verwerkt. De brancheorganisaties voor onderzoek hebben een document opgesteld: 'gedragscode voor onderzoek en statistiek'. Deze code is goedgekeurd door het CBP (College Bescherming Persoonsgegevens) en na te lezen op www.moaweb.nl. Belangrijk onderdeel zijn de 'Tien Gouden Regels voor Onderzoek & Statistiek en Gegevensbescherming'.

Tien Gouden Regels voor Onderzoek & Statistiek en Gegevensbescherming

Handel in overeenstemming met de tekst en de geest van de Gedragscode voor Onderzoek en Statistiek en leef de volgende bepalingen te allen tijde na:
1. Informeer de respondent over het doel van het onderzoek.
2. Bejegen de respondent die aan het onderzoek deelneemt met respect, ook wanneer hij niet wenst deel te nemen, een weigering is een weigering.
3. Verzamel niet meer gegevens dan noodzakelijk voor de uitvoering van het onderzoek.
4. Extra zorgvuldigheid is geboden bij het verzamelen en verwerken van bijzondere gegevens. Dit zijn persoonsgegevens omtrent iemands godsdienst of levensovertuiging, ras, politieke gezindheid, gezondheid, seksuele leven, alsmede persoonsgegevens betreffende het lidmaatschap van een vakvereniging, strafrechtelijke Persoonsgegevens en Persoonsgegevens over onrechtmatig of hinderlijk gedrag in verband met een opgelegd verbod naar aanleiding van dat gedrag.
5. Verwerk gegevens in identificeerbare vorm niet langer dan noodzakelijk voor de uitvoering van het onderzoek, anonimiseer zo snel mogelijk.
6. Rapporteer nooit over individuele respondenten met identificeerbare gegevens tenzij de respondent daarvoor ondubbelzinnige toestemming heeft gegeven.
7. Neem technische en organisatorische maatregelen ter beveiliging van de verzamelde gegevens tegen onrechtmatig gebruik.
8. Zorg voor een tijdige melding van de verwerking bij het College bescherming persoonsgegevens door de opdrachtgever, als persoonsgegevens verkregen uit het onderzoek langer dan zes maanden na verkrijging worden bewaard.
9. Houd alle persoonsgegevens die worden verzameld en bewerkt geheim en verstrek persoonsgegevens alleen aan geautoriseerde functionarissen.
10. Wijs bij irritatie van de respondent, bij onaangekondigd onderzoek per spraaktelefoon, op de mogelijkheid om zijn persoonsgegevens tegen dergelijke vorm van onderzoek te blokkeren via www.onderzoekfilter.nl.

Bron: www.cbpweb.nl

1.3 Methoden van onderzoek

Er zijn verschillende methoden van onderzoek. We bespreken de volgende indeling:
- een onderscheid naar het doel van het onderzoek
- een onderscheid naar desk- en field-onderzoek
- een onderscheid naar kwantitatief en kwalitatief onderzoek

1.3.1 Doel van het onderzoek
Onderzoek kan tot doel hebben een situatie te beschrijven (beschrijvend onderzoek), te exploreren (exploratief onderzoek) of een theorie te toetsen of evalueren (toetsend onderzoek). In tabel 1.2 zijn de verschillende soorten onderzoek weergegeven.

TABEL 1.2 Soorten onderzoek

Soort onderzoek	Omschrijving	Voorbeeld
Beschrijvend onderzoek	Onderzoek waarbij je een situatie in kaart wilt brengen. Meestal heb je niet veel voorkennis	Een bedrijf dat wil weten hoe zijn klantenkring er eigenlijk uitziet en hoe die klanten het bedrijf beoordelen op bijvoorbeeld aspecten van klanttevredenheid
Exploratief onderzoek	Onderzoek waarbij je op zoek bent naar verbanden en/of verklaringen. Je voorkennis is veelal groter, maar je weet nog niet waarom zaken zijn zoals geconstateerd	Een organisatie die wil weten waarom het ziekteverzuim op de afdeling administratie zo veel hoger is dan op de afdeling verkoop
Toetsend onderzoek	Onderzoek waarbij je een theorie of verwachting (hypothese) wilt toetsen. In het geval van praktijkonderzoek valt hieronder ook evaluatieonderzoek. Hierbij wordt onderzocht of een ingestelde maatregel het gewenste effect heeft gehad	Een elektronicaconcern dat wil onderzoeken of na het bijleveren van simpele en beknopte gebruiksaanwijzingen de klanten deze eerder lezen en minder fouten maken in de bediening van de apparatuur

1.3.2 Desk- en fieldresearch

Deskresearch

Fieldresearch

Een andere veel gehanteerde indeling is het onderscheid tussen desk- en fieldresearch. Bij deskresearch maak je gebruik van bestaande gegevens in de vorm van algemene literatuur, databases en dergelijke. Je genereert zelf geen nieuwe gegevens, je gebruikt en analyseert bestaande gegevens voor een nieuw doel. Bij fieldresearch ga je zelf de gegevens verzamelen voor dit specifieke onderwerp door eigen onderzoek op te zetten en uit te voeren. Als je bijvoorbeeld het verband tussen geslacht en rijveiligheid zou willen onderzoeken, dan kun je gebruikmaken van desk- en/of fieldresearch. Deskresearch zou je bijvoorbeeld kunnen doen door gegevens van verzekeringsmaatschappijen te analyseren. Je kijkt hoeveel ongelukken mannen en vrouwen hebben opgegeven in het afgelopen jaar en corrigeert dit voor het gemiddelde aantal kilometers dat jaarlijks gereden wordt.
Fieldresearch zou kunnen bestaan uit het afnemen van een enquête onder een groot aantal mannen en vrouwen. Hierbij kun je vragen naar het aantal ongevallen en het aantal afgelegde kilometers van het afgelopen jaar.
Beide kunnen tot verschillende conclusies leiden, zoals blijkt uit de berichten 'Vrouwen rijden onveiliger' en 'Vrouwen rijden beter auto dan mannen'.

Vrouwen rijden onveiliger

VEENENDAAL – Vrouwelijke automobilisten hebben relatief meer kans betrokken te raken bij een verkeersongeval dan mannen. Dat blijkt uit gisteren gepubliceerd onderzoek dat is uitgevoerd in opdracht van het ministerie van verkeer en waterstaat. Volgens I.M. Veling van het bureau dat het onderzoek uitvoerde, hebben vrouwen te weinig rijervaring. Ze leggen gemiddeld per jaar minder kilometers af dan mannen (12.120 tegen 18.850).

Veling baseert zijn gegevens op een enquête, gehouden onder een representatieve groep van 10.000 automobilisten. Hen werd gevraagd alle ongelukken te melden die ze het voorgaande jaar hadden meegemaakt.

● www.gelderlander.nl

Vrouwen rijden beter auto dan mannen

DEN HAAG – Vrouwen rijden beter dan mannen. Dat is de conclusie op basis van de huidige wetenschappelijke kennis. Vooral jonge mannen zijn een gevaar op de weg.

Mannelijke autobestuurders hebben weliswaar meer aanleg voor autorijden, maar doordat ze meer risico's nemen raken ze vaker betrokken bij ernstige ongevallen. Uit statistieken over 2005 blijkt dat per miljard kilometer die mannelijke bestuurders afleggen er gemiddeld iets meer dan drie van hen om het leven komen. Voor vrouwelijke autorijders ligt dat gemiddelde op nog geen twee per miljard kilometer. Dat blijkt uit berekeningen die de Stichting Wetenschappelijk Onderzoek Verkeersveiligheid (SWOV) voor deze krant heeft gemaakt. Ze zijn gebaseerd op cijfers van de Adviesdienst Verkeer en Vervoer (AVV) en het Centraal Bureau voor de Statistiek (CBS).

Vrouwen raken gemiddeld wel vaker (licht)gewond en veroorzaken meer (kleine) aanrijdingen. Volgens verkeersdeskundigen komt dat doordat vrouwen vaker in woon- en winkelgebieden rijden. Daar gebeuren de meeste aanrijdingen, meestal met alleen blikschade. 'Als je naar het totale plaatje kijkt, rijden vrouwen simpelweg veiliger', zegt de Groningse verkeerswetenschapper Karel Brookhuis.

Verkeerspsycholoog Cees Wildervanck onderschrijft die conclusie. 'Ik rijd liever op een weg met alleen maar vrouwen dan op een weg met alleen mannen.' Als mannen hun fatsoen zouden kunnen houden, zouden zij beter rijden, stelt hij. Ze rijden meer en hebben daardoor meer ervaring. Ook blijkt uit cijfers van het Centraal Bureau Rijvaardigheidsbewijzen (CBR) dat mannen hun voertuig beter beheersen. Maar hun hormonen (testosteron) spelen hen parten, waardoor ze meer risico's nemen en roekeloos rijden. Ze zitten vaker onder invloed achter het stuur, doen minder vaak hun gordel om en zoeken vaker de confrontatie. 'Het zijn vooral mannen die irritaties op de weg veroorzaken', zegt Wildervanck. Vooral jonge mannen gedragen zich roekeloos en trekken het gemiddelde in het rood.

27 januari 2007

1.3.3 Kwantitatieve en kwalitatieve onderzoeksmethoden

Een derde veelgebruikte indeling is die in kwantitatieve en kwalitatieve methoden. Kwalitatief refereert aan de wens om diep op de materie in te gaan, veel gegevens over weinig onderzoeksobjecten te verzamelen om geen zaken over het hoofd te zien. Het gaat hier om het doorgronden van attitudes en achterliggende oorzaken van gedrag. Of om het in kaart brengen van wensen, verwachtingen, behoeftes dan wel toekomstige ontwikkelingen. Keerzijde is dat het per respondent veel meer tijd kost om deze gegevens te verzamelen. Het is dus ook niet mogelijk om een groot aantal respondenten te onderzoeken. Je kunt meer zeggen over minder respondenten. Je onderzoek levert daarmee wel veel gegevens, ideeën, hypothesen of aandachtspunten op, maar is minder betrouwbaar geworden (zie paragraaf 3.5).

Kwalitatief

Kwantitatief

Kwantitatief refereert aan de wens om nauwkeurig in kaart te brengen wat de kennis of het oordeel of het gedrag is van een grote groep mensen. Met een grote mate van betrouwbaarheid worden deze zaken op een efficiënte manier bij veel onderzoeksobjecten in kaart gebracht. In de hoofdstukken 3 tot en met 7 gaan we verder in op kwalitatieve en kwantitatieve methoden van informatie verzamelen.

Eisen aan verantwoord onderzoek

Zowel kwantitatief als kwalitatief onderzoek moet voldoen aan de eisen die we stellen aan (wetenschappelijk) verantwoord onderzoek. Verantwoord onderzoek is:
- objectief en onafhankelijk
- controleerbaar en toetsbaar
- herhaalbaar
- nauwkeurig
- generaliseerbaar naar het domein waarover je een uitspraak wilt doen.

Objectief en onafhankelijk

Onderzoekers moeten objectief en onafhankelijk zijn, dat wil zeggen dat ze geen vooropgezette meningen of standpunten mogen hebben die het onderzoek in een bepaalde richting sturen. Dat wil niet zeggen dat de onderzoeker geen verwachtingen (of hypotheses) zou mogen hebben. Deze verwachtingen mogen er alleen niet voor zorgen dat het onderzoek wordt uitgevoerd op een manier die ervoor zorgt dat de kans verhoogd wordt op het bevestigen van de verwachting van de onderzoeker. Dit laatste kan bijvoorbeeld bewerkstelligd worden door het stellen van suggestieve vragen in een enquête.

Hypotheses

Ook mag de onderzoeker geen persoonlijk voordeel hebben bij een bepaalde uitkomst van het onderzoek. De onafhankelijkheid is dan in het geding en alleen al de schijn van belangenverstrengeling kan de acceptatie van de uitkomsten verkleinen.

Als je objectiviteit en onafhankelijkheid in twijfel trekt, is het gemakkelijk om je resultaten te negeren. Het artikel 'echte Italiaanse pizza is heel gezond' is een voorbeeld van een Italiaans onderzoek waarbij objectiviteit en onafhankelijkheid in twijfel is te trekken.

● nl.odemagazine.com

Onderzoek bewijst: echte Italiaanse pizza is heel gezond

Pizza zal je niet vaak tegenkomen in een lijst van gezonde maaltijden, maar toch wijzen onderzoeken uit dat regelmatig pizza eten heel gezond is. Wanneer je namelijk kiest voor een goede pizza met originele ingrediënten, verlaag je het risico op kanker van het maag- en darmstelsel.

Dit bleek onder andere uit een onderzoek in Italië onder 22.000 proefpersonen, gepubliceerd in het European Journal of Cancer Prevention. Wie een of meer porties pizza per week at, had 59 procent minder kans op het krijgen van slokdarmkanker en 34 procent minder kans op mond- en keelkanker, zo ontdekten de onderzoekers. Ook daalde het risico op dikke-darmkanker.

Olijfolie en tomaat
Ren echter niet te snel naar de supermarkt of naar de telefoon om een pizza te bestellen. Een van de vermoedelijke oorzaken kan de dosis olijfolie en tomaten zijn die een goede pizza bevat. Beide ingrediënten zijn al vaker in verband gebracht met het verlagen van risico op kanker. Het gebruiken van olijfolie werd daarbij zelfs samen te gaan met verlaging van risico op alle vormen van kanker. De diepvries- of bezorgpizza's die wij kennen bevatten echter niet altijd de gezonde ingrediënten van een echte Italiaanse pizza. Ze worden vaak gemaakt met veel suiker, conserveermiddelen, te veel zout en bewerkt vlees.

23 november 2012

Controleerbaar en toetsbaar
De uitspraken die in het onderzoek worden gedaan, moeten aan de hand van de resultaten controleerbaar zijn. Alle uitspraken moeten dus onderbouwd worden door de resultaten. De conclusies uit het onderzoek moeten voor andere onderzoekers toetsbaar zijn. Dat wil zeggen dat uitspraken bevestigd dan wel weerlegd moeten kunnen worden in een soortgelijk uitgevoerd onderzoek. Weerlegbaar wil zeggen dat er een uitkomst mogelijk is die het ongelijk van de theorie aantoont. De uitspraak 'graancirkels kunnen worden gemaakt door UFO's' kan niet weerlegd worden. Zelfs als alle bekende graancirkels zijn onderzocht met negatief resultaat, is het nog steeds mogelijk dat er een UFO zou komen die er eentje maakt. Zo'n uitspraak is dus niet wetenschappelijk, want niet weerlegbaar.

Weerlegbaar

Herhaalbaar
Het onderzoek moet door andere onderzoekers reproduceerbaar zijn, dat wil zeggen dat alle fasen en stappen uit het onderzoek helder beschreven moeten zijn, inclusief meetinstrument en steekproeftrekking. Een collega-onderzoeker moet het onderzoek op dezelfde manier kunnen reproduceren en moet dan tot dezelfde resultaten komen.

Reproduceerbaar

Als je als student een enquête op straat gaat uitvoeren, moet je bijvoorbeeld beschrijven wanneer (welke dagen en tijdstippen) je waar hebt gestaan (exacte locaties) en of er nog bijzonderheden waren (bijvoorbeeld een voetbalwedstrijd op tv). Het meetinstrument zelf dien je altijd als bijlage bij het rapport te doen, evenals de exacte resultaten (bijvoorbeeld SPSS-uitvoer). Bij commerciële onderzoeksbureaus is dit vaak een lastig punt, omdat ze dergelijke informatie vaak uit concurrentieoverwegingen niet prijs willen geven. Zo heeft elke opiniepeiler zijn eigen methodiek en zijn de bureaus vaak wat vaag over de exacte manier van werken. De mate waarin ze wetenschappelijk verantwoord werken is daarmee lastig te achterhalen.

Nauwkeurig
Er moet nauwkeurig worden omschreven wat je bij wie wilt onderzoeken. Ook moet worden omschreven op welke manier en met welke technieken de data worden geanalyseerd. Ook de marges van onnauwkeurigheid ten gevolge van een steekproeftrekking moeten worden gerapporteerd.

Generaliseerbaar naar het domein waarover je een uitspraak wilt doen

Generaliseerbaarheid

Generaliseerbaarheid betekent dat de uitspraken die je in je onderzoek wilt doen ook gedaan mogen worden gezien de manier waarop het onderzoek is uitgevoerd. Als je bijvoorbeeld een laboratoriumexperiment hebt uitgevoerd met alleen studenten, is het de vraag of de uitkomst ook zou gelden voor gepensioneerde bouwvakkers. Als je een onderzoek hebt uitgevoerd in Nederland, is het dan ook geldig voor andere landen? Enzovoort. Bij de keuze van respondenten en de uitvoering van het onderzoek moet dus rekening gehouden worden met datgene waarover uiteindelijk uitspraken gedaan moeten worden: welke settings, welke groep(en), welke tijdsperiode en dergelijke.

1.4 Onderzoeksproces

Een goed onderzoek wordt systematisch opgezet en uitgevoerd. We onderscheiden de volgende fasen in het onderzoeksproces, die ook een blauwdruk vormen voor de hoofdstukindeling van de rest van het boek, zie tabel 1.3.

TABEL 1.3 Fasen binnen onderzoek

Fase	Omschrijving
1 Aanleiding	• Wat is de achterliggende motivatie van de opdrachtgever? • Wetenschappelijk of praktijkonderzoek?
2 Inkadering	• Doelstelling van de opdrachtgever waar het onderzoek een bijdrage aan moet leveren, c.q. faciliterend aan moet zijn • Doelstelling voor het onderzoek: wat moet het onderzoek opleveren? • Centrale vraag: waar wordt het onderzoek toe afgebakend, welke vraag wordt aan het einde als conclusie beantwoord? • Deelvragen en onderzoeksvragen: welke aspecten moeten onderzocht worden alvorens je de centrale vraag kunt beantwoorden?
3 Onderzoeksmethode	• Deskresearch (literatuuronderzoek, bestaande bronnen) • Fieldresearch (eigen onderzoek) • Kwalitatief onderzoek (diepgaand onderzoek bij weinig respondenten, veelal gericht op het achterhalen van attitudes, behoeften en toekomstige wensen en gedragingen) • Kwantitatief onderzoek (betrouwbare meting bij veel respondenten, vaak gericht op het achterhalen van kennis en gedrag)

TABEL 1.3 Fasen binnen onderzoek (vervolg)

Fase	Omschrijving
4 Keuze dataverzamelingsinstrument	• Observatie • Diepte-interviews • Focusgroepen • Casestudy • Enquêtes • (Secundaire) gegevensanalyse • Fysiologische metingen • Wijze van afname van interviews en enquêtes: face-to-face, telefonisch, internet, schriftelijk, via de post enzovoort
5 Populatie en eventuele steekproefbepaling	• Populatiebepaling • Operationele populatie • Steekproef (omvang en type) • Responsverhogende maatregelen
6 Ontwikkeling en afname van het dataverzamelingsinstrument	• Maken van een lijst met te meten variabelen • Operationaliseren variabelen • Maken van het instrument (bijvoorbeeld vragen met antwoordcategorieën) • Testafname instrument en bijstelling instrument • Trainen van het gebruiken van het instrument (door bijvoorbeeld observatoren, interviewers en dergelijke)
7 Analyse van de gegevens	Kwantitatief: • Maken van een codeboek en analyseschema • Invoer gegevens • Uitvoeren berekeningen Kwalitatief: • Categorisatie • Verbanden ontdekken • Hypothesen ontwikkelen en toetsen om conclusies te trekken
8 Beantwoording probleemstelling, rapportage onderzoek	• Onderzoeksvragen beantwoorden • Probleemstelling beantwoorden • Suggesties voor vervolgonderzoek • Rapportage en eventuele presentatie

In de praktijk is het natuurlijk zo dat elk onderzoek verschillend is, soms doorloop je alle fases, soms sla je er een over en soms kom je na fase 7 weer terug bij fase 4.
Soms moet je ook eerst enkele interviews houden voordat je goed kunt inkaderen.
Fase 1 hebben we in dit hoofdstuk behandeld, de overige fases worden in de rest van het boek uitgewerkt.

Samenvatting

- Onderzoek wordt gedefinieerd als: alle systematische activiteiten gericht op het verzamelen van gegevens die informatie bevatten over een van tevoren afgebakend onderwerp met als doel een of meerdere vragen aangaande dit onderwerp te beantwoorden.

- We maken onderscheid tussen wetenschappelijk en praktijkonderzoek.

- We maken onderscheid naar het doel van onderzoek:
  1 beschrijvend onderzoek: in kaart brengen van een situatie
  2 exploratief onderzoek: op zoek gaan naar verbanden en/of verklaringen
  3 toetsend onderzoek: toetsen van een theorie of verwachting (hypothese)

- We maken onderscheid in:
  - deskresearch: onderzoek zonder dat de onderzoekers nieuwe gegevens verzamelen
  - fieldresearch: onderzoek waarbij de onderzoeker zelf zijn onderzoek opzet en uitvoert

- We maken onderscheid in:
  - kwalitatief onderzoek: verzamelen van veel en diepgaande informatie over weinig onderzoekseenheden
  - kwantitatief onderzoek: verzamelen van cijfermatige informatie over veel onderzoekseenheden, die kan worden gegeneraliseerd naar de populatie

- Verantwoord onderzoek is:
  - objectief en onafhankelijk
  - controleerbaar en toetsbaar
  - herhaalbaar
  - nauwkeurig
  - generaliseerbaar

- Fasen in het onderzoeksproces zijn:
  - aanleiding van het onderzoek
  - inkadering van het onderzoek
  - keuze van de onderzoeksmethode
  - keuze van het dataverzamelingsinstrument
  - populatie- en eventuele steekproefbepaling
  - ontwikkeling en afname van het dataverzamelingsinstrument
  - analyse van de gegevens
  - beantwoording van de probleemstelling en de rapportage van het onderzoek

Opdrachten

1.1 Lees het artikel 'Onderzoek bewijst: echte Italiaanse pizza' in paragraaf 1.3 en beantwoord daarna de volgende vragen.
  a Geef aan welke organisaties belang kunnen hebben bij deze informatie.
  b Op welke wijze zouden de resultaten van het onderzoek beïnvloed kunnen zijn?

1.2 Lees het volgende artikel en beantwoord daarna de vraag.

● www.velvetrockpunt.nl

Hoe meer borsthaar, hoe intelligenter

LONDEN – Mannen met veel borsthaar zijn intelligenter dan mannen met een gladde borst. In tegenstelling tot de gangbare mening dat ruig borsthaar vooral is te vinden bij bouwvakkers en andere handarbeiders, blijken vooral artsen, ingenieurs en anderen met een universitaire opleiding vaker zwaar behaard te zijn.

Deze bevindingen heeft de Amerikaanse psychiater dr. Aikarakudy Alias bekendgemaakt tijdens het achtste congres van de vereniging van Europese psychiaters in Londen. De psychiater heeft 22 jaar lang de relatie tussen intellect en beharing bij mannen onderzocht.

Terwijl tien procent van de Amerikaanse mannen 'zeer behaard' is, ligt dat percentage bij studenten in de medicijnen en bij afgestudeerde ingenieurs op 45. Ook uit onderzoek onder 117 Amerikaanse leden van de Mensa, de vereniging van mensen met een IQ boven de 140, bleek dat die meer behaard waren dan de gemiddelde Amerikaan, aldus Alias.

De psychiater denkt dat de band tussen behaardheid en intellect het gevolg kan zijn van de chemische stof DHT, een variant van het mannelijk geslachtshormoon testosteron. Deze stof bepaalt niet alleen seksespecifieke eigenschappen als lichaamsbeharing, maar speelt vermoedelijk ook een rol in de mentale ontwikkeling.

Als voorbeelden van rijk behaarde mannen met een hoge intelligentie noemde de psychiater de acteurs Robin Williams en Peter Sellers, wereldkampioen schaken Gary Kasparov en de ontdekker van de evolutieleer, Charles Darwin. Maar voor mensen met minder haar is er hoop: Albert Einstein had een gladde borst.

14 november 2004

Aan welke eisen van verantwoord onderzoek voldoet dit onderzoek wel en aan welke niet? Loop alle eisen langs.

1.3 Zoek in de krant of op internet een artikel over een onderzoeksresultaat. Welk (achterliggend) motief zou de aanleiding tot het onderzoek zijn geweest?

1.4 Lees de artikelen 'Vrouwen rijden onveiliger' en 'Vrouwen rijden beter auto' in paragraaf 1.4 en beantwoord daarna de volgende vragen.
   a Zou het verschil in onderzoeksmethode invloed hebben gehad op de resultaten? Zo ja, waarom?
   b De strekking van de artikelen is tegengesteld, terwijl de resultaten sec elkaar niet tegenspreken. Beargumenteer waar dit aan ligt. Met welke zienswijze ben jij het eens?

Een gsm kan het beste zoekraken in Ljubljana

Alle 237 redenen om seks te hebben

Je kunt beter niet met mij meerijden

Al lachend orgaan afstaan

Nederlandse werknemers erg tevreden

2
Afbakening van het onderzoek

2.1 Doelstelling van het onderzoek
2.2 Centrale vraag en probleemstelling
2.3 Deelvragen en onderzoeksvragen
2.4 Conceptueel model

Als je weet dat je iets moet gaan onderzoeken, is de eerste neiging om meteen een enquête of interviewvragen te maken en die aan willekeurige mensen voor te gaan leggen. Toch is het beter om eerst goed stil te staan bij wat je eigenlijk moet onderzoeken en op welke manier. Eerst is het belangrijk het onderwerp van onderzoek goed in kaart te brengen. Wat wordt er precies van je verwacht? Wat moet het onderzoek opleveren? Welke aspecten moeten er wel en niet meegenomen worden? Wat is de vraag die aan het einde van het onderzoek beantwoord gaat worden?
Dit hoofdstuk behandelt deze vragen. Het gaat hierbij om de afbakening van het onderzoek. Je gaat aangeven wat je wel en ook wat je niet gaat onderzoeken. Achtereenvolgens komen doelstelling, probleemstelling, centrale vraag, deelvragen, onderzoeksvragen en conceptueel model aan bod. Het hoofdstuk wordt weer afgesloten met opgaven.

Na bestudering van dit hoofdstuk moet je in staat zijn om:
- aan te geven waaruit het afbakenen van een onderzoek bestaat
- een doelstelling en centrale vraag voor een onderzoek te formuleren
- deelvragen en onderzoeksvragen uit de centrale vraag af te leiden
- een model te maken en hypotheses te formuleren

Facebook knabbelt aan ons welzijn en ondermijnt ons geluk

De mens is een sociaal dier met een bijna onverzadigbare behoefte aan contact. Men zou dan ook denken dat sociale netwerken à la Facebook ons heel gelukkig maken. Maar het tegenovergestelde blijkt waar. Nieuw onderzoek wijst erop dat Facebook het geluksgevoel ondermijnt.

De onderzoekers verzamelden 82 jongvolwassenen. Alle proefpersonen hadden Facebook en een smartphone. De proefpersonen kregen twee weken lang, vijf keer per dag een sms'je van de onderzoekers. In het sms'je stond een link die de proefpersonen naar een enquête met vijf vragen leidde. De vragen luidden: hoe voel je je nu? Hoe bezorgd ben je nu? Hoe eenzaam voel je je nu? Hoe vaak heb je Facebook sinds de laatste keer dat we je dat vroegen, gebruikt? Hoe vaak heb je direct contact gehad met andere mensen sinds we je dit voor het laatst vroegen?

Afname
Uit het onderzoek blijkt dat het Facebookgebruik een afname in het welzijn van de proefpersoon voorspelt. Hoe vaker mensen Facebook in de periode tussen twee sms'jes gebruikten, hoe slechter ze zich bleken te voelen. De onderzoekers vroegen de proefpersonen voor en na het onderzoek ook hoe tevreden ze zich voelden. Hoe vaker de proefpersonen Facebook in de twee tussenliggende weken gebruikten, hoe minder tevreden ze waren. De onderzoekers vonden geen bewijs dat erop wijst dat mensen die zich reeds slecht voelen, Facebook intensiever gaan gebruiken. Facebook-gebruik lijkt dan ook de oorzaak en niet het gevolg van een afname in het welzijn, te zijn.

Bron: www.scientias.nl, 16 augustus 2013

2.1 Doelstelling van het onderzoek

De doelstelling van het onderzoek refereert aan wat het onderzoek uiteindelijk moet opleveren. De vraag die hierbij centraal staat is: 'Waarom doen we dit onderzoek?'
We kijken in deze paragraaf eerst naar de verschillende posities van de onderzoeker en vervolgens bespreken we de achterliggende redenen van het onderzoek.

2.1.1 Verschillende posities van de onderzoeker

Als onderzoeker kun je hierbij in een aantal verschillende posities zitten:
- Je bent zelf de initiatiefnemer en belanghebbende bij het onderzoek.
- Je bent als student betrokken bij een onderzoek in het kader van een project, stage of afstudeeropdracht, al dan niet voor een concrete organisatie.
- Je doet het onderzoek vanuit de organisatie waarvan je zelf deel uitmaakt.
- Je bent als externe partij ingehuurd om onderzoek uit te voeren.

Je bent zelf de initiatiefnemer en belanghebbende bij het onderzoek
Stel, je bent zelf de initiatiefnemer en belanghebbende bij het onderzoek. Het probleem in deze situatie kan je eigen objectiviteit zijn. Ben je zelf niet te betrokken bij het onderwerp om onafhankelijk, objectief onderzoek uit te voeren? Als je te zeer betrokken bent, kun je het onderzoek zelf beter aan anderen overlaten. Een voorbeeld hiervan is een student die als afstudeeropdracht onderzoek doet naar de haalbaarheid van een bedrijfje dat hij wil opstarten. De student wil natuurlijk graag dat het een goed idee is waar een markt voor blijkt te zijn, zodat hij na zijn onderzoek het bedrijfje kan opstarten. Als hij zelf dit onderzoek doet, is de kans groot dat hij (onbewust) bij de interviews met branche-experts en bij het leiden van de focusgroepen suggestieve vragen stelt. Of dat hij bij sommige antwoorden wel of juist niet doorvraagt en niet de correcte conclusie aan de gegevens verbindt. Beter is het in zo'n geval het onderzoek door een medestudent te laten uitvoeren waarbij je zelf de opdrachtgever bent, en zelf een ander onderwerp te kiezen om op af te studeren.

Objectiviteit

Je bent als student betrokken bij een onderzoek
Stel, Je bent als student betrokken bij een onderzoek in het kader van een project, stage of afstudeeropdracht, al dan niet voor een concrete organisatie. In deze situatie is van belang om te achterhalen waarom men het onderzoek door studenten laat uitvoeren. Dit kan een puur economische reden hebben: studenten zijn goedkoper dan eigen medewerkers of een onderzoeksbureau. Het komt ook voor dat het onderwerp gevoelig ligt en men de mogelijkheid wil hebben de uitkomsten zonder veel discussie opzij te schuiven. Staat men open voor alle mogelijke uitkomsten of is slechts een uitkomst acceptabel?
Welke partijen zijn belanghebbend bij het onderzoek en wat willen die met de uitkomsten (kunnen) doen? Wie moet met de eventuele aanbevelingen aan de slag en hoe uitgewerkt willen zij conclusies en aanbevelingen hebben? Op welk niveau en binnen welke randvoorwaarden moeten de aanbevelingen gedaan worden?
Bij projectonderwijs komt het vaak voor dat de directeur van een organisatie de opdracht geeft. Deze heeft vaak al duidelijk omlijnde ideeën en denkt al

Economische reden

Gevoelig onderwerp

te weten wat er uit het onderzoek gaat komen. De medewerkers van de organisatie zijn degenen die met de aanbevelingen aan de slag moeten. Deze kunnen een geheel andere visie hebben dan de directeur. Van belang is dan om alle partijen te horen en zelf zo onafhankelijk mogelijk te opereren. Je zult dan qua randvoorwaarden niet alleen de beschikking moeten hebben over voldoende tijd, geld en mankracht. Ook de toegang tot alle relevante bronnen binnen en buiten de organisatie moet gewaarborgd zijn. Je moet kunnen spreken met alle relevante mensen binnen de organisatie en daarbuiten met afnemers. Maar je moet ook bestanden of financiële cijfers kunnen raadplegen voor zover die relevant zijn. Wat wel en niet mogelijk is, moet je bij het begin vaststellen, om niet later voor nare verrassingen te komen staan.

Je doet het onderzoek vanuit de organisatie waarvan je zelf deel uitmaakt

Rol binnen de organisatie

Stel, je doet het onderzoek vanuit de organisatie waarvan je zelf deel uitmaakt. Welke rol heb je binnen de organisatie en hoe onafhankelijk kun je opereren? Met wie moet je samenwerken, wie wordt verantwoordelijk gesteld om met de uitkomsten aan de slag te gaan en welke belangen hebben de verschillende partijen die bij het onderzoek betrokken zijn? Vooral als de organisatie een eigen onderzoeksafdeling heeft is de afstemming tussen de afdeling onderzoek en de andere afdelingen belangrijk. Bij de uitwerking van de conclusies en het maken van aanbevelingen is het raadzaam om verschillende partijen binnen de organisatie te peilen om draagvlak te creëren.

VOORBEELD 2.1
Een medewerker van de afdeling externe communicatie gaat onderzoeken in welke mate de organisatie naar buiten toe met een gezicht spreekt. Dit kan heel gevoelig liggen binnen de organisatie. Alle externe contacten moeten in kaart worden gebracht en de verschillende werkwijzen van de diverse afdelingen moeten tegen het licht worden gehouden. Binnen de organisatie kunnen mensen bang zijn in een keurslijf te worden gedwongen waardoor aanbevelingen om zaken te uniformeren bij voorbaat kritisch worden bekeken. Politiek handelen en openheid van zaken is in dit geval van belang om de juiste informatie boven tafel te krijgen, maar ook om draagvlak te creëren voor aanbevelingen.

Je bent als externe partij ingehuurd om onderzoek uit te voeren
Stel, je bent als externe partij ingehuurd om onderzoek uit te voeren. Wie is er bij de opdrachtgevende organisatie betrokken bij het onderzoek? Heb je met de juiste personen te maken? Zitten er geen schakels tussen jou en de perso(o)n(en) die uiteindelijk met de uitkomsten moeten werken?

Aanspreekpunt

Als een directielid de opdrachtgever van het marktonderzoek is, is het noodzakelijk om uit te vinden wie binnen de organisatie een goed aanspreekpunt is voor het onderzoek. Dit zal de functionaris zijn die rechtstreeks met de uitkomsten te maken heeft en vaak ook de meeste informatie kan leveren. Als de organisatie over een eigen onderzoeksafdeling beschikt, ligt de zaak nog gevoeliger. Deze afdeling wil zijn meerwaarde bewijzen binnen de organisatie en wil daarom als tussenschakel fungeren. De kans is groot dat je niet of nauwelijks met de gebruikers van het onderzoek kunt spreken.

Om geen ruis binnen de communicatie te krijgen, is het van belang toch rechtstreeks contact te hebben.

VOORBEELD 2.2
Je bent als onderzoeker werkzaam bij een onderzoeksbureau en de afdeling marktonderzoek van Philips huurt je in om een klanttevredenheidsonderzoek te doen naar flatscreen-tv's. Van belang is om in dat geval rechtstreeks met de betreffende productmanager en de afdeling R&D contact te hebben.

2.1.2 Achterliggende redenen van onderzoek

Als je in kaart hebt gebracht wie er bij het onderzoek betrokken zijn, wie informatie heeft en wie met de uitkomsten iets wil c.q. moet gaan doen, moet je met alle partijen in gesprek gaan. Je moet zien te achterhalen wat de achterliggende redenen zijn waarom men onderzoek wil (laten) uitvoeren. Wat is men in de toekomst van plan met betrekking tot het onderwerp van je onderzoek? Wat zijn de randvoorwaarden voor de uitvoering van het onderzoek en binnen welke randvoorwaarden moeten mogelijke aanbevelingen vallen? Bij randvoorwaarden voor de uitvoering moet je denken aan het beschikbare budget voor het onderzoek, de mankracht waar je gebruik van kunt maken en de beschikbaarheid van bijvoorbeeld lijsten met mogelijke respondenten of personen om te interviewen.

Randvoorwaarden

Bij randvoorwaarden voor de aanbevelingen moet je denken aan budget, maar ook aan de strategie en doelstellingen die de organisatie met betrekking tot dit onderwerp heeft.
We onderscheiden twee soorten doelstellingen:
1 doelstelling voor de organisatie met betrekking tot het onderwerp
2 doelstelling van het onderzoek zelf

Doelstelling voor de organisatie
Bij de doelstelling voor de organisatie denk je aan wat de organisatie uiteindelijk wil bereiken. Je onderzoek zou een bijdrage kunnen leveren aan de realisatie van deze doelstelling, maar zelden zorgt het onderzoek zelf ervoor dat de doelstelling gerealiseerd kan worden.
De organisatiedoelstelling is SMART geformuleerd. SMART staat voor:

SMART

- *Specifiek*: de doelstelling moet aangeven wat er precies wordt gedaan: helder en duidelijk.
- *Meetbaar*: de doelstelling moet een norm aangeven om te kunnen meten of het doel werd gehaald.
- *Acceptabel*: de doelstelling moet worden gedragen door iedereen, zodat het engagement er is om er energiek en met voldoening mee aan de slag te gaan.
- *Realiseerbaar* of *realistisch*: de doelstelling moet haalbaar zijn; de lat moet niet te hoog – maar ook niet te laag – liggen en je moet er vat op hebben. Je moet ze kunnen bereiken met aanvaardbare inspanningen.
- *Tijdsbepaald*: de doelstelling moet de termijn vermelden waarop het gewenste resultaat moet worden bereikt.

Je onderzoek levert een bijdrage aan deze doelstelling door informatie aan te leveren. Met behulp van deze informatie kan de organisatie actie ondernemen om de doelstelling te bereiken.

Doelstelling voor het onderzoek zelf

Bij de doelstelling voor het onderzoek zelf denk je aan wat je onderzoek uiteindelijk moet opleveren. Deze doelstelling dient dus door onderzoek te realiseren zijn, en is meestal geformuleerd in termen als 'kennis over', 'inzicht in', 'aanbevelingen met betrekking tot' en dergelijke.

VOORBEELD 2.3

Een touroperator ziet zijn omzet teruglopen en wil de komende jaren het tij keren. De vergrijzing en toenemende welvaart onder ouderen maakt de groep 55+ in de ogen van de touroperator een interessante doelgroep, temeer daar deze voldoende tijd heeft om te reizen.
Doelstelling van de touroperator: over twee jaar een omzetstijging van 5% ten opzichte van dit jaar in de reizen gericht op de doelgroep 55+.
Men besluit onderzoek te gaan doen naar de specifieke wensen en behoeften van deze groep om hier met het aanbod van reizen optimaal op in te kunnen spelen.
Doelstelling van dit onderzoek zou bijvoorbeeld kunnen zijn: inzicht krijgen in welke arrangementen van bestemming, vervoer, verblijf en toegevoegde service door de groep 55–70 dusdanig interessant gevonden worden dat minimaal 25% de intentie heeft de reis binnen 5 jaar te willen boeken.

2.2 Centrale vraag en probleemstelling

Centrale vraag

De centrale vraag is de rode draad door je onderzoek. De centrale vraag is de vraag die in het onderzoek beantwoord moet worden. Hij is dus bepalend voor wat je wel en niet gaat onderzoeken, maar ook wie je in het kader van het onderzoek bevraagt en welke aspecten je meeneemt. Het onderzoek werkt toe naar de beantwoording van de vraag en in de conclusie moet je de centrale vraag dan ook expliciet beantwoorden.

Probleemstelling

De probleemstelling is iets breder dan de centrale vraag en duidt de te onderzoeken situatie aan. Dit kan een concreet probleem zijn, maar dit hoeft niet altijd. Vaak is 'het probleem' dat je te weinig kennis over een situatie hebt. De probleemstelling geeft het onderwerp van onderzoek aan en bevat minimaal de volgende elementen:
1 Wat zijn de grenzen van het onderzoeksgebied (domein)?
2 Wie behoren er tot de onderzoekspopulatie?

De functie van de probleemstelling is dus het afbakenen van het onderzoeksterrein. Dat behandelen we eerst. Daarna gaan we in op de formulering van de centrale vraag. Ten slotte bespreken we de soorten centrale vraag.

2.2.1 Afbakening van het onderzoeksterrein

Fuikprincipe

Behulpzaam bij de afbakening van je onderwerp kan het fuikprincipe zijn (zie Verschuren, 1986), waarbij je van een ruim onderwerp toewerkt naar een steeds concreter thema. Enkele manieren om het onderwerp in te perken, zijn naar:
- *invalshoek*: economisch, juridisch, organisatorisch
- *plaats*: beperking tot de Randstad, Nederland, Europa; maar ook bijvoorbeeld naar afdeling in een organisatie

- *sector*: midden- en kleinbedrijf, banken, profit versus non-profit
- *tijd*: sinds de Tweede Wereldoorlog, laatste tien jaar, 2014
- *soort*: actiereclame, themareclame
- *functie*: beleidsvoorbereiding, beleidsuitvoering

Het artikel 'Een gsm kan het beste zoekraken in Ljubljana' is een voorbeeld van een specifiek onderzoek. Welke afbakeningen zijn hier gekozen?

DE VOLKSKRANT, 24 JULI 2007

Een gsm kan het beste zoekraken in Ljubljana

AMSTERDAM – Nederlanders zijn niet erg eerlijk. Tenminste, dat zegt maandblad *Reader's Digest* na een test in 32 landen. 960 gloednieuwe telefoons werden wereldwijd neergelegd in drukke winkelstraten; redacteuren van het tijdschrift bekeken van een afstand wat ermee gebeurde.

En wat blijkt? In Amsterdam staken zestien vinders de telefoon gewoon in eigen zak. Zelfs in door reisgidsen meestal als mogelijk onveilig omschreven wereldsteden als Sao Paulo (naar schatting 20 miljoen inwoners) en Mexico Stad (een slordige 22 miljoen) brachten meer vinders de gsm's terug. Respectievelijk negen en tien vinders namen daar niet de moeite de eigenaar op de hoogte te stellen.

Volgens Wim Glas, redacteur van de Nederlandse versie van Reader's Digest, wil de test niet zeggen dat alle Nederlanders oneerlijk van aard zijn. 'Dit onderzoek is natuurlijk niet representatief. Je moet er niet al te zware conclusies uit trekken.'

Glas ging in Amsterdam de straat op met een rugzak vol nieuwe telefoons en legde ze neer op drukke plekken, zoals in de Kalverstraat. Daar duurde het volgens Glas zo'n tien minuten voor een gsm werd meegenomen. Twee passerende agenten lieten de telefoon gewoon rinkelen en liepen er met een grote boog om heen.

Glas verbaasde zich over de reacties van mensen. 'Sommige voorbijgangers raapten de telefoon in een vloeiende beweging op, en liepen gewoon weer door.' Van de veertien telefoons die werden geretourneerd bij de rechtmatige eigenaar, werden er vier door toeristen in de Nederlandse hoofdstad teruggebracht.

Ljubljana, hoofdstad van Slovenië, is de beste plek om een mobiele telefoon te laten slingeren. Daar werden 29 van de 30 telefoons gewoon teruggebracht. In Hongkong en Kuala Lumpur is een gloednieuw mobieltje het minst veilig. Daar belandden maar dertien van de dertig telefoons uiteindelijk weer terug bij de eigenaar.

2.2.2 Eisen aan de formulering van de centrale vraag

De probleemstelling leidt tot de centrale vraag. Is elke vraag geschikt als centrale vraag? Het antwoord daarop is kort: nee. We stellen een aantal eisen aan de formulering van de centrale vraag:

1. De centrale vraag moet breed genoeg zijn geformuleerd, zodat alle aspecten die we willen onderzoeken eronder vallen.
2. De centrale vraag moet goed ingeperkt zijn, zodat duidelijk wordt wat we gaan onderzoeken (specifiek) en liefst ook al op welke wijze en bij wie.
3. De centrale vraag is als vraag geformuleerd (met vraagteken) en is liefst een open vraag (waar je niet ja of nee op antwoordt). Bij toetsende onderzoeken komen ook gesloten vragen voor.

4 De termen die in de centrale vraag staan, moeten helder en eenduidig geformuleerd zijn.
5 De vraag moet door onderzoek te beantwoorden zijn, dat wil zeggen dat bijvoorbeeld normatieve vragen niet geschikt zijn.
6 Stel geen 'hoe'-, 'waarom'- of 'waardoor'-vragen. Deze zijn moeilijk te onderzoeken, omdat vooraf lastig in kaart te brengen is welke aspecten allemaal meegenomen moeten worden om de vraag te kunnen beantwoorden. Je kunt alle kanten op, de vraag is dus te breed. Raadzaam in zo'n geval is eerst vooronderzoek te doen naar mogelijke opties en daar concreet onderzoek naar te verrichten.
7 Termen als 'beste' verwijzen naar criteria volgens welke iets beter of slechter is; deze criteria moeten worden gespecificeerd, anders kun je dergelijke termen beter vermijden.

2.2.3 Soorten centrale vragen

We onderscheiden centrale vragen naar het type onderzoek waar ze aanleiding toe geven in beschrijvend, exploratief en toetsend.

Beschrijvend onderzoek
Beschrijvend onderzoek: een voorbeeld van een centrale vraag die leidt tot beschrijvend onderzoek is: 'Welk percentage ouderen tussen 55 en 70 jaar gaat minimaal een keer per jaar op vakantie (verblijf van meer dan drie nachten buitenshuis voor ontspanningsdoeleinden)?'

Exploratief onderzoek
Exploratief onderzoek: een centrale vraag die tot exploratief onderzoek leidt is bijvoorbeeld: 'Welk verband is er tussen de sociaaleconomische status en de favoriete vakantiebestemming van Nederlanders tussen de 55 en 70 jaar?'

Toetsend of evaluerend onderzoek
Toetsend of evaluerend onderzoek: een centrale vraag die leidt tot toetsend onderzoek is bijvoorbeeld: 'Welk effect heeft onze reclamecampagne in het blad *Plus* gehad op onze naamsbekendheid onder de groep 55–70-jarigen?'

De mate van voorkennis en het doel van het onderzoek bepaalt welk type onderzoek je kunt en moet verrichten. Bij weinig voorkennis kun je alleen beschrijvend onderzoek doen, bij meer voorkennis kun je exploratief onderzoek doen. Als je al in staat bent om verwachtingen uit te spreken op basis van je voorkennis, kun je toetsend onderzoek verrichten.

Is in het artikel 'Alle 237 redenen om seks te hebben' sprake geweest van een beschrijvende, explorerende of toetsende probleemstelling?

ELSEVIER, 1 AUGUSTUS 2007

Alle 237 redenen om seks te hebben

Seks om warm te worden, om calorieën te verbranden of om wraak te nemen. Passie is lang niet de belangrijkste reden om met iemand naar bed te gaan.
Dat blijkt uit een onderzoek van de Amerikaanse *University of Texas*. De resultaten van het onderzoek worden binnenkort uitgegeven in het wetenschappelijke tijdschrift *Archieven van Seksueel Gedrag*, meldt de *New York Times*.
Uiteindelijk kan een lijst van 237 redenen worden opgesomd waarom personen de liefde bedrijven. Sommigen doen het om warm te worden, anderen willen graag wat calorieën verbranden na een zware maaltijd.

Verliefd
Het onderzoek bevestigt wat velen al vermoedden: mannen denken anders over seks dan vrouwen. Mannen zien seks vooral als een fysieke ervaring waarvan ze er zo veel mogelijk van willen hebben, terwijl vrouwen het doen omdat ze verliefd zijn. Ook motivaties als 'het voelt goed' en 'ik wilde dat de andere persoon zich goed voelde' passeren de revue. Zelfs opmerkelijke argumenten als 'seks heb ik om hogerop te komen' en 'ik doe het om dichter bij God te komen' kunnen in de lijst worden opgenomen.

Hoofdpijn
Verder werden ook antwoorden gegeven als 'ik had een baan nodig', 'ik verveelde me', 'ik wilde van mijn hoofdpijn afkomen', 'ik was dronken', 'ik wilde wraak nemen op mijn partner' en 'ik wilde een ander gespreksonderwerp aansnijden'.
Gelukkig hadden de meest gegeven antwoorden te maken met liefde, romantiek, avontuur, genegenheid, aantrekkingskracht, genot, affectie en het verlangen te behagen.

2.3 Deelvragen en onderzoeksvragen

De deelvragen worden afgeleid van de centrale vraag en dienen allemaal een onderdeeltje van de centrale vraag te behandelen. Als alle deelvragen beantwoord zijn, moet je ook het antwoord op de centrale vraag kunnen geven.

Deelvragen

Hoe kom je aan geschikte deelvragen? Ten eerste kun je kijken naar welke variabelen er in de centrale vraag genoemd worden. Deze geven vaak aanleiding tot beschrijvende deelvragen (bijvoorbeeld: 'Hoe meet je sociaal economische status?'). Vervolgens kunnen verbanden worden gelegd en mogelijke verklaringen worden bedacht. Dit kan door bijvoorbeeld te brainstormen, maar ook enkele interviews met experts (binnen en/of buiten de organisatie) kunnen hierbij behulpzaam zijn.
Algemene vragen die beginnen met *wie, wat, waar, waarom* en *wanneer* kunnen verder behulpzaam zijn om de centrale vraag te ontrafelen in deelvragen.

De onderzoeksvragen zijn gespecificeerde (geoperationaliseerde) deelvragen die rechtstreeks in een *analyseschema* kunnen worden gebruikt. Een analyseschema is een schema waarin je expliciteert welke verbanden je gaat toetsen met behulp van welke statistische technieken. Het zijn vragen die rechtstreeks door de data uit het onderzoek kunnen worden beantwoord.
Het proces van afbakening is dus:

Doelstelling ⟶ Probleemstelling ⟶ Centrale vraag ⟶ Deelvragen ⟶ Onderzoeksvragen

Dit proces wordt aan de hand van het artikel 'Je kunt beter niet met mij meerijden' uitgelegd in voorbeeld 2.4.

● www.autoweek.nl

Je kunt beter niet met mij meerijden

Slecht nieuws voor weegschalen, vissen en rammen: uit diepgaand onderzoek door een Canadese verzekeringsmaatschappij blijken mensen met deze sterrenbeelden de slechtste chauffeurs omdat ze de meeste brokken maken en de meeste bonnen scoren. Ik ben ram, dus ik vorm een risico op de weg – en da's geen prettig idee. 'Rammen hebben een kinderlijke "ik-eerst-mentaliteit"', aldus het onderzoek. 'Dat brengt ze in de problemen.' De directrice van de verzekeringsmaatschappij voegt daaraan toe: 'Ik geloofde er nooit in, maar nu weet ik dat ik liever niet bij een ram in de auto stap.' En bedankt...
Weegschalen en vissen wordt respectievelijk verweten dat ze geen snelle beslissingen kunnen maken en veel te impulsief zijn voor deelname aan druk verkeer.
Ze zijn nog minder geschikt om achter het stuur te kruipen dan ik. Overigens is het onderzoek door Insurance Hotline niet lullig aangepakt: maar liefst 100.000 mensen zijn ervoor ondervraagd, dus enige samenhang in de resultaten zal er zeker zijn. Al is het onderwerp nogal wollig, wat mij betreft. 'Premies berekenen op basis van sterrenbeeld heeft veel meer zin dan het kijken naar een postcodegebied of leeftijd', zegt directrice Lee Romanov, die overigens ook al eerder het boek *Car Carma* schreef.
Oei, als dat maar geen trend wordt en overwaait naar andere verzekeringsmaatschappijen. Dan voorspel ik weinig goeds voor mijn verzekeringspremie voor de komende tijd.
Mensen met het sterrenbeeld leeuw komen in het onderzoek overigens als de allerbeste bestuurders naar voren. 'Ze zijn gul en gunnen anderen de ruimte op de weg. Verder hebben ze een enorm ego en daar varen hun rijkwaliteiten wel bij.' Ik ben dus op zoek naar een privéchauffeur die is geboren tussen 23 juli en 23 augustus. Vrijwilligers?

Weblog, 19 december 2006

VOORBEELD 2.4
Voor verzekeringsmaatschappijen is het van belang om de risico's van verschillende groepen consumenten te kunnen inschatten om hun premies op de juiste manier te kunnen differentiëren.

Doelstelling van de organisatie
Een evenwichtige premieopbouw voor de diverse groepen consumenten creëren, waarbij voor elke groep de totale hoeveelheid premies de totale kosten overstijgen.

Doelstelling voor het onderzoek
Informatie genereren op basis waarvan de groep consumenten in segmenten kan worden ingedeeld op basis van ongevallenrisico.

Probleemstelling
De afnemers van verzekeringspolissen verschillen in risico. Segmentenafnemers dienen te worden onderscheiden op basis van het te verwachten

risico dat de verzekeraar loopt bij deze groepen. De segmentatiecriteria dienen bruikbaar te zijn, dat wil zeggen objectief meetbaar op basis van demografische of gebruikscriteria.

Centrale vraag
Welke groepen consumenten hebben een grotere dan gemiddelde kans of juist een minder grote kans om bij een ongeval betrokken te raken?

Mogelijke deelvragen
- Hoe wordt de kans om bij een ongeval betrokken te raken gedefinieerd?
- Welk verband is er tussen geslacht en de kans om bij een ongeval betrokken te raken?
- Welk verband is er tussen sociaaleconomische status en de kans om bij een ongeval betrokken te raken?
- Welk verband is er tussen sterrenbeeld en de kans om bij een ongeval betrokken te raken?
- Is er een interactie tussen geslacht en sterrenbeeld met betrekking tot de kans om bij een ongeval betrokken te raken?

Mogelijke onderzoeksvragen
- Hebben mannen een grotere, gelijke of kleinere kans dan vrouwen om per 100.000 gereden kilometer bij een ongeval betrokken te raken?
- Hebben rammen een grotere, gelijke of kleinere kans dan leeuwen om per 100.000 gereden kilometer bij een ongeval betrokken te raken en is dit verband gelijk voor mannen en vrouwen?

2.4 Conceptueel model

Bij het vertalen van de centrale vraag in deelvragen kan een theoretisch model behulpzaam zijn. Het helpt je relevante variabelen op het spoor te komen die je in het onderzoek moet meenemen. Welke aspecten hangen met je onderwerp samen? Wat kan een verklaring vormen voor het te onderzoeken fenomeen? Welke oorzaak-gevolgrelaties zijn er al bekend binnen het onderzoeksonderwerp? Allemaal vragen waarbij je eerst moet onderzoeken welke theorieën een hulpmiddel kunnen zijn om mogelijke verklaringen/uitkomsten te genereren.

Hoe kom je aan geschikte theorieën? Als eerste kijk je welke wetenschappelijke disciplines onderzoek naar je onderwerp zouden kunnen hebben gedaan. Je probeert zo veel mogelijk steekwoorden te genereren vanuit je centrale vraag en je eigen voorkennis over het onderwerp. Vervolgens bekijk je enkele handboeken per wetenschapsdiscipline en zoek je de steekwoorden op, in de hoop relevante theorieën en modellen op het spoor te komen. Je kunt vervolgens alle theorieën en modellen die je op deze manier tegenkomt in een bestand zetten.

Steekwoorden

Als tweede stap kun je enkele experts interviewen over het onderwerp, waarbij je ze laat brainstormen over mogelijke verbanden en theorieën die betrekking zouden kunnen hebben op je onderwerp. Deze theorieën zoek je ook weer op en zet ze in hetzelfde bestand.

Brainstormen

Ten slotte probeer je op basis van wat je gelezen en gehoord hebt een verklarend model te bouwen waarbij je alle mogelijk relevante variabelen met elkaar in verband brengt op de manier die je het meest logisch lijkt op grond van je vooronderzoek.

We gaan eerst in op het begrip variabelen en daarna bespreken we een theorie die als hulpmiddel dient bij de opzet van een conceptueel model.

2.4.1 Variabelen

Conceptuele onderzoeksmodel

De grafische weergave van de variabelen en hun onderlinge verbanden is je conceptuele onderzoeksmodel. In het model staan dus variabelen. Variabelen zijn kenmerken van onderzoekseenheden, die meerdere waarden kunnen aannemen. 'Man' of 'vrouw' is dus geen variabele, 'geslacht' is dat wel.
We maken onderscheid tussen onafhankelijke en afhankelijke variabelen.

Onafhankelijke variabele

Een onafhankelijke variabele is een oorzaak en gaat in de tijd dus vooraf aan de afhankelijke variabele. De afhankelijke variabele is het gevolg.

Afhankelijke variabele

In het model zetten we een pijl als de relatie causaal is. *Causaal verband* is er als aan drie voorwaarden is voldaan:
1 De onafhankelijke variabele gaat altijd vooraf aan de afhankelijke.
2 Er is een statistisch verband tussen beide variabelen geconstateerd.
3 Er is geen derde variabele die het verband verklaart.

Als er alleen sprake is van een statistische samenhang, zetten we een lijn in het model.
Tussen de onafhankelijke en de afhankelijke variabele kunnen ook nog een of meer interveniërende variabelen zitten. Een voorbeeld op basis van het eerdergenoemde artikel 'Vrouwen rijden onveiliger' zie je in figuur 2.1.

FIGUUR 2.1 Vrouwen rijden onveiliger

Tot slot kan er in een model sprake (blijken te) zijn van een derde variabele. Dit is een variabele die oorzaak is van twee of meer andere variabelen, die onderling geen relatie hebben. Doordat ze door de derde variabele beïnvloed worden, lijkt het echter wel alsof ze samenhangen. Er is een correlatie tussen deze afhankelijke variabelen en als je niet op de hoogte bent van het verband met de onafhankelijke variabele, lijkt het alsof de afhankelijke variabelen met elkaar samenhangen. In het artikel 'Hoe meer borsthaar hoe intelligenter' (zie opdracht 1.2) lijkt het alsof borsthaar en IQ samenhangen. In werkelijkheid wordt dit veroorzaakt door de stof DHT. Het model ziet er dus uit zoals in figuur 2.2.

FIGUUR 2.2 Borsthaarmodel

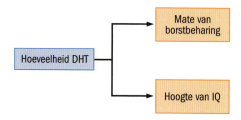

Het verband tussen 'mate van borstbeharing' en 'hoogte van IQ' noemen we ook wel een vals verband. Tussen beide variabelen zetten we in het model meestal een stippellijntje.

Vals verband

Het conceptueel model geeft je duidelijkheid over de afbakening van wat je gaat onderzoeken en beschrijft waarover je gegevens gaat vastleggen in je onderzoek. Het laat zien hoe deze gegevens gestructureerd zijn en het geeft een selectie van variabelen weer en de relaties tussen deze variabelen. De eerste stap bij het beschrijven van je conceptueel model is dat je de verbanden bepaalt die een directe relatie hebben tussen oorzaak en gevolg. Het verband is dan wat tussen de oorzaak en het gevolg ligt. In het conceptueel model veronderstel je steeds dat er een verband tussen een oorzaak en een gevolg ligt en of dit daadwerkelijk ook zo is, dat onderzoek je. Je begint met datgene wat je wilt verklaren of beïnvloeden: de afhankelijke variabele. Verder kunnen er diverse factoren een rol spelen. Kijk naar theoretische voor deze variabelen. Ook vooronderzoek in de vorm van deskresearch en expertinterviews brengen je op het spoor van deze factoren. Als je model goed is kun je niet alleen uit het model afleiden welke gegevens je wilt verzamelen, maar ook hoe je moet analyseren en welk onderzoeksdesign toepasbaar is. De rest van het onderzoek volgt als het ware logisch uit het model.

Verband

2.4.2 Theorie als hulpmiddel

Theorie is dus nodig om inzicht te krijgen in mogelijk interessante variabelen en hun onderlinge relaties. Elk onderwerp kent zijn eigen specifieke theorieën, maar een aantal algemene theorieën kunnen bij veel onderwerpen behulpzaam zijn. De volgende theorie is een voorbeeld van een algemene theorie die als hulpmiddel kan dienen bij de opzet van een conceptueel model. Een model om menselijk gedrag te kunnen verklaren en voorspellen, is de theorie van beredeneerde actie van Fishbein en Ajzen (Ajzen, 1991). Motivator van gedrag is in hun ogen:

Motivator van gedrag

1 de eigen attitude van mensen ten aanzien van dat gedrag
2 de sociale norm
3 de eigen-effectiviteit

Ad 1 Eigen attitude
De eigen attitude is opgebouwd uit cognitieve overtuigingen en affectieve evaluaties.
Een voorbeeld: de attitude ten aanzien van het kopen van spaarlampen is opgebouwd uit een aantal overtuigingen die met dit gedrag samenhangen. Overtuigingen kunnen in dit verband zijn 'de waarschijnlijkheid dat het gebruik van spaarlampen leidt tot energiebesparing' en 'de waarschijnlijkheid dat spaarlampen passen in de lampen die in het huis aanwezig zijn'. De evaluaties zijn de beoordeling in termen van goed/slecht of gunstig/ongunstig die bij de overtuigingen horen. Hoe positief vind je energiebesparing, of hoe positief is het als de lampen passen? Via een simpele formule kun je berekenen hoe positief of negatief de attitude is.

$$Attitude = \Sigma O \times E$$

waarin:
O = cognitieve overtuiging
E = affectieve evaluatie

Bij vragenlijstonderzoek wordt veel gebruikgemaakt van deze theorie.
De O heeft in dat geval meestal waardes tussen de 0 en de 1, bijvoorbeeld 'hoe groot is de kans dat dit gevolg zich voordoet bij het genoemde gedrag in percentage tussen de 0 en de 1(00)%. Ook rapportcijfers van 1–10 worden wel gebruikt.
De E kan variëren tussen de −3 en de +3, waarbij voor elk gevolg van het gedrag op een 7-puntsschaal moet worden aangegeven of men het zeer positief, positief, enigszins positief, noch positief noch negatief (neutraal midden), enigszins negatief, negatief of zeer negatief vindt. Er wordt vaak gekozen voor een 7-puntsschaal bij de antwoordcategorieën, omdat deze groot genoeg is om goed het verschil tussen de categorieën te zien. Een 5- en 3-puntsschaal zijn te klein om genuanceerde antwoorden te krijgen. Met een 7-puntsschaal kunnen subtiele verschillen wel in kaart worden gebracht en is de kans dat respondenten vaak 'neutraal' kiezen kleiner.

Ad 2 Sociale norm
De sociale norm wordt gevormd door de perceptie die de persoon heeft van de mate waarin de sociale omgeving het gedrag goed dan wel afkeurt. Als de sociale norm positief is, heeft de persoon eerder de intentie het gedrag te gaan vertonen dan als de sociale norm negatief is.

Ad 3 Eigen-effectiviteit
De derde variabele die als onafhankelijke variabele in het model staat is de eigen-effectiviteit. Dit is de inschatting die de persoon maakt van de mate waarin hij in staat is het gedrag uit te voeren (bekwaamheid). In het voorbeeld: kan de persoon zelf zijn lampen vervangen?

Intentie

Een positieve attitude, een positieve sociale norm en een hoge mate van eigen-effectiviteit leiden tot de intentie om het gedrag te willen uitvoeren, maar er kan een hindernis zijn waardoor het gedrag toch niet tot stand komt, zie figuur 2.3. In het voorbeeld van de spaarlamp zou dat de beschikbaarheid van spaarlampen in de lokale winkel kunnen zijn.

FIGUUR 2.3 Fishbein & Ajzen

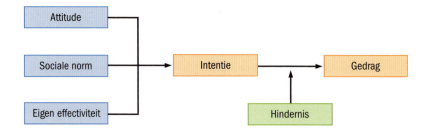

In het volgende voorbeeld laten we zien hoe de variabelen in het model kunnen worden bepaald in het geval van de spaarlampen.

VOORBEELD 2.5

Om de attitude te bepalen, proberen we achter de cognitieve overtuigingen van de ondervraagden te komen. We stellen bij tabel 1 de volgende vraag:
Kunt u voor de volgende stellingen de mate aangeven waarin u denkt dat dit het geval zal zijn?

TABEL 1 Stellingen

De waarschijnlijkheid dat het gebruik van spaarlampen zal leiden tot een significante energiebesparing	... %
De waarschijnlijkheid dat spaarlampen zullen passen in de lampen die in het huis aanwezig zijn	... %

Een ander onderdeel van de attitude zijn de beliefs. Bij tabel 2 stellen we de volgende vraag:
Kunt u voor de zaken aangeven in welke mate u het positief dan wel negatief vindt?
1 = zeer positief, 2 = positief, 3 = enigszins positief, 4 = nog positief nog negatief, 5 = enigszins negatief, 6 = negatief en 7 = zeer negatief

TABEL 2 Beliefs

Hoe beoordeelt u energiebesparing?
Hoe beoordeelt u het als de spaarlampen passen in de huidige lampen?

Tabel 3 dient voor het bepalen van de sociale norm.
Kies uit de volgende mogelijkheden:
1 = zeer positief, 2 = positief, 3 = enigszins positief, 4 = nog positief nog negatief, 5 = enigszins negatief, 6 = negatief en 7 = zeer negatief

TABEL 3 Sociale norm

Hoe beoordeelt uw omgeving spaarlampen?

Met behulp van een aankruisformulier worden de eigen-effectiviteit en de hindernissen bepaald:

1 *Kunt u zelf lampen vervangen?*
○ ja, alle lampen in huis
○ ja, de meeste lampen kan ik zelf vervangen
○ sommige lampen kan ik wel vervangen, andere niet
○ nee, de meeste lampen kan ik niet zelf vervangen
○ nee, ik kan niet zelf lampen vervangen

2 *Zijn er in de winkels die u bezoekt spaarlampen te koop?*
○ ja
○ nee
○ weet niet

3 *Kies bij deze vraag uit de volgende mogelijkheden:*
1 = speelt geen enkele rol; 2 = speelt een kleine rol; 3 = speelt noch een kleine noch een grote rol, 4 = speelt een grote rol; 5 = speelt een zeer grote rol.
In welke mate zou de prijs voor u een belemmering zijn om spaarlampen aan te schaffen?
_____

4 *Welke andere factoren zouden voor u een belemmering kunnen vormen voor de aanschaf van spaarlampen?*
_____
_____
_____

Samenvatting

▶ De opzet van een onderzoek start met het formuleren van een onderzoeksdoelstelling: wat moet het onderzoek opleveren?

▶ De probleemstelling is een omschrijving van de situatie en een afbakening naar:
- invalshoek
- plaats
- sector
- tijd
- soort
- functie

▶ De centrale vraag:
- is de rode draad door het onderzoek
- moet specifiek, eenduidig en door onderzoek te beantwoorden te zijn

▶ Van de centrale vraag worden afgeleid:
- deelvragen: deze behandelen een onderdeeltje van de centrale vraag
- onderzoeksvragen: dit zijn gespecialiseerde deelvragen die rechtstreeks in een analyseschema kunnen worden gebruikt

▶ Het conceptuele model is een grafische weergave van de variabelen en hun onderlinge verbanden, die we aangeven met pijlen of stippellijnen.

▶ We maken onderscheid tussen:
- onafhankelijke variabelen (oorzaak)
- afhankelijke variabelen (gevolgen)

▶ Theorie is een hulpmiddel voor de opzet van een conceptueel model. Een model om menselijk gedrag te kunnen verklaren en voorspellen, is de theorie van beredeneerde actie van Fishbein en Ajzen. Motivator van gedrag is in hun ogen:
1 de eigen attitude van mensen ten aanzien van dat gedrag
2 de sociale norm
3 de eigen-effectiviteit

Opdrachten

2.1 De afgelopen jaren is er in de stad Groningen al vaak een discussie geweest over de koopavond en de koopzondag. Iedere ondernemer heeft er zijn eigen idee over. Voor ondernemers is het belangrijk te weten hoe de consument de winkelopeningstijden beleeft, zodat zij op de wens van de consument in kunnen spelen.
De winkelopeningstijd is één van de marketinginstrumenten die een ondernemer in de detailhandel tot zijn beschikking heeft.
Ondernemers proberen hun productassortiment steeds aan de wensen van de klanten aan te passen. Wat geldt voor het productassortiment, geldt ook voor de winkeltijden.
Ook hier veranderen de wensen van de consument. Om deze wensen in kaart te brengen, is er een aantal onderzoeken en evaluaties geweest. Op regionaal gebied is in de provincie Groningen nog geen diepgaand onderzoek geweest naar hoe de consument de winkeltijden beleeft.

In Groningen zijn het vooral de supermarkten en de grote filiaalbedrijven die gebruikmaken van de verruiming van de winkeltijden. De rest van de ondernemers vult winkeltijden binnen de traditionele winkeltijden in. Gevolg hiervan is dat de ene winkel om 10 uur opengaat en de andere om 9 uur. De consument heeft dus geen duidelijk beeld meer van wanneer een winkel open of dicht is.

Naar aanleiding van dit probleem heeft de Groningen City Club (vereniging van winkeliers in de binnenstad) verschillende belangenorganisaties bij elkaar gebracht om dit te bespreken. Uit de besprekingen kwam naar voren dat er behoefte is aan een breed opgezet onderzoek naar de wensen van de consument wat betreft winkeltijden. Om dit onderzoek in goede banen te leiden, is ervoor gekozen om een werkgroep op te richten.
De werkgroep bestaat uit afgevaardigden van de Kamer van Koophandel, MKB Noord, Hazewinkel Pers en acht ondernemers/winkeliersverenigingen uit acht plaatsen in de provincie Groningen.

a Geef een aantal mogelijke motieven die een rol kunnen spelen bij het laten uitvoeren van dit onderzoek. In welke mate kunnen deze motieven hinderlijk zijn voor het uitvoeren van (wetenschappelijk) verantwoord onderzoek?
b Formuleer een doelstelling die de Groningen City Club kan hebben waaraan dit onderzoek een bijdrage zou kunnen leveren.
c Formuleer een doelstelling voor het uit te voeren onderzoek.
d Formuleer de centrale vraag die het onderzoek zou moeten beantwoorden.
e Geef een aantal (minimaal vijf) deelvragen waar het onderzoek zich op moet richten.
f Geef voor elke deelvraag minstens een onderzoeksvraag.
g Geef aan welke methode(n) van onderzoek je in dit geval zou willen toepassen en waarom.

h Maak een conceptueel model aan de hand van een van de theorie uit hoofdstuk 2 die je voorspellingen weergeven over het antwoord op de probleemstelling.

2.2 Lees het artikel 'Al lachend orgaan afstaan' en beantwoord de vragen.

DAGBLAD VAN HET NOORDEN, 3 APRIL 2007

Al lachend orgaan afstaan

Opgewekte, energieke mensen zijn eerder bereid om na hun dood organen voor transplantatie af te staan dan minder opgeruimde types. Omdat de bereidwilligheid deels in iemands karakter besloten ligt, is het moeilijk om mensen met voorlichtingscampagnes over te halen om alsnog donor te worden.
Dat betoogde Sharon van Embden, promovenda aan de faculteit Medische Psychologie van het AMC Amsterdam, gisteren tijdens een internationaal Orgaantransplantatiecongres in Rotterdam. Van Embden ondervroeg voor haar onderzoek 150 studenten.
'Opgeruimde, sociale, assertieve en actieve types blijken eerder bereid hun organen af te staan. Ze ondernemen ook vaker actie om zich daadwerkelijk te laten registreren. Het is voor de overheid heel moeilijk om daar invloed op uit te oefenen.' De overheid is deze maand juist weer met een grote wervingscampagne begonnen.

---

a Geef voor dit artikel weer welke variabelen je zou willen meten.
b Zou je kwalitatief of kwantitatief onderzoek willen uitvoeren?
c Geef drie onderzoeksvragen.
d Welke factoren uit het model van Fishbein en Ajzen (figuur 2.3) zouden een rol kunnen spelen bij het besluit om al dan niet orgaandonor te worden?

2.3 Lees het artikel 'Nederlandse werknemers erg tevreden' en beantwoord de vragen.

● www.nosteletekst.nl

Nederlandse werknemers erg tevreden

Nederlandse werknemers zijn volgens een Brits onderzoek het gelukkigst. Ze zijn zeer tevreden over hun beloning en het aantal vrije dagen. Daarom zeuren ze het minst van alle 14.000 ondervraagde werknemers uit 23 landen.

Fransen blijken wereldkampioen klagen te zijn. Veel ondervraagden zijn zeer ontevreden over hun baan. De Britten en Zweden zijn volgens de studie tweede en derde in die categorie.
Uit het onderzoek blijkt verder dat de Japanners het ongelukkigst zijn van alle ondervraagden, maar dat ze maar zelden klagen. Een verklaring daarvoor ontbreekt.

14 mei 2007

a Welk type onderzoek is hier vermoedelijk uitgevoerd?
b Welk type onderzoek zou je als vervolgonderzoek willen opstarten als verklaringen (en hypotheses) moeten worden opgesteld?

2.4 **a** Is er in het krantenartikel 'Je kunt beter niet met mij meerijden' (paragraaf 2.3) sprake van een beschrijvende, explorerende of toetsende probleemstelling?
b Maak een conceptueel model op basis van dit artikel.

2.5 Lees het artikel 'Rust, reinheid en een corrigerende tik' en beantwoord de vragen.

• www.nrc.nl

Rust, reinheid en een corrigerende tik

Kinderen moeten weer strenger worden opgevoed, vinden ouders. Want ze zijn vaak brutaal, verwend en ze gedragen zich asociaal. Een corrigerende tik moet kunnen.

Het is niet makkelijk om te erkennen dat je eigen kind een etter is geworden, zegt Anne Elzinga, redacteur van maandblad J/M. 'Jij weet wat voor moeite je elke dag in de opvoeding steekt. Dat je als ouder fouten maakt, maar ook steeds opnieuw vol goede moed begint.' Het kind van de buren daarentegen, zegt Elzinga, zie je alleen als eindproduct. En dan zie je het wel: het is een etter.
Uit onderzoek in opdracht van maandblad J/M onder 615 ouders blijkt dat driekwart van hen zich wel eens ergert aan andermans kinderen.
Ze vinden ze brutaal, asociaal, stiekem en ongehoorzaam. Zelf gaan ze als opvoeder ook wel eens de mist in, geven ze toe, maar toch geeft 84 procent de eigen opvoeding een ruime voldoende.
Het ligt dus aan de buren. Maar ook aan de school, vinden de ouders. Die moet strenger zijn en meer discipline bijbrengen, zegt 89 procent van de vaders en moeders. Het lijkt een reactie op leraren die al jaren klagen over ouders. Omdat ze hun kinderen met een lege maag op school afleveren en ze meenemen op vakantie wanneer dat hun uitkomt. Over de kwaliteit van het onderwijs klagen de ondervraagde ouders minder. 75 procent van hen denkt dat hun kind goed leert rekenen en spellen.
Opvoeders moeten weer strenger worden, vindt twee derde van de ondervraagden, volgens J/M een representatieve groep. Rust, reinheid en regelmaat moeten terugkomen, zegt 63 procent. En een corrigerende tik hoort ook in de opvoeding thuis, vindt 64 procent. 'Dat geeft aan dat de strafbaarheid van zo'n tik niet echt reëel is', zegt Elzinga. 'Je kunt 64 procent van de ouders vervolgen.'
Ze zijn ook wel eens jaloers, de ouders. Op mensen zonder kinderen (20 procent). Omdat die wél tijd voor zichzelf hebben en geld overhouden. Bijna de helft (49 procent) van de vaders en moeders geeft aan de opvoeding 'moeilijk' te kunnen bekostigen. Hoogleraar pedagogiek Mischa de Winter (Universiteit Utrecht) relativeert dat gegeven. 'Wat is er precies moeilijk te bekostigen? Elke maand een nieuw paar Nikes? Dit percentage strookt in ieder geval niet met de paar procent arme Nederlanders die opduiken in grote onderzoeken naar armoede.' Anderzijds kan De Winter zich wel voorstellen dat ouders, ook tweeverdieners, door de hoge huizenprijzen en de

kosten van kinderopvang krap komen te zitten. Maar de primaire levensbehoeften staan waarschijnlijk niet onder druk.

Volgens Anne Elzinga speelt perceptie ook een rol. 'Ouders worden zich steeds bewuster van de kosten van kinderen. Door de politieke discussie over gratis schoolboeken realiseren ze zich dat ze daar nu 500 euro per jaar voor betalen.' Dat ouders vooral kritiek hebben op de kinderen van de buren is volgens De Winter een terugkerend gegeven in opvoedonderzoeken. Maar dat komt niet alleen doordat ouders verblind zijn door liefde voor hun eigen kind. Ze weten werkelijk niet hoe hun kinderen zich buitenshuis gedragen, denkt De Winter. Ouders kunnen niet vertellen hoeveel Breezers hun kind op een avond drinkt. Dat ándere kinderen te veel Breezers drinken, weten ze wel, want dat zien ze op tv en lezen ze in de krant.'

Een trendbreuk vindt de redactie van *J/M* het dat ouders 'opvoeddoelen' noemen die hun kind tot een sociaal mens maken. Het belangrijkst vinden zij dat hun kind gelukkig is, maar direct daarna noemen zij het bijbrengen van verantwoordelijkheidsgevoel en dat het kind leert rekening te houden met anderen. In eerdere grote opvoedonderzoeken lag de nadruk volgens *J/M* meer op de ontplooiingskansen voor een kind en de wens dat het zich ontwikkelde tot een 'autonoom mens'. Mischa de Winter denkt dat die opvoeddoelen voortkomen uit de algehele zorg over asociaal gedrag in de openbare ruimte.

Opvoeden maakt ouders moe maar gelukkig. Het hebben van kinderen heeft, vinden de meeste ouders, overwegend positieve effecten op hun lichamelijk en geestelijk welzijn. Maar vooral de ouders die allebei werken, vinden ook dat het gezin 'energie vreet'. En hoewel zij vinden dat hun relatie is verbeterd, schiet seks er bij één op de vier ouders bij in. Ongeveer 60 procent van de ouders vindt dat ze 'zelden' tijd voor zichzelf hebben.

Zorgen maken de ouders zich vooral over de ontwikkeling van hun kind (58 procent). En dan vooral over overgevoeligheid van het kind, faalangst, driftbuien, gebrek aan weerbaarheid of juist eisend gedrag. Veel meer zorgen maken ze zich over de maatschappij waarin het kind opgroeit (81 procent antwoordde bevestigend op een vraag hiernaar). Dan denken ze aan terrorisme- en oorlogsdreiging, te vroege en expliciete seks, milieuvervuiling en de commerciële druk op hun kinderen.

22 augustus 2007

Als vervolgonderzoek wil je een algemeen beeld van de jeugd, de opvoeding van de jeugd en de factoren die invloed hebben op deze opvoeding krijgen.
a Welke groepen zouden dan in het onderzoek kunnen worden betrokken?
b Wat zou je per groep te weten kunnen komen?
c Formuleer een centrale vraag die aan de criteria voldoet.
d Waarom is het lastig om niet normatief te worden in de centrale vraag?
e Welke typen onderzoek zou je kunnen toepassen? Wat zijn de voor- en de nadelen van deze methoden?
f Geef een mogelijke opzet voor het onderzoek als jij de opdracht zou krijgen om het uit te voeren: Wat zou de doelstelling en de centrale vraag worden, welke deelvragen onderscheid je, welke onderzoeksvragen heb je? Wat zijn je hypotheses? Zou je desk- of fieldresearch gaan doen, zou je kiezen voor kwalitatief of kwantitatief onderzoek?
Welke dataverzamelingsmethode kies je? Hoe zou je het instrument afnemen?

Deense politie enquêteert inbrekers

'Enquête is slechte en fraudegevoelige onderzoeksmethode'

Helft personeel had relatie met collega

Lekkerste eten komt uit een rood doosje met een gele M

Kamerstudenten eten het gezondst

3
Methoden voor informatieverzameling

3.1 Soort onderzoek: beschrijven, exploreren of toetsen?
3.2 Deskresearch en fieldresearch
3.3 Online-onderzoek
3.4 Kwantitatief of kwalitatief onderzoek
3.5 Betrouwbaarheid en validiteit
3.6 Informatieverzameling en informatieplan

Als je weet wat je wilt onderzoeken (centrale vraag) en waarom (doelstelling), ga je een informatieplan maken. Deze stap is een van de belangrijkste in je onderzoek. Vaak grijp je automatisch naar een enquête of een interview. Maar welke methoden zijn er allemaal en welke moet je wanneer toepassen? Deze afweging moet zorgvuldig, aan de hand van een aantal stappen genomen worden. We doen dit in het informatieplan.
In dit hoofdstuk behandelen we de stappen van het informatieplan. Ten slotte gaan we de stappen oefenen aan de hand van opgaven.

Na bestudering van dit hoofdstuk moet je in staat zijn om:
- aan te geven wat de verschillen en de voor- en nadelen zijn van desk- en fieldresearch
- aan te geven welke rol internetresearch kan spelen in een onderzoek
- aan te geven wat we verstaan onder kwalitatief en kwantitatief onderzoek
- aan te geven welke methoden voor informatieverzameling er zijn en wat deze inhouden
- de begrippen betrouwbaarheid en validiteit te omschrijven en in verband te brengen met de diverse methoden van informatie verzamelen
- een beargumenteerde keuze te maken voor methoden voor informatieverzameling voor een eigen onderzoek en een informatieplan maken

Noorse premier undercover in taxi

Gereden worden door je eigen premier; voor een aantal Noren werd het werkelijkheid. De Noorse premier Jens Stoltenberg ging een middagje undercover als taxichauffeur om te horen wat de kiezers echt over hem denken.

Stoltenberg draaide in juni een dienst als taxichauffeur in de hoofdstad Oslo. Om niet herkend te worden droeg hij een zonnebril en een speciaal uniform. De gesprekken met zijn passagiers werden door een verborgen camera opgenomen.

Verkiezingscampagne
Het materiaal is te zien op de Facebook-pagina van de premier en zal worden gebruikt voor zijn verkiezingscampagne. 'Ik vind het belangrijk om te horen wat mensen echt denken', zegt Stoltenberg. 'En er is maar één plek waar mensen echt zeggen wat ze vinden, dat is in een taxi.'
De meeste passagiers hadden wel al snel door dat er iets anders was aan hun chauffeur. 'Vanuit deze hoek lijk je echt op Stoltenberg', had er een gezegd. De premier sprak met veel van zijn 'klanten' over politiek, bijvoorbeeld over hoe het onderwijs in Noorwegen beter zou kunnen.

Gratis taxiritje
Een oudere dame sprak Stoltenberg aan op het feit dat de leiders van grote bedrijven hoge salarissen krijgen. Ze was blij de premier te ontmoeten, omdat ze hem al lange tijd een brief wilde sturen. Geen van de passagiers hoefde te betalen voor het taxiritje. Een carrière als taxichauffeur, mocht hij de verkiezingen in september verliezen, ziet Stoltenberg niet echt zitten. 'Ik denk dat het land en de Noorse taxipassagiers beter af zijn als ik premier blijf.' Voor de betreffende taxidienst, had de premier al acht jaar niet meer zelf gereden.

Bron: www.nos.nl, 11 augustus 2013

3.1 Soort onderzoek: beschrijven, exploreren of toetsen?

In het vorige hoofdstuk heb je het onderzoek afgebakend. Daarbij is ook aan de orde gekomen of het onderzoek aanleiding geeft tot beschrijvend, exploratief of toetsend onderzoek.

Beschrijvend onderzoek is onderzoek waarbij je een situatie in kaart wilt brengen. Je voorkennis is veelal lager dan bij de andere vormen. Veel beschrijvend onderzoek is kwantitatief van aard. Beschrijvend onderzoek is vaak een eerste stap. Als de variabelen eenmaal in kaart zijn gebracht, volgt vaak exploratief onderzoek.

Beschrijvend onderzoek

Exploratief onderzoek is onderzoek waarbij je op zoek bent naar verbanden en/of verklaringen. Het gaat hierbij om onderzoek dat ideeën moet genereren over hoe zaken met elkaar samenhangen en waarom. Dit onderzoek mondt uit in hypotheses die getoetst kunnen gaan worden. Exploratief onderzoek vindt zowel via kwantitatief als kwalitatief onderzoek plaats.

Exploratief onderzoek

Toetsend onderzoek is onderzoek waarbij je een theorie of verwachting (hypothese) wilt toetsen. In het geval van praktijkonderzoek evalueer je of een ingestelde maatregel het gewenste effect heeft gehad. Bij toetsend onderzoek wordt meestal gebruikgemaakt van kwantitatieve methoden van onderzoek.

Toetsend onderzoek

3.2 Deskresearch en fieldresearch

Bij deskresearch maak je gebruik van bestaande gegevens in de vorm van bijvoorbeeld algemene literatuur, voorgaande onderzoeken of databases. Een voorbeeld is een projectgroep studenten die onderzoek doet naar mogelijke doelgroepen voor energie-efficiënte gebouwen. Raadzaam is in dat geval te beginnen met deskresearch. De groep zou op internet kunnen nagaan waar in het verleden dergelijke projecten zijn gerealiseerd, wat voor functie deze gebouwen hadden en wie de opdrachtgever was.

Deskresearch

Bij fieldresearch ga je zelf gegevens verzamelen door eigen onderzoek op te zetten en uit te voeren. De projectgroep zou als fieldresearch interviews kunnen gaan houden met makelaars, projectontwikkelaars, aannemers, gemeenten en de branche organisatie.

Fieldresearch

Meestal gaat de keuze tussen of alleen deskresearch of een combinatie van desk- en fieldresearch. Het komt zelden voor dat je alleen fieldresearch doet. Fieldresearch kost relatief veel tijd en geld. Het is dus aan te raden om eerst na te gaan of je onderzoek niet (deels) beantwoord kan worden via deskresearch. Bovendien komt deskresearch de kwaliteit van je fieldresearch ten goede. Je kunt gerichter (enquête- of interview)vragen opstellen en soms kom je bestaande en gevalideerde onderzoeksinstrumenten op het spoor die je in je fieldresearch kunt gebruiken.

VOORBEELD 3.1
Stel, je wilt onderzoeken welke relatie er is tussen interesse in energiebesparing en persoonlijkheid. Je kunt zelf een enquête gaan opstellen, maar je kunt ook eerst via deskresearch onderzoeken wat gebruikelijke instrumenten zijn om persoonlijkheid meten. In handboeken kom je dan bijvoorbeeld de 'Big five' tegen, een instrument dat al uitgetest en vermoedelijk betrouwbaarder en meer valide is dan een enquête die je zelf zou opstellen.

Onderzoekspopulatie

Deskresearch kan ook behulpzaam zijn om te achterhalen wat de geschiktste doelgroep voor je onderzoek is: de onderzoekspopulatie. Dit betekent dat je op basis van je deskresearch gerichter kunt onderzoeken. Vaak leidt deskresearch dan ook tot herformulering van de onderzoeksvragen van het fieldresearch of het toevoegen of weglaten van onderzoeksvragen. Omgekeerd is het vaak zo dat enig fieldresearch uitgebreid deskresearch enorm kan vergemakkelijken. Een paar interviews met experts kunnen veel tips voor deskresearch of zelfs kant-en-klare onderzoeksrapporten opleveren. Experts kunnen docenten zijn, mensen van de opdrachtgevende organisatie, brancheorganisaties, overheidsinstellingen, belangengroeperingen,

Expertinterviews

wetenschappers of bibliothecarissen. De volgende zaken kun je met expertinterviews achterhalen:
- goede zoektermen voor bibliotheek en internet
- recente publicaties of onderzoeksrapporten
- relevante tijdschriften en/of websites om te scannen
- theorieën die voor je onderwerp behulpzaam kunnen zijn
- andere experts die je kunt interviewen via hun netwerk

Zo zie je in de praktijk vaak de volgende volgorde in een onderzoek:

Fieldresearch ⟶ Deskresearch ⟶ Fieldresearch

3.3 Online-onderzoek

Onderzoek op en via internet heeft een grote vlucht genomen. Internet is niet meer weg te denken uit deskresearch, maar ook fieldresearch wordt steeds vaker online uitgevoerd.
Uit een onderzoek onder zeshonderd inkopers van onderzoek is gebleken dat internetonderzoek inmiddels groter is dan telefonisch onderzoek. Ten eerste is er de toepassing van internet als medium om kwantitatief onderzoek uit te voeren. Enquêtes kunnen via internet of e-mail worden verspreid, waardoor direct over de resultaten kan worden beschikt zonder dat de data eerst moet worden ingevoerd. Daarnaast is er ook een groei te zien in kwalitatieve internettoepassingen, met name:
- onlinefocusgroepen
- social-media-onderzoek
- online kwalitatief chatonderzoek
- onlineplatforms

We bespreken in deze paragraaf eerst de voor- en dan de nadelen van online-onderzoek. Daarna komen de voor- en nadelen van mobiel onderzoek aan de orde.

3.3.1 Voordelen van online-onderzoek

Waarom kies je als student voor online-onderzoek in plaats van de traditionele methoden van onderzoek? Online-onderzoek heeft verschillende voordelen:
1 snel
2 multimediaal
3 goedkoop
4 makkelijk internationaal toepasbaar
5 gebruiksvriendelijk
6 geen sprake van interview-bias
7 minder fouten
8 eerlijker antwoorden

Snel
Internet heeft als grote voordeel dat het snel is in vergelijking met traditionele onderzoeksmethoden (face-to-face, telefonisch en schriftelijk). Telefonisch kun je maar een aantal enquêtes per uur afnemen (dit gemiddelde ligt, afhankelijk van de doelgroep, tussen de 2,5 en de vijf enquêtes per uur), waardoor een doorlooptijd van twee weken snel is. Bij online-onderzoek heb je deze beperkingen niet. Er zijn diverse grote onderzoeksbureaus die adverteren met een doorlooptijd van drie tot vijf dagen. Dit kan doordat de helft van alle respons vaak al na drie dagen binnen is bij online-onderzoek.

Bij bijzondere gebeurtenissen kun je via een panel razendsnel in kaart brengen wat de mening van de bevolking is. Bij het aftreden van een minister kan de NOS door peil.nl direct een online-onderzoek doen naar de mening van de Nederlanders. Dezelfde dag kunnen de resultaten al in het nieuws worden verwerkt/meegenomen.

Panel

In paragraaf 6.3.2. staat meer over panelonderzoek.

Multimediaal
Het internet heeft veel verschillende functionaliteiten die toepasbaar zijn op online-onderzoek. Met name het multimediale karakter van het internet biedt veel mogelijkheden voor online-onderzoek. Binnen een online-vragenlijst kunnen afbeeldingen, filmpjes en geluidsfragmenten worden getoond.

Een voorbeeld van onderzoek waar multimediale toepassingen worden gebruikt, is een onderzoek van Polland, die voor een aantal radiostations luisteronderzoeken uitvoert. Polland laat in deze onderzoeken de respondenten een twintigtal fragmenten horen van bekende hits. De respondent kan op zijn beurt de fragmenten becijferen.
Als student kun je bijvoorbeeld een multimediale toepassing gebruiken, om korte films in je vragenlijsten te voegen. In deze korte films kun je bijvoorbeeld reclames laten zien die de respondent kan beoordelen.

Multimediale toepassingen

Goedkoop
De hoeveelheid respondenten die meedoet aan een onderzoek (de schaal) is niet van grote invloed op de kosten van online-onderzoek, met andere

woorden de variabele kosten zijn beduidend lager. Bij traditionele onderzoeken (telefonisch, face-to-face) stijgen de kosten wel als de schaal toeneemt, zoals kosten van de telefonische enquête, de kosten van verzending en de verwerking van schriftelijke enquêtes.

Makkelijk internationaal toepasbaar

Het internet heeft natuurlijk als grote voordeel dat je gemakkelijk in contact kunt komen met mensen in het buitenland. Als onderzoek wordt gedaan in bijvoorbeeld Nederland, Cuba en China, worden de uitnodigingsmails verstuurd vanuit de locatie van het onderzoeksbureau. Alle ingevulde vragenlijsten komen ook hier binnen. Mocht de respons in Cuba tegenvallen, dan kunnen vanuit het onderzoeksbureau altijd extra uitnodigingsmails worden verstuurd. Wel moet rekening worden gehouden met het aanbieden van de vragenlijst in verschillende talen. Ook zijn buitenlandse mailadressen niet altijd even goed. Het aantal *bouncers* (onbestelbare mails) neemt toe, zodra je ook buitenlandse mailadressen toevoegt aan de maillijst.

Bouncers

Gebruiksvriendelijk

Onlinevragenlijst

Respondenten kunnen een onlinevragenlijst invullen wanneer zij dat willen (dit kan niet bij telefonisch en face-to-face-onderzoek). Op elk moment van de dag, zelf 's nachts, kunnen zij op de link klikken en naar de vragenlijst toegaan. Doordat respondenten zelf het invulmoment bepalen, hebben zij op het moment van invullen de meeste aandacht voor de vragenlijst.

Er is geen sprake van interview-bias

Interview-bias

Interview-bias houdt in dat een interviewer die een telefonische of face-to-face-vragenlijst afneemt, bewust of onbewust antwoorden van een respondent kan sturen. De interviewer doet dan uitspraken als: 'maar u vindt toch ook dat…' of 'u bent toch ook van mening…'. Hierdoor kan de respondent geremd worden in het eigenlijke antwoord dat hij of zij had willen geven. Bij het invullen van een onlinevragenlijst is dit niet aan de orde, mits de vragen zelf neutraal zijn geformuleerd.

Minder fouten

Doordat de respondent zelf zijn antwoorden intypt, bestaat er geen kans meer op ruis en interpretatiefouten bij het overtypen of inlezen van antwoorden door de interviewer. De antwoorden worden meteen uitgedraaid zonder dat iemand de antwoorden moet invoeren. Bij schriftelijk en telefonisch onderzoek ben je wel afhankelijk van de type kwaliteiten en nauwkeurigheid van degene die de enquêtes invoert.

Eerlijker antwoorden

Sociaal wenselijke antwoorden

Bij online-onderzoek wordt eerlijker antwoord gegeven op vragen waarbij gevoelige informatie (bijvoorbeeld vragen over drugs- en alcoholgebruik) moet worden verstrekt. Uit onderzoek is gebleken dat bij telefonisch onderzoek vaker sociaal wenselijke antwoorden worden gegeven.

3.3.2 Nadelen van online-onderzoek

Naast de acht voordelen onderscheiden we ook vier nadelen van online-onderzoek:
1 technische kennis en afhankelijkheid van apparatuur
2 onbetrouwbaarheid van de identiteit van de respondent
3 lagere respons
4 niet altijd een afspiegeling van de werkelijke populatie

Technische kennis en afhankelijkheid van apparatuur

Om online-enquêtes af te nemen, moet de onderzoeker bekend zijn met en toegang hebben tot apparatuur om online enquêteren mogelijk te maken. Zo moet de onderzoeker rekening houden met de snelheid, capaciteit en betrouwbaarheid van de webservers, maar ook met de zogenaamde wachtwoordtechnieken en persoonlijke links die de betrouwbaarheid van de datagegevens waarborgen.

Een persoonlijke link is een link die alleen één respondent krijgt. Bij het invullen van de enquête wordt de link gesloten. Dit zorgt ervoor dat de respondent niet twee keer de vragenlijst invult en dat de vragenlijst enkel kan worden ingevuld door diegene die de vragenlijst ontvangen heeft.

Persoonlijke link

Er zijn online ook veel tools te vinden waar je vragenlijsten kan maken en uitsturen. Op deze site kan de onderzoeker erg gemakkelijk een vragenlijst maken en versturen. Voorbeelden van dergelijke sites zijn te vinden op www.onderzoekdoen.noordhoff.nl.

Betrouwbaarheid van de identiteit van de respondent

In tegenstelling tot telefonisch, schriftelijk en face-to-face-onderzoek is het bij online-onderzoek minder zeker dat de identiteit van de respondent inderdaad gelijk is aan de persoon aan wie de vragenlijst is gezonden. Een websurvey gericht aan iemand, kan door zijn collega of familielid worden ingevuld zonder dat de onderzoeker daarachter kan komen.

Lagere respons

Bij online-onderzoek is de respons vaak lager dan bij de traditionele onderzoeksmethoden. Hoewel de respons niet altijd maatgevend is voor de betrouwbaarheid van onderzoek, is het doorgaans zo dat een lage respons leidt tot een minder representatieve steekproef. Om de respons te verhogen, kun je verschillende methoden gebruiken (zie paragraaf 6.3).

Betrouwbaarheid van onderzoek

Gelukkig is een lage respons te ondervangen. Hoeveel respondenten meewerken aan online-onderzoek heeft namelijk vrijwel geen invloed op de kosten. Dus als je meer kunt versturen, dan kun je dat te allen tijden doen. Belangrijk blijft wel dat de respons representatief is voor de populatie.

Afspiegeling werkelijke populatie

Een nadeel van online-onderzoek is dat niet iedereen is aangesloten op het internet. Ook zijn bepaalde doelgroepen (bijvoorbeeld 65-plussers) bereidwilliger een vragenlijst in te vullen dan anderen. Hierdoor is zo'n onderzoek niet altijd een afspiegeling van de werkelijke populatie.

Tegenwoordig ligt het aantal huishoudens dat een internetaansluiting heeft op 90%. Door je onderzoeksresulaten te wegen, kun je goed een respresentatieve steekproef uitzetten.

3.3.3 Voor- en nadelen van mobiel onderzoek

Mobiel onderzoek (onderzoek door middel van een vragenlijst op een smartphone) is sterk in opkomst. Steeds meer vragenlijsttools bieden aan om vragenlijsten ook geschikt te maken voor de smartphone. Een vragenlijst geschikt maken voor mobiel onderzoek heeft een aantal voor- en nadelen. Voordelen zijn:

Mobiel onderzoek

1 De respondent is flexibel qua tijd en plaats.
2 Je kunt goed onderzoek op locatie doen.
3 Je hebt gps en foto-opties.

4 Je bereikt een jonge en actieve doelgroep en dat is responsverruimend.
5 Vragen zijn direct in te vullen tijdens een ervaring.
6 Je hebt een snelle respons (de smartphone is altijd bij de hand).

Nadelen zijn:
1 Het is noodzakelijk om een kortere vragenlijst te hebben.
2 De vragen moeten niet te lang en te uitgebreid zijn.
3 Het invullen van open antwoorden gaat lastiger (de meeste mensen kunnen niet zo snel typen op een mobiel).
4 De visuele mogelijkheden en vraagtypen zijn beperkter (door het kleine beeldscherm).

Onlineomgeving

Om mobiel (markt)onderzoek te kunnen doen, is de gebruiksvriendelijkheid van een mobiele enquête erg belangrijk. Je kunt mobiel onderzoek via een app doen of via een onlineomgeving (mobiele website). Voordelen van een onlineomgeving zijn dat je niets hoeft te downloaden, dat het niet afhankelijk is van het type telefoon en dat het te gebruiken is op alle verschillende devices (computer, tablet en smartphone). Een nadeel is dat er geen gebruik gemaakt kan worden van gps op locatie en van foto's en video's (dit zijn functionaliteiten die wel in app te bouwen zijn).
Naast kwantitatief onderzoek is mobiel onderzoek ook te gebruiken voor kwalitatief (zo zijn er al verschillende apps voor research communities) en voor observatieonderzoek.

3.4 Kwantitatief of kwalitatief onderzoek

Kwantitatief

Kwantitatief refereert aan de wens om nauwkeurig in kaart te brengen wat de kennis of het oordeel of gedrag is van een grote groep mensen. Met een grote mate van betrouwbaarheid worden deze zaken op een efficiënte manier in kaart gebracht.
In tabel 3.1 is aangegeven welke manieren van informatieverzameling vaak gebruikt worden bij de verschillende types onderzoek. Het kiezen van de juiste methode is niet altijd eenduidig. De Noorse premier in het openingsartikel had ook een kwantitatief opinieonderzoek kunnen laten uitvoeren bijvoorbeeld, en ook in het volgende artikel ligt de methode misschien niet voor de hand.

Kwalitatief

Kwalitatief refereert aan de wens om diep op de materie in te gaan. Centraal staat hierbij het doorgronden van attitudes en achterliggende oorzaken. Ook het in kaart brengen van wensen, verwachtingen, behoeftes en toekomstige ontwikkelingen vormen het onderwerp van kwalitatief onderzoek.
Keerzijde is dat het per respondent veel meer tijd kost om deze gegevens te verzamelen. Het is dus vaak niet mogelijk om een groot aantal respondenten te onderzoeken.
Je kunt dus meer zeggen op basis van minder respondenten. Je onderzoek levert daarmee veel gegevens, ideeën, hypothesen of aandachtspunten op, maar is minder betrouwbaar geworden (zie paragraaf 3.5). Kwalitatief onderzoek kan gebruikt worden voor beschrijvend of explorerend onderzoek.

NOVUM/AP, 16 FEBRUARI 2012

Deense politie enquêteert inbrekers

KOPENHAGEN – De Deense politie doet in de strijd tegen een inbraakgolf een beroep op een ongebruikelijk stel deskundigen: de inbrekers zelf. De politie van Noord-Seeland legt op heterdaad betrapte inbrekers een anonieme vragenlijst voor over hun beroepspraktijk.

Het aantal inbraken stijgt in sommige delen van het district jaarlijks met zestig procent. De politie gaf donderdag toe niet zeker te zijn of het project vruchten afwerpt, maar zei 'alles te zullen doen wat we kunnen om het aantal te verminderen'.

TABEL 3.1 Methoden van informatieverzameling en type onderzoek

	Desk-research	Enquêtes	Diepte-interview	Groeps-discussie	Observatie/experiment	Case-study
Beschrijvend	X	X	X	0	X	X
Exploratief	X	X	X	X	X	X
Toetsend/evaluerend	0	X	–	–	X	0
Kwantitatief	X	X	–	–	X	0
Kwalitatief	X	–	X	X	X	X

X = geschikte methode voor dit type onderzoek
0 = soms een geschikte methode
– = ongeschikte methode voor dit type onderzoek

3.5 Betrouwbaarheid en validiteit

Bij het doen van onderzoek is het van belang dat het uitgevoerde onderzoek de toets der kritiek kan doorstaan. Er zijn veel richtlijnen te geven waarmee je rekening moet houden. Deze hebben te maken met de betrouwbaarheid en validiteit van het onderzoek. Onderzoek moet betrouwbaar en valide zijn, wil je waarde kunnen hechten aan de uitkomsten. Wat houden betrouwbaarheid en validiteit in?
Eerst kijken we naar belangrijke punten bij betrouwbaarheid en validiteit. Vervolgens komen de belangrijke punten bij kwantitatief en kwalitatief onderzoek aan de orde. Daarna gaan we apart in op het begrip betrouwbaarheid en ten slotte wordt het begrip validiteit besproken.

Toets der kritiek

3.5.1 Belangrijke punten bij betrouwbaarheid en validiteit

Hier volgen twee overzichten van de begrippen betrouwbaarheid en validiteit.

Betrouwbaarheid

Met het oog op betrouwbaarheid zijn de volgende aspecten van belang:
1 Bij kwantitatief onderzoek:
   - het aantal waarnemingen
   - fishing
   - de betrouwbaarheid van het meetinstrument
2 Bij kwalitatief onderzoek:
   - de interbeoordelaarsbetrouwbaarheid

Validiteit

Drie hoofdvormen van validiteit worden onderscheiden:
1 Interne validiteit
   - derde variabele
   - history
   - selectie
   - mortaliteit
   - ambiguïteit over de richting van verband

2 Constructvaliditeit
   - inadequate operationalisaties
   - hypothese raden
   - onderzoekerverwachtingen

3 Externe validiteit
   - generaliseerbaarheid

3.5.2 Belangrijke punten bij kwantitatief en kwalitatief onderzoek

Hierna kijken we eerst naar de zaken die van belang zijn bij kwantitatief onderzoek en vervolgens zien we de belangrijke punten bij kwalitatief onderzoek.

Kwantitatief onderzoek
Bij kwantitatief onderzoek zijn de volgende zaken met name van belang:
1 Bepaal de juiste omvang van de steekproef (n). Als de steekproef te klein is (zie hoofdstuk 6) is het onderzoek niet betrouwbaar. Stel, je wilt te weten komen hoe lang de gemiddelde Nederlander is. Je meet willekeurig tien Nederlanders en berekent het gemiddelde ervan. Dat gemiddelde zou bijvoorbeeld op 1.76 m kunnen liggen. Zou je morgen tien willekeurige andere Nederlanders meten, dan is de kans groot dat je een (veel) lager of hoger gemiddelde krijgt. Zou je duizend willekeurige Nederlanders meten, dan is de kans groot dat bij herhaling van het onderzoek het resultaat vrijwel hetzelfde blijft.

Fishing

2 Breng niet onnodig alles met elkaar in verband. We noemen dit fishing. Je bent dan niet gericht aan het toetsen, maar aan het vissen naar verbanden. Als je in een onderzoek veel zaken meet (variabelen) en je gaat onderzoeken in hoeverre deze variabelen met elkaar samenhangen, dan heb je elke keer een kleine kans (α) dat dit resultaat op toeval berust. Stel dat je niet één maar bijvoorbeeld twintig samenhangen onderzoekt, dan heb je per onderzochte samenhang een kans α (bijvoorbeeld 5%) dat het resultaat op toeval berust. In je totale onderzoek heb je dan een grote kans (64%) dat er minstens een van de onderzochte resultaten op basis van toeval een verband laat zien terwijl het er in wekelijkheid niet is. Je hebt namelijk twintig keer kans op een foutieve uitspraak.

Reliability-analyse

Split-half betrouwbaarheid

3 Zorg voor een betrouwbaar meetinstrument. Je kunt bij een vragenlijst kijken hoe betrouwbaar de meting is door meerdere vragen op te nemen die hetzelfde moeten meten. Door te kijken in welke mate de vragen dezelfde uitkomst geven, kun je een uitspraak doen over de betrouwbaarheid (reliability-analyse). Ook kun je de vragenlijst in tweeën knippen en kijken of de scores van beide helften die hetzelfde zouden moeten meten ook overeenkomen (split-half betrouwbaarheid).

Kwalitatief onderzoek

Bij kwalitatief onderzoek zijn de volgende punten met name van belang:
1 Train bij observaties de observatoren goed in het gebruik van het observatieformulier. Door meerdere observatoren te gebruiken en te berekenen in hoeverre die het met elkaar eens zijn, kun je de inter-beoordelaarsbetrouwbaarheid berekenen. Als voorbeeld geven we de observatie van een groepsproces aan de hand van een interactieprocesanalyse op basis van de theorie van Bales.

De interactieprocesanalyse is een gestructureerd coderingssysteem om de interactie tussen groepsleden in kaart te brengen. Bij deze analyse wordt gebruikgemaakt van een classificatieschema, ook wel het *categorieënsysteem van Bales* genoemd. Dit categorieënsysteem bevat de volgende elementen: zie tabel 3.2.

Inter-beoordelaarsbetrouwbaarheid

Interactieprocesanalyse

TABEL 3.2 Elementen categorieënsysteem van Bales

A	Sociaal-emotioneel gebied: positieve reacties	1	*Toont zich vriendelijk*: geeft erkenning, biedt hulp, beloont
		2	*Ontspant de atmosfeer*: maakt grappige opmerkingen, lacht bevrijdend, toont tevredenheid
		3	*Toont instemming*: sluit zich stilzwijgend aan, toont begrip, valt bij, geeft toe
B	Taakgericht: pogingen om antwoord te geven	4	*Doet voorstellen*: geeft richting aan de discussie, en geeft ruimte waardoor de autonomie van anderen bewaard blijft
		5	*Geeft zijn mening*: evalueert, analyseert, uit gevoelens of wensen
		6	*Geeft richting*: informeert, herhaalt, verduidelijkt, bevestigt
C	Taakgericht: vragen	7	*Vraagt om richting*: zoals informatie, herhaling, verduidelijking
		8	*Vraagt om meningen*: zoals standpunten, evaluaties, analyse, expressie van gevoelens
		9	*Vraagt om voorstellen*: om richting en om mogelijke wegen om verder te gaan
D	Sociaal-emotioneel gebied: negatieve reacties	10	*Toont zich oneens*: stilzwijgende afwijzing, doet formeel, geeft geen hulp
		11	*Toont zich gespannen*: vraagt om hulp, trekt zich terug
		12	*Toont zich onvriendelijk*: kleineert anderen, verdedigt zich, houdt vast aan zijn standpunten, niet bereid tot wijziging, uit zich vijandig

Het classificatiesysteem wordt gebruikt om de interacties in een groep tijdens een activiteit (spel, werk, gesprek) in kaart te brengen. Een observatieschema zoals dat in tabel 3.3 wordt hier vaak voor gebruikt.

Observatieschema

TABEL 3.3 Observatieschema

IPA		Gedrag groepslid				
		Ina	Petra	Reinier	Elout	Totaal
1	Toont zich vriendelijk	III	I	I		5
2	Ontspant de atmosfeer		I	I		2
3	Toont instemming		I	II		3
4	Doet voorstellen					0
5	Geeft zijn mening	II	I	III	I	7
6	Geeft richting	I				1
7	Vraagt om richting	I		II		3
8	Vraagt om meningen			II	I	3
9	Vraagt om voorstellen	III		I		4
10	Toont zich oneens			III	I	4
11	Toont zich gespannen	I		III	I	5
12	Toont zich onvriendelijk	I	II		II	5
Totaal		12	6	18	6	42

Voor het vastleggen van de gegevens is een geschoolde observator nodig. Hoe moet je 'Oh?' en 'Bah!' bijvoorbeeld classificeren en doet iedereen dat op dezelfde manier?
2 Draai een keer proef bij interviews met het interviewschema.
3 Neem bij groepsdiscussies de sessies op en laat deze later door een collega bekijken. Deze collega moet op basis van de opnames tot dezelfde uitkomsten komen als jij zelf.

3.5.3 Het begrip betrouwbaarheid
De definitie van betrouwbaarheid luidt als volgt:

> Betrouwbaarheid is de mate waarin het resultaat onafhankelijk van toeval is.
> Als je het onderzoek op dezelfde manier over zou doen, dan zou dit dezelfde resultaten moeten opleveren.

Betrouwbaarheid wordt vaak in percentages uitgedrukt en lijkt daardoor een heel exacte wetenschap. In de praktijk blijkt het echter helaas vaak minder exact (zie het krantenartikel 'Enquête is slechte en fraudegevoelige onderzoeksmethode').

DE VOLKSKRANT.NL, 3 NOVEMBER 2011

'Enquête is slechte en fraudegevoelige onderzoeksmethode'

Of wetenschappelijk onderzoek betrouwbaar wordt geacht, hangt te vaak af van de status van de onderzoeker. Dat zegt onderzoeker Illya Jongeneel.

De commissie die de fraude van hoogleraar Diederik Stapel onderzocht, concludeert dat de omvang van de fraude verbijsterend is. Het is echter niet de omvang van de fraude, maar de verbazing en ophef rondom de fraude die verbijsterend is.

Niet betrouwbaar
Al jaren zou bekend moeten zijn dat de onderzoeksmethode die veelal gebruikt wordt in sociaalpsychologische onderzoeken, namelijk de schriftelijke enquête, geen betrouwbare resultaten oplevert. In de meeste takken van wetenschap worden de resultaten van een onderzoek, voordat de conclusies tot feiten verheven worden, geverifieerd door andere onderzoekers.

In de sociaal-psychologie is het sinds vele jaren gebruikelijk dat er volstaan wordt met één set vragen aan een bepaalde doelgroep. Hoewel duidelijk is dat de beantwoording van die vragen alleen tot conclusies kan leiden als het waarheidsgehalte van de antwoorden op een of andere manier getoetst kan worden, wordt sinds jaar en dag dit waarheidsgehalte afgelezen aan de betrouwbaarheid van de onderzoeker. Anders gezegd: de conclusies zijn waar op basis van de status, het respect of het geloof in de blauwe ogen van de onderzoeker.

Verleidelijk
Deze fraudegevoelige onderzoeksmethode heeft er al jaren geleden toe geleid dat opdrachtgevers de opdrachten gunden aan die onderzoekers die resultaten leverden waarmee de opdrachtgevers vooruit konden en wilden. Voor de onderzoekers is het in die situatie verleidelijk, ja zelfs noodzakelijk om te overleven, als onderzoeksresultaten tegemoetkomen aan de wensen van de opdrachtgever. De mogelijkheid tot extra media-aandacht is hierbij een voordeel.

Drie voorbeelden uit mijn eigen praktijk. In 1988 werd een toonaangevend onderzoek gedaan onder voetbalsupporters die naar de EK '88 in Duitsland gingen. Het onderzoek werd gedaan in de supportersbussen die de eerste dag aankwamen in Düsseldorf. Onderzoekers deelden in de bussen enquêteformulieren uit en beloofden 5 gulden voor elk ingevuld formulier. Ik heb met eigen ogen gezien dat in de bus waarin ik zat alle formulieren gegeven werden aan een vriendin van één van de hooligans die ze vervolgens allemaal braaf voorzag van de meest vreemde en uiteenlopende antwoorden.

Na een tijd kwamen de onderzoekers weer in de bus om de formulieren mee te nemen. Er werd keurig 48x5 gulden betaald waarvan de hele bus aan het bier ging. De resultaten van dit onderzoek onder zo'n 500 supporters zijn dus op zijn minst voor 10 procent vervuild en daarmee volledig onbetrouwbaar. De conclusies aan de hand van dit onderzoek waren echter wel maatgevend voor toekomstig politiek beleid en de onderzoeksleider werd deskundige op het gebied van de gedragingen van voetbalsupporters.

Overdrijven
Een ander toonaangevend onderzoek werd begin jaren '90 gedaan onder de harde-kernvoetbalsupporters van verschillende clubs via de toen op verschillende plaatsen actieve supportersprojecten. De formulieren werden uitgedeeld in het supportershome en aan het eind van de avond weer opgehaald.

De tachtig harde-kernsupporters van Go Ahead Eagles uit Deventer overlegden onderling welke gevolgen hun beantwoording kon hebben. Zij besloten dat het voor een gewelddadige uitstraling van de Deventer hooligans goed was om alle antwoorden op vragen over hun crimineel verleden of hun gewelddadigheid zwaar te overdrijven. Ook de resultaten van dit onderzoek werden maatgevend voor zowel het politieke beleid als de manier waarop de politie omging met voetbalsupporters en hooligans.

Eind jaren '90 werd een onderzoek onder hooligans gedaan naar de dieperliggende achtergronden van het hooliganisme. Het onderzoek werd gedaan onder hooligans die door de politie waren opgepakt en werden vastgehouden.

Vastzittend
Belangrijk resultaat van het onderzoek was dat hooligans vaak crimineel en/of gewelddadig gedrag vertonen. Hetzelfde resultaat was waarschijnlijk verkregen als de selectie niet was gemaakt op vastzittende hooligans, maar op vastzittende *Telegraaf*-lezers. Het is alsof je naar de Spaanse costa's gaat en daar de Nederlanders vraagt of ze weleens in het buitenland op vakantie gaan. Ernstig wordt het als daaruit de conclusie zou worden getrokken dat een overgrote meerderheid van de Nederlanders de vakantie in het buitenland doorbrengt. Dit is echter wel de wijze waarop conclusies getrokken worden in de sociaalpsychologische onderzoeken.

Het zelfreinigend vermogen van de wetenschap, dat zich volgens de commissieleider Willem Levelt heeft laten zien, is juist nog verre van zichtbaar. Zolang in een slecht te controleren onderzoekstak als die van de sociaal-psychologie de belangrijkste onderzoeksmethode de enquête is, zal de wetenschap moeten rekenen op ernstige vervuiling van onderzoek en resultaten en zal zij er rekening mee moeten houden dat onderzoekers verleid worden hun eigenbelang boven dat van de wetenschap te plaatsen.

Illya Jongeneel deed in 1985 als een der eersten onderzoek naar voetbalsupporters.

3.5.4 Het begrip validiteit
De definitie van validiteit luidt als volgt:

> Validiteit is de mate waarin de uitkomsten van je onderzoek door systematische fouten kan zijn beïnvloed.

We onderscheiden drie vormen van validiteit:
1 interne validiteit
2 constructvaliditeit
3 externe validiteit

We bespreken deze vormen hierna en geven een korte conclusie.

Interne validiteit
Bij interne validiteit gaat het om de vraag: is er een alternatieve verklaring voor het gevonden verband/de gevonden resultaten? Deze vorm van validiteit is met name bij toetsend en exploratief onderzoek van belang. Je moet rekening houden met de volgende mogelijke storingsbronnen:

- **Een derde variabele.** Het kan zijn dat niet de onafhankelijke variabele rechtstreeks de afhankelijke beïnvloedt, maar dat bijvoorbeeld zowel de afhankelijke als de 'onafhankelijke' veroorzaakt worden door een variabele waarmee je oorspronkelijk geen rekening had gehouden. Bekend voorbeeld is het gevonden statistische verband tussen het aantal ooievaars dat in een plaats gesignaleerd is en het aantal geboortes per 1.000 vrouwen in de vruchtbare leeftijd. Aannemelijk is dat er in dit voorbeeld sprake is van een derde variabele. De omvang en ligging van de plaats is in dit geval de variabele die beide aspecten (ooievaarmeldingen en aantal geboortes) beïnvloedt. In kleinere plattelandsgemeentes worden meer ooievaars gesignaleerd dan in grote steden, waar meer studenten en alleenstaanden wonen die minder vaak kinderen krijgen. Ook levensstijl is hierbij een factor. Je moet je dus altijd afvragen: is er een variabele die het verband dat ik constateer kan verklaren of veroorzaken, anders dan de variabelen die ik in het onderzoek had meegenomen?

Bij exploratief onderzoek is het zaak om van tevoren goed in kaart te brengen (via deskresearch en kwalitatief onderzoek) welke variabelen een rol zouden kunnen spelen. In een enquête of observatieformulier moeten dan zo veel mogelijk variabelen worden meegenomen om eventuele derde variabelen te kunnen uitsluiten.

- History (geschiedenis). Het is mogelijk dat in de onderzoeksperiode een gebeurtenis plaatsvindt die van invloed is op de onderzoeksresultaten. Stel, je doet onderzoek naar wat ouders belangrijk vinden bij de opvoeding van hun kinderen. Tijdens je onderzoek wordt er een meisje van 4 jaar ontvoerd uit het vakantieappartement van haar ouders. Het is aannemelijk dat door de enorme media-aandacht hiervoor het aspect veiligheid ineens veel hoger op het lijstje komt te staan dan normaal gesproken gerechtvaardigd zou zijn. Om dit probleem zo veel mogelijk te kunnen inschatten (tegengaan is helaas niet mogelijk), is het van belang een onderzoekslogboek bij te houden. In dit logboek staan alle relevante gebeurtenissen met betrekking tot het onderwerp van onderzoek. Ook kun je de headlines van bijvoorbeeld teletekst opnemen. Wat allemaal relevant is, verschilt per onderzoek. Bij enquêtes op straat is het weerbericht van belang, bij een schriftelijke enquête via de post of internet veel minder.

History

- Selectie. Selectie komt vaak voor bij niet-aselecte steekproeven (zie hoofdstuk 6). Vooral als mensen zelf kiezen of ze aan het onderzoek meedoen, zoals vaak bij internetonderzoeken, is de kans groot dat de mensen die in de onderzoeksgroep zitten niet representatief zijn voor de totale populatie. Dit kan leiden tot grote vertekening in de uitkomsten van het onderzoek. Een voorbeeld hiervan is verkiezingsonderzoek. Peilingen voorafgaand aan de verkiezingen laten vaak een heel divers beeld zien. Concurrerende onderzoeksbureaus komen vaak met heel verschillende voorspellingen. Dit heeft met name te maken met de selectie van de respondenten. Veel respondenten geven zichzelf op via internet. Dit geeft vaak geen representatieve afspiegeling van de bevolking.

Selectie

Bij het onderzoek in het artikel 'Helft personeel had relatie met collega' is de steekproef getrokken uit de mensen die bij de vacaturebank zijn ingeschreven. Het is de vraag of dit een representatieve groep is.

● www.nationalevacaturebank.nl

Helft personeel had relatie met collega

Bijna de helft van de werknemers heeft weleens een relatie gehad met een collega. Ruim zeven procent zelfs met meerdere collega's.

Dat blijkt vandaag uit een onderzoek onder zevenhonderd werknemers van de website NationaleVacaturebank.nl.

Informeler
Meer dan de helft van de respondenten ziet zijn collega's ook buiten werktijd. Dat komt volgens een woordvoerder van de vacaturesite doordat bedrijfsculturen informeler worden en mensen op de werkvloer vaak al als vrienden met elkaar omgaan. De keerzijde daarvan is dat bijna een derde van de werknemers wel eens last heeft gehad van ongewenste intimiteiten.

> *Vriendschappen*
> Uit een onderzoek vorige week van het tijdschrift *Psychologie Magazine* kwam naar voren dat bijna veertig procent van de vriendschappen op het werk begint. Ook de middelbare school en vervolgopleidingen leveren veel vrienden op.
>
> 27 november 2006

Mortaliteit
- Mortaliteit of drop-outs. Tijdens het onderzoek kan het zijn dat tussen een voor- en nameting mensen uit het onderzoek verdwijnen. Bijvoorbeeld ontevreden klanten die weglopen: zij zitten niet meer in het onderzoek in de tweede tevredenheidsmeting. De gemiddelde tevredenheid lijkt omhoog te zijn gegaan, maar dit wordt veroorzaakt doordat de meest negatieve oordelen zijn weggevallen. Belangrijk is daarom dat met mensen die het onderzoek verlaten, zogenoemde exitgesprekken worden gevoerd om de reden(en) van vertrek te achterhalen. Bij vergelijking tussen twee of meer groepen kan het helemaal verstorend werken als in de ene groep meer mensen of mensen om een andere reden vertrekken dan in de andere groep.

Ambiguïteit over de richting van het verband
- Ambiguïteit over de richting van het verband. Bij toetsend onderzoek is het zonder experiment vaak lastig vast te stellen of A leidt tot B of omgekeerd. Experimenten zijn niet in alle omstandigheden mogelijk en via vragenlijstonderzoek blijft dit een lastig probleem. Een voorbeeld hiervan is de vraag of het spelen van gewelddadige games leidt tot meer geweld bij kinderen. Er is duidelijk aan te tonen dat er een verband is, maar de richting is lastig. Het is namelijk ook mogelijk dat gewelddadige kinderen meer houden van gewelddadige games.

Constructvaliditeit
Bij constructvaliditeit vraag je je af, of je hebt gemeten wat je wilde meten. Hierbij gaat het met name om de manier van meten. De volgende bedreigingen kunnen aan de orde zijn:

Inadequate operationalisaties
- Inadequate operationalisaties. Operationaliseren is het 'vertalen' van een begrip in meetbare termen. Zijn de variabelen goed geoperationaliseerd? Is duidelijk wat eronder verstaan wordt en dekt de operationalisatie het hele begrip? De variabele 'mentale inspanning' kun je bijvoorbeeld op verschillende manieren operationaliseren. Je kunt kijken naar de mate waarin iemand zelf aangeeft dat een taak inspannend is. Een andere operationalisatie is, dat je kijkt naar de mate waarin iemand in staat is een tweede taak ernaast uit te voeren. Als iets inspannender is, wordt het lastiger om een tweede taak ernaast te doen. Een voorbeeld hiervan is autorijden. Als de taak autorijden meer inspannend wordt, bijvoorbeeld in druk stadsverkeer, wordt het lastiger om ernaast een telefoongesprek te voeren.

Hypothese raden
- Hypothese raden. De respondenten raden wat ze denken dat je wilt horen en vertellen dat. Ze willen tegemoetkomen aan de wensen van de onderzoeker. Het gaat hierbij dus niet om algemene sociale wenselijkheid. Bij sociale wenselijkheid gaat het om algemeen in de maatschappij geaccepteerd gedrag. Bij hypothese raden gaat het om wat de respondent denkt dat de onderzoeker wil horen. Bijvoorbeeld in een onderzoek naar het effect van stressvolle gebeurtenissen op iemands dagelijks

leven kan een respondent zijn best gaan doen om allerlei 'kwalen' op te sommen om de interviewer niet teleur te stellen. Veel psychologisch onderzoek wordt daarom uitgevoerd onder het mom van een ander onderwerp. De respondenten worden bewust op het verkeerde been gezet om te voorkomen dat ze 'gewenst' gedrag gaan vertonen.

- Onderzoekerverwachtingen. De verwachtingen van de onderzoeker beïnvloeden bewust of onbewust de resultaten, bijvoorbeeld door suggestieve vragen of gekleurde interpretaties. Hier is dus niet de respondent, maar de onderzoeker de verstorende factor. In medisch onderzoek wordt daarom bijvoorbeeld vaak met een zogenoemde dubbelblindprocedure gewerkt. Hierbij is zowel voor de onderzoeker als voor de respondent tijdens het onderzoek niet duidelijk wie in de groep met het echte medicijn zit en wie in de controlegroep die het placebo (nepmedicijn) krijgt.

Onderzoekerverwachtingen

Externe validiteit

Zijn de resultaten die je gevonden hebt in de onderzoeksgroep ook generaliseerbaar naar de hele populatie of zelfs daarbuiten? Als er bijvoorbeeld sprake is van selectie (zie interne validiteit), kun je je afvragen of de resultaten nog wel voor de hele populatie zullen gelden. Belangrijk is hierbij de wijze waarop de steekproef is getrokken en de aard en omvang van de respons. Als je bijvoorbeeld voor een project een enquête afneemt op maandagmiddag om 15.00 uur voor de HEMA, dan kun je je afvragen of je wel een goede afspiegeling van de bewoners van een plaats treft. Een ander voorbeeld: als van een schriftelijke enquête 20% van de aangeschreven groep de vragenlijst terugstuurt en 80% niet, zijn er twee problemen: de eerste is of de vereiste minimumomvang van de steekproef gehaald wordt (zie betrouwbaarheid). De tweede is fundamenteler: is de mening van de 20% die terugstuurt wel dezelfde als de mensen die niet terugsturen? Welke mensen sturen juist wel of niet terug en waarom? Idealiter doe je daarom ook onderzoek onder de mensen die niet teruggestuurd hebben om te achterhalen wat de reden is geweest om niet terug te sturen. In de praktijk wordt dat sporadisch gedaan, alleen als de respons ver achterblijft bij de verwachting.

Generaliseerbaar

Kernvraag bij externe validiteit is: voor wie zijn de resultaten geldig? Voor de onderzochte groep, de hele populatie of ook voor aanverwante groepen? Stel dat je onderzoek doet onder honderd Nederlanders, is de uitkomst dan geldig voor de Nederlandse bevolking en zo ja, is de uitkomst wellicht ook voor de rest van Europa of zelfs voor alle mensen geldig?

Als je onderzoek de toets der kritiek kan doorstaan wat betreft deze hoofdvragen van betrouwbaarheid en validiteit, dan kun je op basis van de uitkomsten van het onderzoek met een gerust hart conclusies trekken en eventueel aanbevelingen doen. Meestal zijn er echter wel een of meer punten waarbij er vraagtekens zijn te zetten bij de betrouwbaarheid en/of validiteit van het onderzoek. In dat geval moet je proberen na te gaan in welke mate dit afbreuk doet aan de resultaten en hoeveel slagen je om de arm moet houden bij het trekken van conclusies op basis van je onderzoek. Geef in ieder geval zelf aan wat er aan je onderzoek eventueel mankeert, dan kun je bespreken in welke mate het een probleem is en eventueel aanvullende maatregelen treffen. Ook is het mogelijk dat je gericht suggesties geeft voor vervolgonderzoek dat nodig is om wel goede conclusies te kunnen trekken.

3.6 Informatieverzameling en informatieplan

De doelstelling en de centrale vraag geven aan welk type onderzoek je moet uitvoeren.
De volgende stap is om te kijken hoe je de onderzoeksvragen kunt beantwoorden. Je moet een keuze maken uit een of meer onderzoeksinstrumenten die passen bij het type informatie dat je wilt verkrijgen. Op die keuze gaan we eerst in. Daarna volgt een korte beschrijving van de verschillende onderzoeksinstrumenten. Als de keuze is gemaakt, maak je een informatieplan.

3.6.1 Keuze van het onderzoeksinstrument

De eerste stap is om te kijken welk soort informatie je nodig hebt per onderzoeksvraag. Wat is de aard van de vraag, verwijst deze naar kennis, meningen of bijvoorbeeld concreet gedrag?

Beredeneerde keuze
Vervolgens moet je een beredeneerde keuze maken welk instrument je gaat inzetten om de vraag te beantwoorden. Als je dit voor alle onderzoeksvragen hebt gedaan, ga je kijken wat gecombineerd kan worden. Afhankelijk van de randvoorwaarden van je onderzoek (tijd, budget enzovoort) bekijk je welke en hoeveel verschillende instrumenten je gaat inzetten. Je maakt hierbij dus steeds een afweging tussen wat idealiter gedaan zou moeten worden en wat haalbaar is. Als hulpmiddel bij de keuze van instrument per type onderzoeksvraag, is tabel 3.4 opgesteld. Deze tabel geeft aan wat over het algemeen meer of minder geschikt is en dient slechts als hulpmiddel.

TABEL 3.4 Onderzoeksmatrix: keuze onderzoeksinstrumenten beargumenteerd aan de hand van de aard van de onderzoeksvragen

| | Deskresearch | Fieldresearch | | | | |
| | | Kwantitatief onderzoek | | Kwalitatief onderzoek | | |
	1 Deskresearch	2 Enquêtes	3 Groepsdiscussie	4 Diepte-interview	5 Observatie/experiment	6 Casestudy
Kennis	*	+	−	+	−	−
Meningen	*	+	+	+	−	−
Houding/attitude	*	0	0	+	−	0
Voorkeuren	*	+	+	+	0	+
Verwachtingen	*	0	+	+	0	+
Wensen en behoeften	*	0	+	+	0	+
Hindernissen/belemmeringen	*	0	+	+	0	+
Gedrag	+	+	0	0	+	+
Gedrag soc. wenselijk	+	0	−	−	+	+
Gedrag niet frequent/niet zichtbaar	+	+	0	0	−	+
Toekomstverwachtingen	0	0	+	+	−	−

+ = geschikte methode voor dit type vraag
0 = wellicht een geschikte methode
− = ongeschikte methode voor dit type vraag
* = afhankelijk van de aard van de beschikbare eerder uitgevoerde onderzoeken

Het is vanuit kosten- en tijdsoverwegingen prettig als de probleemstelling met behulp van één methode van informatieverzameling kan worden beantwoord. Soms heb je echter meerdere methoden van informatieverzameling nodig om je probleemstelling te beantwoorden. In het artikel 'Vaders woord is wet' is gekozen voor een observatiemethode (non-obtrusive, zie hiervoor ook paragraaf 5.3). Vervolgonderzoek is echter nodig om de ontwikkelde hypothese te kunnen toetsen.

DE TELEGRAAF, MEI 2007

Vaders woord is wet

Tot nu toe is aangenomen dat een kind de meeste woorden van zijn moeder leerde. Vrouwen, moeders zijn nu eenmaal praterig van aard dan mannen. Maar dat blijkt niet te kloppen. Een jong kind steekt meer woorden op van vader dan van moeder.

Dit blijkt uit een Amerikaans onderzoek van de ontwikkelingspsycholoog Lynne Vernon – Feagans van de University of North Carolina. Vernon legde in een groot aantal gezinnen met twee werkende ouders de gesprekken tussen ouders en kinderen op video vast. Daaruit concludeerde zij dat de peuter een aanzienlijk rijkere woordenschat opbouwde als de vader een rijke woordenschat had. En dat ging óók op als de moeder degene was die het meest met het kind sprak.

Het resultaat zou nog beter zijn geweest, meende de onderzoeker, als de vader ook nog eens actief betrokken was geweest bij de taalverwerving van de kinderen.

Vaders grotere invloed zou verschillende oorzaken kunnen hebben. Mannen bewegen zich op de arbeidsmarkt vaak in hogere functies dan vrouwen. Ze zijn gewend dat er naar ze geluisterd wordt. Hun stem is niet alleen van nature zwaarder, maar heeft ook een 'dwingender' klank die meer de aandacht vraagt dan de zachtere, 'dienender' stem van vrouwen. Daarbij komt ook nog dat veel mannen nog van jongs af aan worden opgevoed met een superioriteitsgevoel ten aanzien van het 'zwakke geslacht'. Als die rol in het huwelijk waaraan het kind ontspruit, wordt voortgezet, kent het kind de woorden van de vader gevoelsmatig meer gewicht toe. Vanuit die waardebepaling neemt het kind eerder woorden van de vader dan van de moeder over.

3.6.2 Soorten onderzoeksinstrumenten

In deze subparagraaf worden de verschillende soorten instrumenten kort behandeld. In de volgende hoofdstukken komen ze uitgebreider aan de orde. Het gaat om de volgende instrumenten:
1 deskresearch
2 kwantitatieve methoden van fieldresearch
3 kwalitatieve methoden van fieldresearch
4 observatie
5 experiment
6 casestudy
7 informatieplan

Deskresearch

In tabel 3.5 wordt deskresearch beschreven en staan de voor- en nadelen ervan op een rij.

TABEL 3.5 Deskresearch

Methode	Deskresearch
Beschrijving	1 Analyse van ambtelijk statistisch materiaal 2 Literatuuronderzoek 3 Secundaire analyse op data van door anderen verrichte enquêtes 4 Inhoudsanalyse van massacommunicatieteksten; inhoudsanalyse van documenten van organisaties; inhoudsanalyse van persoonlijke documenten (dagboeken, briefwisselingen en dergelijke)
Voordelen	• Goedkoop • Relatief snel • Een eigen beïnvloeding • Longitudinaal onderzoek mogelijk
Nadelen	• Niet altijd actueel • Niet toegespitst op eigen onderzoeksvragen • Soms moeilijk toegankelijk • Betrouwbaarheid en validiteit soms moeilijk in te schatten • Niet altijd objectief

Kwantitatieve methoden van fieldresearch

In tabel 3.6 tot en met 3.11 worden de volgende methoden beschreven, inclusief voor- en nadelen:
- schriftelijke enquête
- face-to-face-enquête
- telefonische enquête
- panelonderzoek
- online-onderzoek
- observatie/meting/registratie

TABEL 3.6 Schriftelijke enquête

Methode	Schriftelijke enquête
Beschrijving	Aan een steekproef wordt een schriftelijke vragenlijst met een begeleidende brief toegezonden. Om de respons te vergroten, is het verstandig een telefonische vooraankondiging te doen en een incentive te beloven.
Voordelen	• Minder last van sociaal wenselijke antwoorden • Goedkoop • Eenvoudig te organiseren
Nadelen	• Veelal lage respons • Respondent kan de vragenlijst in een andere volgorde invullen dan de onderzoeker wil • Vereist goede lay-out • Alleen eenvoudige doorverwijzingen te gebruiken

TABEL 3.7 Face-to-face-enquête

Methode	Face-to-face-enquête
Beschrijving	De enquêteur enquêteert de respondent thuis, op de werkplek of op straat.
Voordelen	• Lange vragenlijsten mogelijk • Gemakkelijk hulpmiddelen te gebruiken. Denk bijvoorbeeld aan het tonen van logo's of advertenties (print). Bij gebruik van een laptop kunnen ook tv-commercials of filmpjes getoond worden • Gebruik toonkaarten mogelijk • Enquêteur kan helpen als de respondent de vraag niet begrijpt
Nadelen	• Mogelijke beïnvloeding van de respondent door enquêteur • Relatief duur ten opzichte van andere methoden

TABEL 3.8 Telefonische enquête

Methode	Telefonische enquête
Beschrijving	De respondent wordt gebeld vanuit een callcenter.
Voordelen	• Relatief snel • Redelijke kosten
Nadelen	• Geen toonmateriaal mogelijk, wel het laten horen van geluid • Relatief korte vragenlijst • Simpele vragen • Respons staat onder druk

TABEL 3.9 Panelonderzoek

Methode	Panelonderzoek
Beschrijving	Een vaste groep respondenten wordt periodiek (bijvoorbeeld maandelijks) geïnterviewd.
Voordelen	• Zeer snel • Redelijke kosten • Goed mogelijk ontwikkelingen in de tijd te volgen
Nadelen	• Panel (leer)effecten • Representativiteit panel

TABEL 3.10 Online-onderzoek

Methode	Online-onderzoek
Beschrijving	Dit is een onderzoek waarbij een computergestuurde vragenlijst op een website gezet wordt.
Voordelen	• Snel • Multimediaal: tonen van logo's, audio- en videomateriaal mogelijk • Goedkoop • Gemakkelijk internationaal toepasbaar • Gebruiksvriendelijk • Geen interview-bias • Minder fouten • Eerlijker antwoorden
Nadelen	• Technische kennis en afhankelijkheid van apparatuur • Betrouwbaarheid identiteit respondent • Lagere respons • Afspiegeling werkelijke populatie

TABEL 3.11 Observatie/meting/registratie

Methode	Observatie/meting/registratie
Beschrijving	Het gedrag van respondenten wordt vastgelegd via observeren en registreren (bijvoorbeeld muisclicks) of gemeten (pupilgrootte, fysiologische metingen of hersenactiviteit).
Voordelen	• Snel en goedkoop (registratie) • Objectief (bij registreren) • Geen onderzoekers-bias • Non-obtrusive
Nadelen	• Kostbaar (metingen en observaties) • Externe validiteit (metingen) • Alleen voor gedrag of emotie geschikt

Kwalitatieve methoden van fieldresearch

In tabel 3.12, 3.13 en 3.14 komen drie kwalitatieve methoden van fieldresearch aan de orde:
- groepsdiscussie
- diepte-interview
- observatie

TABEL 3.12 Groepsdiscussie

Methode	Groepsdiscussie
Beschrijving	Zes tot acht personen praten onder leiding van een gespreksleider over een bepaald onderwerp. Hiervoor wordt een licht gestructureerde checklist gebruikt.
Voordelen	• Genereert snel veel ideeën, mogelijkheden en alternatieven • Vooral geschikt bij onderzoek naar nieuwe ideeën, toekomstideeën enzovoort
Nadelen	• Weinig gelegenheid gedachten en motieven van de deelnemers uit te diepen • Conclusies mogen niet gegeneraliseerd worden voor onderzoeksdoelgroep, alleen hypothesevormend

TABEL 3.13 Diepte-interview

Methode	Diepte-interview
Beschrijving	Dit is een gesprek tussen een interviewer en één respondent. Hiervoor wordt een licht gestructureerde checklist gebruikt.
Voordelen	Vooral geschikt om: • motieven en achtergronden te achterhalen • gedachten en ideeën uit te diepen
Nadelen	• Conclusies mogen niet gegeneraliseerd worden voor de onderzoeksdoelgroep, alleen hypothesevormend

TABEL 3.14 Observatie

Methode	Observatie
Beschrijving	Dit is het observeren van gedrag dat vaak onbewust is of last heeft van sociale wenselijkheid.
Voordelen	• Gedrag is objectief vast te leggen; geen last van sociale wenselijkheid of selectief geheugen van respondenten • Onbewust en routinematig gedrag zijn hiermee te achterhalen • Motieven en attitudes zijn niet te achterhalen
Nadelen	• Duur • Tijdrovend

Na deze opsomming van kwantitatieve en kwalitatieve vormen van fieldresearch, zijn er nog twee types onderzoek die genoemd moeten worden: experiment en casestudy.

Experiment

Een experiment is een zorgvuldig opzette en nauwkeurige observatie van een stukje werkelijkheid dat kan worden uitgevoerd om een hypothese te testen onder gecontroleerde omstandigheden. Je manipuleert de onafhankelijke variabele en bekijkt wat het effect daarvan is op de afhankelijke variabele. Hierbij probeer je de andere variabelen constant te houden.
Een voorbeeld is als een docent wil onderzoeken wat het effect is van cafeine op de leerprestaties. Hij kan dan in twee parallelklassen de ene klas tijdens de les gratis koffie en cola aanbieden en de andere klas niet. Bij het tentamen kijkt hij of er een verschil in gemiddeld cijfer is opgetreden. Overigens kent dit voorbeeldexperiment veel bedreigingen van de validiteit.

Een ander voorbeeld van een experiment komt aan de orde in het artikel 'Lekkerste eten komt uit een rood doosje met een gele M'.

DE VOLKSKRANT, 7 AUGUSTUS 2007

Lekkerste eten komt uit een rood doosje met een gele M

Peuters vinden eten lekkerder als het van de bekende fastfoodketen lijkt te komen, blijkt uit Amerikaans onderzoek.

AMSTERDAM – Altijd ruzie aan tafel, uw peuter weigert zijn wortels op te eten? De kans is groot dat uw hartendiefje ze wel opeet als er een rood doosje met een gele M omheen zit. Uit Amerikaans onderzoek blijkt dat jonge kinderen eten lekkerder vinden als het aangeboden wordt in een verpakking van McDonald's. Dat is te lezen in het tijdschrift *Archives of Pediatrics & Adolescent Medicine* van deze week.
Kinderen van drie tot vijf jaar moesten vijf paren van identieke soorten drank en voedsel proeven. De helft in McDonald's, de andere helft in merkloze verpakking. Ze aten allerlei gezonde of minder gezonde dingen zoals een stukje hamburger, gefrituurde kipfilet ('McNugget'), patatjes, melk of appelsap en worteltjes.
De ouders moesten verder aangeven hoe vaak er bij de Mac werd gegeten en hoeveel televisie er thuis werd gekeken.

Gemiddeld gaven kinderen de voorkeur aan eten waarvan ze dachten dat het van McDonald's afkomstig was, terwijl het merkloze voedsel precies hetzelfde was. In tachtig procent van de vergelijkingen kozen kinderen voor de 'Mac'. Vooral peuters die regelmatig bij de bekende fastfoodketen aten of in een huis met meerdere televisies woonden, kozen voor de gele M. De suggestie wordt hierdoor gewekt, dat blootstelling aan marketing de voorkeur van kinderen beïnvloedt.
De onderzoekers pleiten dan ook voor een regulering van of zelfs ban op reclame voor calorierijke en ongezonde levensmiddelen.
In de Verenigde Staten wordt meer dan tien miljard dollar per jaar uitgegeven aan de marketing van levensmiddelen, speciaal gericht op kinderen. Eerder onderzoek toonde aan dat kinderen vanaf twee jaar al veel merken herkennen en kunnen vertellen welk product erbij hoort.

Casestudy

In plaats van grote steekproeven en strikte procedures te volgen om een beperkt aantal variabelen te onderzoeken, gebruiken casestudy (gevalsbeschrijving)-methoden een uitgebreide, longitudinale analyse van een enkel geval of voorval: een case. Daardoor krijgt de onderzoeker een scherper inzicht in de reden waarom het gebeuren zich zo voltrokken heeft, en wat belangrijk is om voor de toekomst uitgebreider te gaan onderzoeken. Casestudies kunnen hypotheses opleveren maar kunnen ook gebruikt worden om hypotheses te testen (Flyvbjerg, 2006).

Het artikel 'Gevalsbeschrijving' geeft een voorbeeld van een casestudy.

TIJDSCHRIFT VOOR PSYCHIATRIE, APRIL 2007

Gevalsbeschrijving

Een 8-jarige jongen werd opgenomen in een observatiegroep voor lagereschoolleerlingen in verband met forse gedragsproblemen thuis. Bij intake vielen de multipele faciale en trunculaire tics op. Het gezicht van de jongen vertoonde een continue bewegingsonrust van alle aangezichtsspieren. Zijn romp en ledematen bewogen voortdurend, hij maakte onvrijwillige schopbewegingen en hij leek deze bewegingsonrust niet onder controle te krijgen. Hij had een krampachtige manier van spreken en uitte de woorden blaffend. Opvallend was de beperkte frustratietolerantie: de patiënt barstte tientallen keren per dag kortdurend in woede uit. Hij liep dan naar z'n kamer, sloeg enkele minuten met de deuren en schold luid. Ook positief nieuws kon zo'n woedebui opwekken.

Deze jongen nam bij opname 2 x daags 0,025 mg clonidine en 40 mg pipamperon. In onze differentiële diagnose namen we een acathisie en/of dyskinesie ten gevolge van de hoge dosis antipsychotica mee. Het afbouwen en stoppen van alle medicatie leverde echter geen gedragsveranderingen noch een vermindering van de bewegingsstoornissen op.

De diagnose van gts volgens de dsm-ivcriteria werd gesteld (American Psychiatric Association 2000). Psychotherapeutische interventies verminderden de woede-uitbarstingen niet en ondanks zijn inspanningen leek de jongen niet in staat deze te reguleren. Nadat methylfenidaat, clonidine, pimozide, pipamperon en risperidon in voldoende hoge dosis waren uitgeprobeerd, startten we een proeftherapie met quetiapine, gedeeltelijk vanwege de initiele sederende effecten. De einddosis van 200 mg/dag werd bij gebrek aan goede therapeutische richtlijnen bepaald op basis van gedrag, bijwerkingen en effect op de tics.

Binnen twee weken werd een duidelijke symptoomreductie zichtbaar. De faciale en andere motorische tics verdwenen vrijwel helemaal, de woede-uitbarstingen namen af tot minder dan eenmaal per week. Dit effect was zowel op de leefgroep als tijdens het bezoek thuis zichtbaar. Minder duidelijk was het effect op de vocale tics. De beloningsprogramma's sloegen aan en leeftijdgenoten ervoeren de jongen als meer aangenaam. Dit effect was niet alleen het gevolg van de voorbijgaande sedatie tijdens de eerste twee weken, maar was na drie en negen maanden nog aanwezig. We konden nu de aandacht richten op de behandeling van de comorbide sociale en emotionele problematiek van deze jongen.

3.6.3 Informatieplan

Op basis van het voorgaande moet je nu in staat zijn om voor je onderzoeksvragen een beargumenteerde keuze te maken voor een onderzoeksinstrument. In tabel 3.15 kun je aangeven welk(e) instrument(en) je wilt toepassen.

TABEL 3.15 Informatieplan: keuze voor instrument per onderzoeksvraag

	Desk-research	Enquêtes	Diepte-interview	Groeps-discussie	Observatie/experiment	Case-study
Onderzoeksvraag 1	x					
Onderzoeksvraag 2			x			
Onderzoeksvraag 3			x			
Onderzoeksvraag 4		x				
Onderzoeksvraag 5		x				
Enzovoort						

Op basis van tabel 3.15 ga je kijken wat haalbaar is met de mankracht, het budget en de tijd die je hebt. Soms moet je suboptimale keuzes maken. In je onderzoeksrapport moet je altijd vermelden wat de gemaakte keuzes zijn en waarom. Alle afwegingen die je maakt, moet je beschrijven en de keuzes verantwoorden. Uiteindelijk komt er een tabel waarin aangegeven staat welke methoden worden ingezet en voor welke onderzoeksvragen elke methode informatie moet opleveren.

Samenvatting

- Online-onderzoek is onderzoek op en via internet.

- De voordelen van online-onderzoek zijn:
  1. snel
  2. multimediaal
  3. goedkoop
  4. makkelijk internationaal toepasbaar
  5. gebruiksvriendelijk
  6. geen sprake van interview-bias
  7. minder fouten
  8. eerlijker antwoorden

- De nadelen van online-onderzoek zijn:
  1. technische kennis en afhankelijkheid van apparatuur
  2. onbetrouwbaarheid van de identiteit van de respondent
  3. lagere respons
  4. niet altijd een afspiegeling van de werkelijke populatie

- De beoordeling of het onderzoek goed is opgezet en uitgevoerd, gaat aan de hand van de betrouwbaarheid en validiteit van het onderzoek.

- De betrouwbaarheid is de mate waarin toevallige fouten zijn uitgesloten en is vooral afhankelijk van het aantal respondenten en de representativiteit van de steekproef.

- De validiteit is de mate waarin systematische fouten zijn uitgesloten. Onderverdeling:
  - interne validiteit (is er een alternatieve verklaring?)
  - constructvaliditeit (heb je gemeten wat je wilde meten?)
  - externe validiteit (zijn de resultaten generaliseerbaar?)

- Je kunt een keuze maken uit de volgende onderzoeksinstrumenten: deskresearch, kwantitatieve methoden van fieldresearch (schriftelijke, face-to-face- en telefonische enquête, panel- en online-onderzoek, observatie/meting/registratie), kwalitatieve methoden van fieldresearch (groepsdiscussie, diepte-interview, observatie), experiment, casestudy en informatieplan.

- In het informatieplan worden de stappen van de onderzoeksopzet weergegeven; dit kan ook in een tabel worden ingevuld.

Opdrachten

3.1 Lees het artikel 'Kamerstudenten eten het gezondst' en maak daarna de vragen.

NOS TELETEKST, 31 OKTOBER 2006

Kamerstudenten eten het gezondst

Studenten die op kamers wonen, eten gezonder dan studenten die thuis wonen. Dat is de verrassende uitkomst van een onderzoek door cateraar Albron, die de eetgewoonten van 10.000 studenten in kaart heeft gebracht.

Minder opzienbarend is dat vrouwelijke studenten vaker voor gezond voedsel kiezen dan mannen. Vrouwen lusten graag een bak salade, bij mannen gaat een bruine boterham met kaas er wel in.
Opvallend zijn ook de verschillen per regio. Haarlem heeft de avontuurlijkste studenten, in Eindhoven eten ze het liefst moeders prakje en Nijmegen heeft de meest milieubewuste studenten.

---

    a Formuleer drie onderzoeksvragen voor het onderzoek waarvan het artikel verslag doet.
    b Welk type onderzoek zou je willen verrichten?
    c Welk onderzoeksinstrument zou je per onderzoeksvraag willen inzetten? Beargumenteer.
    d Wat zijn mogelijke problemen met de betrouwbaarheid en validiteit van het door Albron uitgevoerde onderzoek?

3.2 Geef voor het onderzoek van het artikel 'Helft personeel had relatie met collega' in subparagraaf 3.5.4 aan hoe jij het onderzoek zou willen inrichten. Geef aan:
- hoe je aan respondenten zou willen komen
- welke type onderzoek je zou gaan uitvoeren
- welke methode van informatie verzamelen je zou kiezen

3.3 Geef een oordeel over betrouwbaarheid en validiteit van de drie voorbeelden van onderzoek naar hooligans zoals dat in het artikel van subparagraaf 3.5.3 naar voren komt.

Antioxidanten gezond?

Steeds vaker ontslag om Facebook

Onderzoek toont aan: je bent wat je 'liket' op Facebook

Minder flitsscheidingen in 2006

Jonge vrouwen hoger opgeleid dan mannen

4
Deskresearch

4.1 Typen bestaande gegevens
4.2 Literatuurbronnen
4.3 Zoeken op internet
4.4 Deskresearchplan

Deskresearch is onderzoek dat je vanachter je bureau kunt uitvoeren. Je ondervraagt of enquêteert zelf geen respondenten voor je onderzoek. Wat doe je dan wel? Je zoekt in tijdschriften naar relevante artikelen, je zoekt op internet of je gebruikt databases of CBS-cijfers, om maar een paar mogelijkheden te noemen. Als je zelf respondenten benadert in je onderzoek, noemen we dat primaire bronnen. Als je boeken, tijdschriften of door voor een ander doel verzamelde gegevens gebruikt, noemen we dat secundaire bronnen of ook wel bureauonderzoek of deskresearch. Zoals in hoofdstuk 3 al aangegeven, is deskresearch vaak het startpunt van je onderzoek. Door je in te lezen in het onderwerp en de problematiek, kun je betere deelvragen formuleren en kun je ook je eigen fieldresearch beter opzetten en uitvoeren. Soms is het zelfs niet nodig om zelf primaire bronnen te raadplegen. Als je door deskresearch je onderzoeksvragen kunt beantwoorden, is dat over het algemeen veel goedkoper en vaak sneller.
In dit hoofdstuk behandelen we de meest voorkomende typen deskresearch bij praktijkonderzoek, de voor- en nadelen ervan en hoe je een plan opstelt voor het uitvoeren van deskresearch. We sluiten af met een aantal opdrachten.

Na bestudering van dit hoofdstuk moet je in staat zijn om:
- de afweging te maken voor gebruik van primaire en/of secundaire bronnen
- de voor- en nadelen te noemen van het gebruik van secundaire bronnen
- een keuze te maken tussen de verschillende secundaire bronnen
- verschillende secundaire bronnen te ontsluiten

Hulpverleners na ramp vaker ziek dan collega's

Politiemannen, brandweerlieden en ambulancemedewerkers kampten nog jaren na de vuurwerkramp in Enschede met gezondheidsklachten. Dat blijkt uit onderzoek van het Nivel, het Nederlands instituut voor onderzoek van de gezondheidszorg. De onderzoekers vergeleken het ziekteverzuim van 1.400 reddingswerkers die ingezet werden tijdens de vuurwerkramp niet alleen met het ziekteverzuim van de reddingswerkers in kwestie een half jaar vóór de ramp. 'Daardoor is nu voor het eerst met zekerheid vastgesteld dat de toename van de gezondheidsklachten veroorzaakt wordt door de ramp', aldus onderzoeker Mattijn Morren van het Nivel. Ondanks het feit dat het vaak gezonde, goed getrainde, jonge mannen zijn, vertonen ze direct na hun reddingswerkzaamheden veel stressachtige verschijnselen. Ook na de vuurwerkramp in Enschede schoot het ziekteverzuim onder de hulpverleners omhoog, zo blijkt uit het Nivel-onderzoek. Veel van die klachten houden enkele jaren aan, zoals ademhalingsklachten, algemene vermoeidheidsklachten en rug- en gewrichtsklachten.

Andere klachten komen juist pas na anderhalf tot twee jaar opzetten. Daarbij gaat het met name om hoofdpijn en migraine.
Het ziekteverzuim is nog niet hetzelfde als dat van voor de ramp en dat van collega's van andere korpsen en ambulancediensten in Nederland. Er komt nog relatief veel lichamelijk ongemak voor, zoals ademhalingsproblemen en rug- en gewrichtsklachten.
De meeste onderzoeken naar gezondheidseffecten van rampen op reddingswerkers concentreren zich op de psychologische effecten van de ramp. Nivel-onderzoeker Morren valt het juist op dat het aantal lichamelijke klachten toeneemt.
Een stijgend ziekteverzuim onder reddingswerkers na een ramp is moeilijk te voorkomen, denkt Morren. 'De opvang van de hulpverleners door de overheid was goed. Er was duidelijk geleerd van de Bijlmerramp. Desondanks doen dit soort klachten zich voor.'

Bron: de Volkskrant, 24 april 2007

4.1 Typen bestaande gegevens

Het is niet altijd eenvoudig via deskresearch het meest geschikte materiaal te vinden voor de beantwoording van je onderzoeksvragen. Als eerste moet je een keuze maken uit de verschillende bronnen die beschikbaar zijn. We zien eerst welke soorten datamateriaal voor bureauonderoek in aanmerking komen. Daarna gaan we kort in op de voor- en nadelen van deskresearch.

4.1.1 Soorten datamateriaal

Swanborn (1994) heeft een heldere indeling gegeven van soorten datamateriaal. Hij onderscheidt vier soorten datamateriaal dat voor bureauonderzoek in aanmerking komt:
1 analyse van ambtelijk statistisch materiaal (zoals CBS-gegevens)
2 literatuuronderzoek (zoals boeken, tijdschriften en internetartikelen)
3 secundaire analyse op door anderen verzamelde data (zoals door anderen uitgevoerde enquêtes)
4 inhoudsanalyse van massacommunicatieteksten (krant, tijdschriften, weblogs enzovoort)

Analyse van ambtelijk statistisch materiaal
Er zijn via internet en via overheidspublicaties veel statistische gegevens beschikbaar over bevolkingsopbouw en andere demografische en sociaal-culturele onderwerpen, en over economie, natuur en milieu. Voordeel van deze (statistische) data is dat ze betrouwbaar zijn en gemakkelijk toegankelijk. De websites genoemd in tabel 4.1 zijn handige hulpmiddelen.

Statistische gegevens

TABEL 4.1 Statistische websites

Website	Informatie van/over
www.cbs.nl	Centraal Bureau voor de Statistiek
www.eurostat.eu.int	Statistische informatie van de EU
www.cpb.nl	Centraal Planbureau
www.scp.nl	Sociaal Cultureel Planbureau
www.mnp.nl	Milieu- en Natuurplanbureau
www.rpb.nl	Ruimtelijk Planbureau
http://opmaatnieuw.sdu.nl	Staatscourant, Kamerstukken, Handelingen (niet gratis)

Literatuuronderzoek
Bij het opzetten van je onderzoek begin je als eerste met het inlezen in je onderwerp. De probleemstelling geeft aan wat (of wie) het onderwerp van onderzoek is en welke variabelen een rol spelen. Al deze termen zijn zoektermen om in een eerste scan zo veel mogelijk materiaal te kunnen verzamelen. Meestal kun je als volgt te werk gaan:
1 Zoek naar definities van begrippen en vind zoektermen. Encyclopedieën, woordenboeken, handboeken op verschillende wetenschappelijke gebieden en internet kunnen je hierbij helpen.
2 Kijk welke theorieën behulpzaam kunnen zijn bij je onderwerp. Handboeken, studieboeken en wetenschappelijke tijdschriften zijn hiervoor te raadplegen.
3 Achterhaal recente ontwikkelingen en trends via tijdschriften, onderzoeksrapporten, krantenartikelen, overheidsrapporten en branche-organisaties of belangengroeperingen.

4 Doe je voordeel met voorgaand onderzoek. Dit komt de opzet en uitvoering van je eigen onderzoek ten goede. Vaak geeft men aan wat wel en niet goed werkte en welke suggesties men heeft voor vervolgonderzoek. Voor de sociale wetenschappen kun je de *Social Research Methodology* (www.srm-online.nl/index.htm) raadplegen, en natuurlijk gespecialiseerde onderzoeksmethodeboeken.

Secundaire analyse op door anderen verzamelde data

Onderzoek dat door anderen is verricht, heeft behalve conclusies en aanbevelingen ten aanzien van de centrale vraag in dat onderzoek ook een database opgeleverd met alle ruwe gegevens. Deze gegevens kun je opnieuw statistisch bewerken om antwoorden te krijgen op je eigen onderzoeksvragen. Belangrijk is dat aan een aantal voorwaarden is voldaan:

Statistisch bewerken

- Er zijn voldoende respondenten in het onderzoek betrokken.
- Het onderzoek is vrij recent.
- Het is toegestaan de resultaten te gebruiken. Denk bijvoorbeeld aan de Wet bescherming persoonsgegevens.
- De gemeten constructen zijn identiek of liggen dicht bij de eigen onderzoeksbehoefte (relevantie).
- Het onderzoek is valide.

Hoe kom je aan de data? Eerste ingang is de organisatie die het onderzoek heeft uitgevoerd dan wel de onderzoeksopdracht heeft gegeven. Via literatuuronderzoek (tijdschriften, kranten en internet) kun je achter uitgevoerd onderzoek en verantwoordelijke instanties komen. Een bijzondere vermelding verdient nog het DANS. DANS is de nationale organisatie die zorgt voor de opslag en blijvende toegankelijkheid van onderzoeksgegevens in de alfa- en gammawetenschappen.

Het artikel 'Antioxidanten gezond? De wetenschap weet al heel lang beter' geeft een voorbeeld van een uitgebreide secundaire analyse.

DE VOLKSKRANT, 3 MAART 2007

Antioxidanten gezond?

De wetenschap weet al heel lang beter

Soms is het middel erger dan de kwaal. Neem nou antioxidanten. Die zijn ongezond, alleen is de wetenschap vertekend.

Wat zou het meest onderzochte gezondheidsprobleem van de wereld zijn? Aids? Malaria? Diarree? Armoede? Allemaal fout. 'Voedingssupplementen lijken niet alleen een van de meest onderzochte onderwerpen ter wereld, ze lijken ook een van de best onderzochte kwesties', schrijven Goran Bjelakovic en collega's deze week, met nauw verholen verbazing, in de *Journal of the American Medical Association*. En het ergste is, maar dat zeggen ze er niet bij, dat het voor het grootste deel verspilde moeite, weggegooid geld en in zekere zin ook onethisch is. G. Bjelakovic e.a.: Mortality in randomized trials of antioxidant supplements for (...) prevention. JAMA, 28 febr. 07

Samen met een groep Deense onderzoekers heeft Bjelakovic in een 'meta-analyse' zo veel mogelijk alle vindbare artikelen over de heilzame werking van voedingssupplementen als bètacaroteen, vitamine E, vitamine A en vitamine C samengevat: in totaal 68 studies met 232.606 patiënten. Al eerder had zijn groep opgemerkt dat antioxidanten in ieder geval niet schelen bij maagkanker en darmkanker, maar nu aasde Bjelakovic op het ultieme eindpunt – overlijden. Gaan mensen, zoals vaak beweerd wordt, minder gauw dood als ze antioxidanten slikken?

De bevindingen zijn opmerkelijk. Voedingssupplementen dragen niet bij aan de levensduur, integendeel. Als de best uitgevoerde experimentele studies allemaal samen worden genomen, blijkt zelfs dat in de groep mensen die trouw antioxidantpilletjes slikken, vijf procent meer mensen overlijden dan in de groep die geen pillen slikt. Het slikken van bètacaroteen verhoogt het risico voortijdig dood te gaan met zeven procent, vitamine E met vier procent, en vitamine A zelfs met veertien procent. Vitamine C leek geen invloed op de sterfte te hebben, evenmin als het ook veelgeslikte selenium. Het maakte niet uit of de antioxidanten alleen of in combinatie met andere werd geslikt – veel mensen slikken een complete batterij aan voedingssupplementen.

Nu is vijf procent, epidemiologisch gezien, wel heel weinig. Maar het betreft een heel grote groep mensen. Ook een kleine verhoging van het risico kan daardoor veel effect hebben. Of, zoals Bjelakovic het zegt: 'Gezien het feit dat tien tot twintig procent van de volwassen bevolking (80 tot 160 miljoen mensen) in Noord-Amerika en Europa de onderzochte voedingssupplementen slikken, kunnen de gevolgen voor de volksgezondheid aanzienlijk zijn.'

Het past in een inmiddels bekend patroon, zo merkt ook Bjelakovic op. 'Wij worden blootgesteld aan intense marketing, wat ook wel blijkt uit het grote aantal publicaties per onderzoek zoals dat uit deze studie naar voren kwam.' Daarmee doelt Bjelakovic op de inderdaad verrassende bevinding dat over de 68 studies die hij meenam, niet 68 artikelen waren geschreven, maar 385. Hij heeft het niet uitgezocht, maar het ligt voor de hand dat vooral de studies die goede resultaten konden melden, wat vaker tot artikelen leidden dan de studies die minder voordelig voor antioxidanten uitpakten.

Maar het ergste is: het is eigenlijk geen nieuws dat antioxidanten in voedingssupplementen meer kwaad dan goed doen. Al met de allereerste goed opgezette studies naar het slikken van antioxidantpillen ontstond twijfel over die gewoonte. Sterker nog, uit een tabel die Bjelakovic bij zijn artikel geeft, blijkt dat al in 1996, maar zeker in 2002, duidelijk moet zijn geweest dat het overlijdensrisico met drie, vier procent moest zijn verhoogd. In 2002 werd de grote *Heart Protection Study* gepubliceerd, die uitkwam op een verhoging van vier procent. In feite was het pleit toen al ruimschoots beslecht – als er direct een behoorlijke 'cumulatieve meta-analyse' van het onderzoek was bijgehouden, zouden de antioxidanten toen al definitief naar de vuilnisbelt van de geneeskunde zijn verwezen. Maar dat betekent andersom, dat al het onderzoek daarna overbodig, modieus hobbyisme is geweest. Onderzoek dat niet alleen geen zin had, maar strikt genomen ook de levens van de deelnemers in de waagschaal stelde, en van de ongelukkigen die antioxidanten in plaats van placebo kregen, het leven ook metterdaad bekortte. Als we alleen de studies na 2002 tellen, is dat vijf procent van 66.600 mensen, ofwel ruim 3.300 mensen. Allemaal omdat wetenschappers meer geld zagen in onderzoek naar voedingssupplementen dan in aids, malaria, diarree en armoede. Allemaal fout.

Inhoudsanalyse van massacommunicatieteksten

Bij een inhoudsanalyse analyseer je inhouden van vastgelegd audiovisueel materiaal (internet, radio, tv, kranten, tijdschriften en dergelijke). De inhouden kun je zowel kwalitatief als kwantitatief analyseren.
In geval van een kwantitatieve analyse kun je bijvoorbeeld tellen hoe vaak in autoadvertenties een vrouw als bestuurder c.q. doelgroep wordt afgebeeld.

Kwantitatieve analyse

Dit zou je per categorie auto's kunnen doen (boodschappenauto, middenklasser, luxeauto, sportauto enzovoort) en als je dit over meerdere jaren bekijkt (bijvoorbeeld de periode 1980–2010) krijg je een aardig beeld van de veranderende rol van de vrouw als potentiële autokoper.

Kwalitatieve analyse

In geval van een kwalitatieve analyse kun je denken aan de analyse die de *Elsevier* van schoolboeken heeft gemaakt. Door uitspraken in de schoolboeken op politieke inhoud te analyseren, zijn ze tot de conclusie gekomen dat de meeste schoolboeken door linkse auteurs worden geschreven.

Bij een inhoudsanalyse maak je twee belangrijke keuzes. Daarbij is het volgende van belang:
1 Wat zijn de eenheden van het onderzoek (van welke merken auto's ga je de advertenties bekijken of welke schoolboeken van welke uitgeverijen ga je onderzoeken)?
2 Wat zijn de variabelen en hoe meet je die (operationalisatie)? Wat onderzoek je precies en hoe interpreteer je dit? Hoe kun je richtlijnen opstellen zodat je observatoren kunt trainen, zodat ze hetzelfde op dezelfde manier scoren?

4.1.2 Voor- en nadelen van deskresearch

De hier besproken typen deskresearch kennen een aantal voor- en nadelen vergeleken met fieldresearch.

Voordelen van deskresearch
De voordelen van deskresearch zijn de volgende:
- Het is goedkoop.
- Het gaat relatief snel.
- Er is geen mogelijkheid voor eigen beïnvloeding (veelal non-obtrusive).
- Longitudinaal onderzoek is mogelijk (over langere periodes).

Non-obtrusive

Non-obtrusive betekent dat het vergaren van de data geen effect heeft op de uitkomsten.

VOORBEELD 4.1

Stel, je bent geïnteresseerd in het leesgedrag van de Nederlanders. Je zou naar verkoopcijfers kunnen kijken van leesboeken en uitleengegevens van de bibliotheken, maar kopen of lenen wil nog niet zeggen dat de boeken ook gelezen worden. Je kunt in een enquête mensen vragen wat ze lezen, maar dat is gevoelig voor sociaal wenselijkheid.
Een andere optie is om te kijken naar de mate van slijtage van bibliotheekboeken. Boeken die echt gelezen worden, slijten meer dan boeken die alleen worden meegenomen en na twee bladzijden lezen weer worden ingeleverd. Het meten van de slijtage is non-obtrusive, want door de meting beïnvloed je niet de uitkomst. Er is geen sprake van sociale wenselijkheid en dergelijke.

Nadelen van deskresearch
De nadelen van deskresearch zijn de volgende:
- Het is niet altijd actueel.
- Het is niet toegespitst op eigen onderzoeksvragen.
- Het is soms moeilijk toegankelijk.

- De betrouwbaarheid en validiteit zijn soms moeilijk in te schatten.
- Het is niet altijd objectief (de bron is soms commercieel of anderszins belanghebbend).

4.2 Literatuurbronnen

Er zijn verschillende literatuurbronnen die je kunt raadplegen. Saunders (2004) maakt onderscheid naar primaire, secundaire en tertiaire literatuurbronnen, zie tabel 4.2.

TABEL 4.2 Literatuurbronnen

Primair	Secundair	Tertiair
Onderzoeksrapporten	Kranten	Indices
Dissertaties	Boeken	Encyclopedieën
Congresverslagen	Tijdschriften	Woordenboeken
Sommige overheidspublicaties	Internet	Citatie-indices
Brancherapporten	Sommige overheidspublicaties	Bibliografieën
Scripties, afstudeerrapporten		Samenvattingen
← ← ← ← ← ← ← ← ←	Meer detail	
	Meer tijd nodig	→ → → → → → → → →

Primaire literatuur bevat de eerste vastlegging van gegevens, analyses, theorieën en dergelijke. Daarna verschijnen de belangrijkere zaken in secundaire bronnen en de hoofdzaken komen in de tertiaire bronnen terecht (na verloop van tijd). Tertiaire bronnen zijn dus meer uitgerijpt. Maar de allernieuwste ontdekkingen en trends zie je er niet in terug.
Het detailniveau waarover je over individuele onderzoeken en uitkomsten kunt lezen is het grootste bij primaire bronnen. Bij tertiaire bronnen gaat het meer over de hoofdconclusies die in meerdere onderzoeken bevestigd zijn.

Primaire literatuur

De juiste literatuurbronnen vinden is niet altijd gemakkelijk. Experts kunnen je vaak een stuk op weg helpen. Bibliothecarissen van de openbare of gespecialiseerde bibliotheek kunnen je helpen met het vinden van de juiste tijdschriften op het terrein dat je zoekt. Ze kunnen je ook adviseren over welke trefwoorden je moet gebruiken.
Andere experts zijn natuurlijk de docenten of lectoren van je opleiding, mensen van onderzoeksinstituten, brancheorganisaties, overheidsinstellingen en dergelijke. Een manier om achter de gegevens van deze mensen te komen is *Pyttersen's Nederlandse Almanak*, een naslagwerk voor instanties, instellingen en personen in Nederland. De databank bevat ruim 16.000 adressen en aanvullende gegevens van instellingen en personen op vele maatschappelijke gebieden.
Schroom niet om experts rechtstreeks te benaderen (telefonisch, via de mail of anderszins) voor suggesties. Als je op deze manier een goed recent artikel hebt gevonden, kun je via de literatuurlijst van dit artikel aan andere bronnen komen. Dit noemen we de sneeuwbalmethode.
Zorg bij de behandeling van de resultaten van je literatuuroverzicht wel altijd voor een goede bronvermelding.

Experts

Sneeuwbalmethode

Bronvermelding

4.3 Zoeken op internet

Internet heeft het doen van deskresearch enorm veranderd. Enerzijds heeft internet deskresearch vergemakkelijkt, laagdrempeliger gemaakt. Terwijl je vroeger je gegevens moest halen bij een bibliotheek of instituut, kun je nu letterlijk achter je bureau blijven zitten.
Anderzijds is het wel een probleem dat er heel veel op het internet staat. Zo veel, dat je al snel door de bomen het bos niet meer ziet. We maken hier een onderscheid tussen internetdeskresearch, onverwacht deskresearch met behulp van internet, het gebruik van meerder databases en social-mediaresearch.

4.3.1 Internetdeskresearch

De eerste stap bij internetdeskresearch is gericht zoeken op bekende websites. Bekende websites (naast de in tabel 4.1 genoemde) staan in tabel 4.3.

TABEL 4.3 Bekende internetbronnen

Naam	Inhoud
ABI Inform	Indexeert ongeveer duizend internationale tijdschriften op het gebied van management en bedrijfsleven. Ook onderwerpen op het terrein van techniek, rechten en geneeskunde
DutchESS	Dutch Electronic Subject Service van de Koninklijke bibliotheek is een catalogus van internetbronnen
Ingenta	Inhoudsopgave van tijdschriften
ISI Web of Science	Toegang tot citatie-indices
NOD Nederlandse Onderzoek Databank	Gegevens over onderzoekers, onderzoeksprojecten en onderzoeksinstellingen
Science Citation Index	Indexeert artikelen uit meer dan drieduizend vaktijdschriften

Zoekmachines

Zoeken op internet lijkt makkelijk door geavanceerde zoekmachines zoals Google of Google Scholar.
Heel snel heb je echter (te) veel hits, waardoor het moeilijk selecteren is.

Zoekoperator

Gebruik dan zoekoperatoren. Een zoekoperator is een instructie waarmee trefwoorden worden gekoppeld om een nieuwe ingewikkeldere zoekopdracht te maken. In tabel 4.4 staan een paar tips.

TABEL 4.4 Zoektips

Zoekoperator	Doel	Resultaat
"	Beperken hits	Alleen resultaten met alle woorden in deze volgorde worden gevonden
AND of +	Beperken hits	Alleen artikelen met alle woorden worden gevonden.
OR	Verbreden zoekactie	Artikelen met een van de zoektermen worden gevonden
NOT of -	Uitsluiten termen	Specificeren met de tweede term wat het niet moet zijn
*	Verbreden	Selecteert artikelen met alle uitgangen voor *
?	Verschillende spellingen vinden	Selecteert artikelen met alle letters voor ?

Voor een overzicht van handige zoektips: www.ewoudsanders.nl/zoeken.html

De trefwoorden waarmee je zoekt, moeten natuurlijk wel correct zijn. Denk hierbij aan vaktermen, verschillende spelling in het Engels en Amerikaans (behaviour versus behavior) of Nederlands en Belgisch. Een eerste verdieping in de schriftelijke literatuur (vooral handboeken en leerboeken) kan al veel nieuwe en betere zoektermen opleveren.

Trefwoorden

Een volgende stap is het beoordelen of een webpagina wel betrouwbaar is (zie het volgende artikel).

Beoordelen van de betrouwbaarheid van webpagina's

Op de website van Skepsis, www.skepsis.nl, een organisatie die een kritische blik werpt op pseudo-wetenschap, staat over het beoordelen van de betrouwbaarheid van websites het volgende:
'Iedereen kan teksten op internet zetten, zodat de kwaliteit ver uiteenloopt. Als een tekst eerder in gedrukte vorm is verschenen, wordt deze oorspronkelijke bron bijna altijd vermeld. Zulke gedrukte teksten zijn doorgaans van betere kwaliteit dan teksten die uitsluitend op internet worden gepubliceerd en niet zijn gecontroleerd door een redactie.

Het is belangrijk om te weten waar de auteur zijn of haar informatie vandaan heeft gehaald. Zijn de beweringen goed onderbouwd? Als er geen controleerbare (literatuur)verwijzingen in de tekst staan, is dat een reden voor wantrouwen. Uiteraard is het ook nuttig om te weten of de auteur deskundig is. Eventueel kun je via een zoekmachine meer informatie over de auteur verzamelen. Soms is het niet duidelijk wie de tekst geschreven heeft. Zulke anonieme teksten hebben meestal de minste waarde.

In de url's van Britse Universiteiten zie je gewoonlijk .ac (academic) staan, terwijl Amerikaanse onderwijsinstellingen de code .edu gebruiken; .gov duidt op een overheidsinstelling, .org op een non-profit organisatie en .com op een commerciële onderneming.

Bron: www.skepsis.nl, 28 september 2007

4.3.2 Onverwacht deskresearch met behulp van internet
Instanties realiseren zich meer en meer dat internet een handig medium is voor deskresearch. Dit leidt tot toepassingen waarvan je je als internetgebruiker mogelijk nog niet zo bewust bent.
Het artikel 'Steeds vaker ontslag om Facebook' maakt bijvoorbeeld duidelijk dat ook recruiters gericht specifieke websites op het internet gebruiken voor deskresearch.

4.3.3 Gebruik van meerdere databases
Een andere ontwikkeling is het gebruik van meerdere databases (zoals klantendatabases) vaak in combinatie met social media, die enorm van omvang zijn en continu aangroeien. We spreken in dit kader vaak over big data. Met behulp van statistiek probeer je verbanden in de data te vinden die je in staat stelt om voorspellingen te doen over toekomstig succes.

Big data

● www.telegraaf.nl

Steeds vaker ontslag om Facebook

AMSTERDAM – Werknemers worden steeds vaker ontslagen vanwege uitlatingen op sociale media.

Onderzoek van juridisch dienstverlener Arag wijst uit dat één op de drie ondernemers zijn medewerkers controleert. Tien procent doet het zelfs regelmatig, wat steeds vaker tot arbeidsconflicten leidt.
'Veel mensen gooien van alles op Facebook en Twitter en vaak zijn collega's met elkaar verbonden via sociale media. Wie zogenaamd ziek is, maar vervolgens feestend op een foto staat, kan in de problemen komen. Mensen moeten opletten wat ze op internet zetten', waarschuwt Arag. 'Het zijn openbare bronnen en de informatie is te gebruiken als bewijsmateriaal voor ontoelaatbaar gedrag.'
Dat ook rechters uitingen op sociale media als bewijs zien voor ontslag, bleek onlangs in een zaak tegen een werknemer van Blokker. De man had de winkelketen op internet een 'hoerenbedrijf' genoemd en zijn teamleider een 'hoerenstumper'. Een collega speelde dit door naar de leidinggevende, waarop de man werd ontslagen.
Door de gespannen sfeer op de arbeidsmarkt zien werkgevers volgens Arag steeds minder door de vingers en zijn kritischer geworden op hun personeel. De meeste bedrijven willen een gedragscode voor sociale media instellen.

7 mei 2012

Er kan gesproken worden over 'big data' als voldaan is aan de drie V's:
- Volume
- Velocity (snelheid)
- Variety (meerdere soorten bronnen)

● www.finance-control.nl

Wat betekent 'big data' eigenlijk?

Overal lees je tegenwoordig over hoe je gebruik zou moeten maken van de enorme hoeveelheden gegevens die ter beschikking komen over consumentengedrag, over ontwikkelingen in de markt, de economie, de vergrijzing. Big data en het zoeken naar informatiegoudklompjes daarbinnen, stellen ons in staat om de wereld om ons heen beter te doorgronden, beter onderbouwde beslissingen te nemen en zo meer agile te worden, een sine qua non in de huidige dynamische omgeving. De auteur concludeert dat big data en datamining voor de meeste organisaties nog steeds abstracte begrippen zijn, panacee voor andermans kwalen.

DOOR PIETER STEL

Natuurlijk zouden we die enorme hoeveelheid gegevens graag gebruiken ter ondersteuning van (de kwaliteit van) onze besluitvorming. Maar inmiddels is de hoeveelheid gegevens, beschikbaar over een probleem dat op een beslissing wacht, zó groot geworden, dat we er met de klassieke relationele databasesystemen nauwelijks meer uit komen. Zeker als we verschillende sets gegevens willen koppelen en analyseren, om businesstrends te ontdekken of fraude, het weer of dreigende vulkaanuitbarstingen. Of als we ingewikkelde scenario's willen berekenen, willen weten welke klanten extra aandacht vragen, dan wel welke afdeling in de organisatie minder presteert dan andere en waarom.

Om bruikbare informatie uit die gegevens te destilleren, gebruiken we technieken die we onder paraplutermen als datamining en analytics samenvatten. Beide staan voor het gericht zoeken naar (statistische) verbanden in gegevensverzamelingen, die actuele en accurate informatie onthullen die ons in staat stelt beslissingsondersteunende conclusies te trekken.

Al dergelijke technieken analyseren grote hoeveelheden data vanuit meerdere perspectieven op onderlinge verbanden en patronen. Gemeenlijk gaat het daarbij om vier soorten verbanden:

- Klassen: categorieën gegevens, bepaald door de gebruiker. Een fastfoodketen kan bijvoorbeeld vaststellen op welke dagen er de meeste gasten komen en wat ze dan bestellen.
- Clusters: koppelen van gegevens op basis van logische relaties, om bijvoorbeeld klantengroepen en hun wensen te definiëren.
- Association: als bijvoorbeeld vastgesteld wordt dat bier vaak tegelijk met chips gekocht wordt, kan de super beide producten naast elkaar aanbieden.
- Sequentiële patronen: uit de verzamelde en gekoppelde gegevens worden voorspellingen gedaan over (koop)gedrag van de klant.

oktober 2012

4.3.4 Social-mediaresearch

Ook met social media kun je deskresearch doen. Social-mediakanalen brengen marketeers en onderzoekers dichter bij hun klanten en doelgroep. Spontane reacties in social media zijn vaak krachtiger dan antwoorden op een uitgedachte vragenlijst (respondenten reageren impulsiever).

Social media

Al deze tweets en blogposts bij elkaar geven een goed beeld van wat er in de hoofden van mensen omgaat. Het geeft een beeld van wat er op dat moment speelt. liggen. Mensen praten honderduit over merken op Facebook en maken zelf advertenties en plaatsen die op Flickr of Tumblr. Merken worden zo steeds meer 'ge-co-creëerd' in plaats van vormgegeven door marketeers. Voor marketeers en onderzoekers is het daarom belangrijk om consumenten te monitoren.

Het voordeel van social-media-materiaal is dat het letterlijk is wat de respondent zelf heeft getypt en dat het erg toegankelijk is, doordat het voor iedereen toegankelijk op internet staat.

Nadeel is dat niet iedere leeftijdsgroep en bevolkingsgroep evenredig actief is op de social media. Ook is de afzender niet altijd bekend en zijn mensen geneigd op social media een enorm rooskleurig beeld van zichzelf te laten zien. Zie ook het artikel 'Onderzoek toont aan: je bent wat je 'liket' op Facebook'.

DE VOLKSKRANT, 11 MAART 2013

Onderzoek toont aan: je bent wat je 'liket' op Facebook

Vind je The Godfather, Lord of the Rings of The Daily Show 'leuk' op Facebook? Dan is de kans relatief groot dat je een hoog IQ hebt. En wie 'theater' of 'dans' leuk vindt, is waarschijnlijk extravert. De onschuldig ogende 'like'-knop op Facebook verraadt meer over je persoonlijkheid dan je wellicht denkt.

Dat concluderen onderzoekers van de Britse Universiteit van Cambridge na een grootschalige studie onder Facebookgebruikers. Ze analyseerden de 'likes' van ruim 58 duizend Amerikaanse Facebookers en ontdekten dat ze daarbij vrij nauwkeurige voorspellingen konden doen over onder andere het gedrag, de politieke en seksuele voorkeuren, het ras en de relatiestatus van afzonderlijke gebruikers. Ook of ze drank of drugs gebruikten of roken bleek te voorspellen te zijn, alléén door naar de likes te kijken.

Algoritmen

Om dat te onderzoeken, lieten de onderzoekers een aantal algoritmen los op de likes van de Facebook-gebruikers, en vergeleken ze de resultaten met de uitkomsten van persoonlijkheidstests. Dat schrijft de BBC. De onderzoekers hebben hun resultaten vandaag gepubliceerd in het wetenschappelijke tijdschrift *PNAS*.

De algoritmen wisten in 95 procent van de gevallen juist te voorspellen of iemand blank of zwart was, in 88 procent van de gevallen accuraat de seksuele voorkeur van mannen te voorspellen, en in 85 procent Democraat van Republikein te kunnen onderscheiden.

Mannen die de musical-televisieserie 'Glee' liken, zijn bijvoorbeeld vaak homoseksueel, terwijl mannen die professioneel worstelen een duimpje omhoog hebben gegeven dan weer vaker heteroseksueel zijn. Maar de resultaten zijn lang niet altijd even voor de hand liggend. Zo klikte minder dan 5 procent van de homoseksuelen op de like-knop bij het onderwerp 'homohuwelijk'. Wie zangeres Jennifer Lopez leuk vindt, heeft waarschijnlijk meer Facebook-vrienden dan wie heavy metal heeft geliked.

Alarmbellen

De uitkomsten kwamen voor de onderzoekers naar eigen zeggen als een verrassing. Pleitbezorgers van de privacy zeggen dat het onderzoek 'alle alarmbellen' zou moeten doen afgaan bij Facebook-gebruiker.

Er zijn brede social media zoals Facebook en Twitter. Maar er zijn ook social media die zich richten op een niche zoals Allrecipes.com (koken) en het forum van IMDB (films). Op Wikipedia staat een mooi overzicht van social-mediasites.

Social-mediasites

De kwaliteit van een analyse is erg afhankelijk van de tools en de social media die je kiest. Er zijn verschillende tools te vinden die je helpen bij onderzoek op social media. Je hebt tools die je helpen met het verzamelen (bijvoorbeeld Hootsuite) en tools die meteen een waarde aan een zoekwoord of respondent geeft (bijvoorbeeld Klout en Social mention). In tabel 4.5 staat een aantal tools die je gratis kunt gebruiken.

TABEL 4.5 Social-mediatools

http://www.blogpulse.com	Analyseren en verzamelen van blogberichten
http://www.trendistic.com	Analyseren en verzamelen van Twitter-berichten
http://www.youtube.com/comment_search	Zoeken door YouTube-reacties
www.socialmention.com	'Gehele' social media analyseren
http://wiki.kenburbary.com/social-meda-monitoring-wiki	Up-to-date-lijst social-mediatools
https://tools.issuecrawler.net/beta/twitter-Scraper/	Verzamelen van Twitter-berichten en het opslaan als een databestand

Verreweg de meeste beschikbare tools voor het doen van inhoudsanalyses van social-mediaberichten zijn kwantitatieve tools. Ook een goed overzicht van tools is te vinden op http://www.dreamgrow.com/69-free-social-media-monitoring-tools/ (deze wordt regelmatig geüpdatet, omdat het vaak voorkomt dat een tool niet meer werkt).

Naast de gratis tools heb je ook bedrijven die gespecialiseerd zijn in social-media-onderzoek. Dit zijn bedrijven die inzicht geven in discussies die online worden gevoerd. Zij geven hierbij diepere inzicht op de huidige merkreputatie in de context van de markt, en welke factoren van invloed zijn op die reputatie. Je kunt analyses doen op volumes, sentimenten, wie invloedrijk zijn, waar discussies plaatsvinden en wat inhoudelijk wordt besproken.

Social-media-onderzoek

4.4 Deskresearchplan

Als eerste is het van belang het doel van deskresearch te omschrijven. Welke onderzoeksvragen moeten/kunnen via deskresearch beantwoord worden? Vervolgens moet je achterhalen wat de mogelijkheden zijn qua tijd en geld. De volgende stappen kun je vervolgens doorlopen:
1 Zoek naar definities van begrippen en vind zoektermen. Encyclopedieën, woordenboeken, handboeken op verschillende wetenschappelijke gebieden en internet kunnen je hierbij helpen.
2 Kijk welke theorieën behulpzaam kunnen zijn bij je onderwerp. Handboeken, studieboeken en wetenschappelijke tijdschriften zijn hiervoor te raadplegen. Experts vragen naar recente artikelen, zoektermen en tijdschriften.
3 Recente ontwikkelingen en trends kun je achterhalen via tijdschriften, onderzoeksrapporten, krantenartikelen, overheidsrapporten en brancheorganisaties of belangengroeperingen, bijvoorbeeld via Google Scholar te zoeken.

4 De opzet en uitvoering van je onderzoek kunnen baat hebben bij het lezen van voorliggend boek en natuurlijk van gespecialiseerde onderzoeksmethodeboeken.
5 Een aantal onderzoeksvragen is wellicht via bestaand materiaal te beantwoorden. Kijk altijd naar actualiteit, relevantie, betrouwbaarheid, validiteit, onafhankelijkheid en kosten.

Informatiemakelaar

Als kosten geen grote rol spelen, kun je ook nog een externe partij inschakelen, zoals een informatiemakelaar, die tegen betaling het deskresearch voor je kan uitvoeren.

Samenvatting

▶ Deskresearch is onderzoek dat je vanachter je bureau kunt uitvoeren. Je ondervraagt of enquêteert zelf geen respondenten voor je onderzoek.

▶ Er zijn vier typen deskresearch:
  1 analyse van ambtelijk statistisch materiaal (zoals CBS-gegevens)
  2 literatuuronderzoek (zoals boeken, tijdschriften en internetartikelen)
  3 secundaire analyse op door anderen verzamelde data (zoals door anderen uitgevoerde enquêtes)
  4 inhoudsanalyse van massacommunicatieteksten (zoals kranten, tijdschriften en weblogs)

▶ Deskresearch kent een aantal voor- en nadelen.

▶ Literatuurbronnen zijn onder te verdelen in:
  - primair: de eerste vastlegging van gegevens, analyses, theorieën en dergelijke
  - secundair: belangrijke zaken (kranten, boeken, tijdschriften, internet)
  - tertiair: hoofdzaken (indices, encyclopedieën, woordenboeken)

▶ Bij internetdeskresearch gebruik je:
  - zoekmachines (Google, Google Scholar)
  - (klanten)databases (big data)
  - social-mediakanalen (Facebook, Twitter, YouTube)

▶ In een deskresearchplan doorloop je de volgende stappen:
  1 Zoek naar definities van begrippen en vind zoektermen.
  2 Kijk welke theorieën behulpzaam kunnen zijn bij je onderwerp.
  3 Achterhaal recente ontwikkelingen en trends.
  4 De opzet en uitvoering van je onderzoek kunnen baat hebben bij voorgaand onderzoek.
  5 Een aantal onderzoeksvragen is wellicht via bestaand materiaal te beantwoorden.

▶ Kijk bij deskresearch altijd naar:
  - actualiteit
  - relevantie
  - betrouwbaarheid en validiteit
  - onafhankelijkheid
  - kosten

Opdrachten

4.1 Lees het artikel 'Minder flitsscheidingen in 2006' en maak daarna de vragen.

Minder flitsscheidingen in 2006

In 2006 zijn 3,9 duizend huwelijken geëindigd in een flitsscheiding. Dit is een daling van 800 ten opzichte van een jaar eerder. In 2005 daalde het aantal flitsscheidingen met 300 ook al licht. De populariteit van de flitsscheiding lijkt hiermee over zijn hoogtepunt heen te zijn.

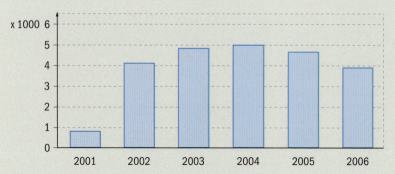

Het aantal flits- en echtscheidingen samen lag de afgelopen zes jaar vrij stabiel rond de 36,5 duizend per jaar.

Minder huwelijken omgezet naar partnerschap

Voor een flitsscheiding moet het huwelijk eerst worden omgezet naar een geregistreerd partnerschap. In 2006 was het aandeel omzettingen onder de partnerschapsregistraties gedaald naar 37 procent. In de vier jaren daarvoor ging het nog bij ongeveer de helft van de partnerschapsregistraties om omzettingen van een huwelijk naar een partnerschap. Het aantal nieuwe partnerschappen nam de afgelopen zes jaar gestaag toe.

Bron: CBS

Ook minder flitsscheidingen bij paren zonder kinderen

De afname van het aantal flitsscheidingen in 2006 geldt zowel voor paren met kinderen als paren zonder kinderen. Vorig jaar had meer dan de helft van de vrouwen betrokken bij een flitsscheiding thuiswonende kinderen. Van de vrouwen betrokken bij een echtscheiding had ruim zeven op de tien thuiswonende kinderen.

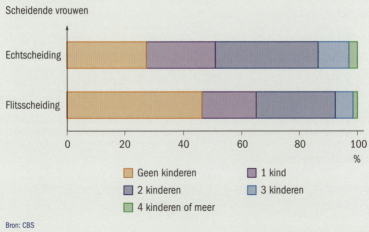

Bron: CBS

25 april 2007

a Veronderstel je wilt het verband weten tussen economische groei en het aantal en soort scheiding (gewoon of flits-), welke variabelen heb je dan nodig?
b Zoek deze variabelen op en maak inzichtelijk of er sprake zou kunnen zijn van een verband.
c Waarom zou je deze hypothese via deskresearch en niet via fieldresearch willen toetsen?

4.2 Lees het artikel 'Jonge vrouwen hoger opgeleid dan mannen' en maak daarna de vragen.

● www.cbs.nl

Jonge vrouwen hoger opgeleid dan mannen

Vrouwen van 25–34 jaar hebben tegenwoordig een hoger opleidingsniveau dan mannen van die leeftijd. Het opleidingspeil van jonge vrouwen stijgt ook snel. In het hoger onderwijs studeren zelfs meer vrouwen dan mannen.

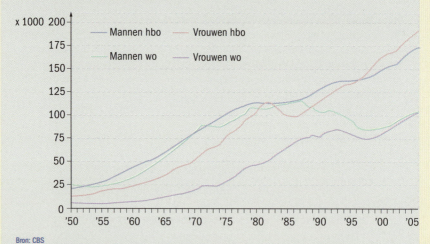

Vrouwen en mannen in het hoger onderwijs

Bron: CBS

Meerderheid afgestudeerden is vrouw
Ook bij de afgestudeerden zijn vrouwen tegenwoordig in de meerderheid. In het studiejaar 2005/'06 bestond 56 procent van de afgestudeerden in het hbo uit vrouwen. In het wo was dat 53 procent.

Vrouwen studeren sneller
Vrouwen ronden hun studie ook sneller af dan mannen. Van de vrouwen die in 1996 begonnen met een hbo-opleiding had 75 procent na negen jaar het diploma. Bij de mannen was dit tien procent minder. Op het wo had 71 procent van de vrouwen na negen jaar een diploma tegen 60 procent van de mannen.

Vrouwen zijn wanneer ze afstuderen gemiddeld dan ook bijna een jaar jonger dan mannen. In het studiejaar 2005/'06 studeerden vrouwen gemiddeld op 24,8-jarige leeftijd af van de universiteit en mannen op 25,8-jarige leeftijd. In het hbo waren vrouwelijke studenten bij het afstuderen 0,8 jaar jonger dan de mannen.

Studierendement wetenschappelijk onderwijs, cohort 1996

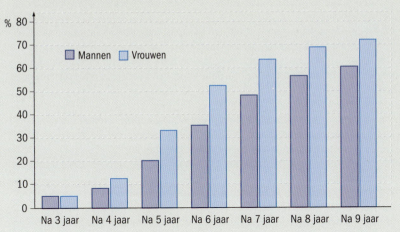

Bron: CBS

Jonge vrouwen veel hoger opgeleid dan vroeger

Vrouwen van 25–34 jaar hebben inmiddels vaker een hoog opleidingsniveau dan mannen. Het opleidingsniveau van vrouwen is de laatste decennia hard omhooggegaan. Van de vrouwen van 55–64 jaar heeft 17 procent een hoge opleiding, tegen 29 procent van de mannen. Van de vrouwen van 25–34 jaar heeft 36 procent een hoge opleiding, van de mannen 32 procent. In één generatie is het aandeel vrouwen met een hoge opleiding meer dan verdubbeld, terwijl het bij de mannen slechts licht is gestegen.

Opleidingsniveau bevolking, 2005

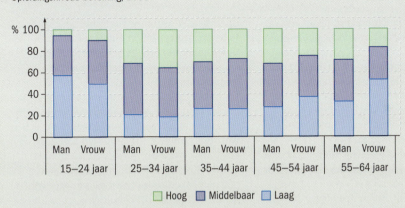

Bron: CBS

7 maart 2007

a Geef een conclusie op basis van het cijfermateriaal dat in het artikel voorkomt.
b Welk vervolgonderzoek zou je willen instellen om te kijken of de emancipatie is voltooid?
c Welke onderzoeksvragen van dit (zie **b**) onderzoek kun je via deskresearch en welke via fieldresearch achterhalen?
d Geef aan wat de voor- en nadelen zijn van deze vorm van deskresearch boven fieldresearch om te achterhalen hoe het gesteld is met de emancipatie.

4.3 Met deze opdracht komen we terug op het onderzoek 'winkeltijden' van hoofdstuk 1 (opdracht **2.1**).
a Welke rol zou deskresearch in dit onderzoek spelen?
b Zoek informatie over dit onderwerp via internet, wat zijn je bronnen en hoe beoordeel je die?
c Welke conclusies kun je trekken op basis van de uitkomsten van je onderzoekje?
d Welke informatie zou je nog aanvullend via fieldresearch willen verzamelen?

4.4 Zoek op internet naar tips voor het zoeken op internet.
a Welke zoektermen heb je gebruikt?
b Welke strategie heb je gevolgd?
c Welk artikel leverde de beste tips op?
d Welke daarvan kende je nog niet?

4.5 Lees het artikel 'Buik open bij heuppatiënt'. En maak daarna de vragen.

DE VOLKSKRANT, 27 FEBRUARI 2007

Buik open bij heuppatiënt

Het is zaterdagochtend en bij het ziekenhuis meldt zich een man met acute buikpijnklachten.
De dienstdoende chirurg besluit tot een operatie. Als de anesthesiemedewerker de patiënt uiteindelijk oproept, is deze inmiddels per ongeluk verwisseld met iemand die de avond ervoor was binnengekomen met een heupfractuur.
De 'heupman' is onrustig, reageert gedesoriënteerd als hij de operatiekamer wordt ingereden, waar hij snel onder narcose wordt gebracht. Zodra de chirurg de buik openmaakt, realiseert hij zich zijn fout. Pas dan raadpleegt de specialist het patiëntendossier, sluit de buik en begint aan de heup.
Het is een voorbeeld uit het rapport dat de Inspectie van de Gezondheidszorg vandaag presenteert over de chaotische voorbereiding in ziekenhuizen van eenvoudige operaties. Een andere 'melding' beschrijft hoe een liesbreuk zich op papier van het linker- naar het rechterbeen verplaatst om 'gelukkig nog voor de operatie' weer te worden omgewisseld.
De Inspectie velt een hard en duidelijk oordeel: doordat de kwaliteit van medische dossiers bij operaties tekortschiet, wordt de patiënt geen verantwoorde zorg gegarandeerd. Ernstige fouten kunnen het gevolg zijn. De helft van de serieuze complicaties bij chirurgische ingrepen zijn volgens de Inspectie te vermijden.
De Inspectie heeft alle 94 ziekenhuizen in Nederland onderzocht. Uit het onderzoek blijkt dat in vrijwel geen ziekenhuis alle gegevens over de patiënt op één vaste plek te vinden zijn. Op de inhoud van de dossiers valt eveneens het nodige aan te merken. Bij ruim een kwart van de papieren

ontbreekt de naam van de patiënt en die van de verantwoordelijke arts; verwijsbrieven zitten er niet bij; informatie over allergieën is afwezig. Verder informeren anesthesisten en chirurgen elkaar meestal niet over hun bevindingen en zijn er geen afspraken hoe de patiënt op de hoogte wordt gehouden.

Op de vraag of medische dossiers goed toegankelijk en van betrouwbare kwaliteit zijn, antwoordt de Inspectie 'kort en bondig: nee'. Na het rapport over de voorbereiding van operaties, presenteert de Inspectie binnenkort ook rapporten over de kwaliteit van de ingreep zelf en de nazorg.

a Wat heeft de Inspectie van de Gezondheidszorg gebruikt voor deskresearch?
b De Inspectie gaat binnenkort rapporteren over de kwaliteit van de ingreep zelf en de nazorg. Hoe zou jij de kwaliteit van de ingreep zelf en de nazorg gaan onderzoeken?

Driekwart prostituees uitgebuit

iPhone-gebruiker antwoordt eerlijker via sms

Gehoorschade? Jeugd zit er niet mee

Voetgangers in steden lopen steeds sneller

Duitse grap favoriet bij vrouwen

5
Kwalitatief onderzoek

5.1 Interviews
5.2 Focusgroepen
5.3 Observatie
5.4 Casestudy
5.5 Online kwalitatief onderzoek

Bij kwalitatief onderzoek draait het om de diepte: veel informatie verkrijgen over meestal weinig onderzoekseenheden. Die informatie kan op verschillende manieren verkregen worden. We behandelen hier de meest voorkomende, achtereenvolgens: het interview, de focusgroep, observeren en de casestudy. We kiezen voor een praktische benadering, met veel aandacht voor vaardigheden. Uiteraard sluiten we het hoofdstuk weer af met een aantal opdrachten.

Na bestudering van dit hoofdstuk moet je in staat zijn om:
- een opzet te maken voor een kwalitatief interview
- een interview uit te voeren
- een interviewverslag te maken
- een opzet voor een focusgroep te maken
- een observatie-instrument te maken
- een casestudy op te zetten

Paspop 'kijkt' met winkelend publiek mee

Winkelend publiek in Italië is zelfs voor de paspoppen niet meer veilig. Een bedrijf biedt daar speciaal ontworpen paspoppen aan met een camera in de ogen. De poppen bestuderen het winkelgedrag van de consument en houden potentiële winkeldieven nauwlettend in de gaten. Omdat ze op ooghoogte staan van het publiek, zien ze meer dan de doorsneecamera's die aan het plafond hangen en gaan ze ook nog eens moeiteloos op in de winkel.

En daar blijft het niet bij. De camera is gekoppeld aan een computer die behalve de beelden registreert, ook nog eens de etniciteit, de leeftijd en het geslacht van het 'doel' ziet. Privacy-waakhonden opgelet: de beelden worden niet opgeslagen.

EyeSee

Het gaat om de zogenaamde 'EyeSee-poppen' die door het Italiaanse bedrijf Almax gemaakt worden. De eigenaar van het bedrijf zegt tegen persbureau Bloomberg dat het al tientallen poppen heeft verkocht. En niet alleen in Italië: volgens de topman heeft zijn bedrijf de poppen al naar drie Europese landen en naar de Verenigde Staten geëxporteerd. Geruchten gaan dat ook Nederlandse winkels interesse hebben.

En nut hebben de poppen. Een van de klanten 'zag' via de poppen bijvoorbeeld dat er veel kinderen in zijn winkel rondlopen. Daarom gaat hij nu meer kinderkleding verkopen. Een andere winkelier zag juist dat zijn shop veel Aziatische klanten trekt. Daarom heeft hij nu een Chinese tolk voor de deur gezet om de klanten tegemoet te komen. Mocht je zo'n pop willen aanschaffen, het snufje technologie kost wel wat: zo'n 4.000 euro.

Bron: www.nos.nl, 22 november 2012

5.1 Interviews

Interviews zijn een belangrijke bron van informatie tijdens bijna elk onderzoek. De eerste manier waarop interviews worden ingezet, is in het begin van het onderzoek. Een interview met een expert kan dan helpen om het probleem helder te krijgen. Deze expertinterviews kun je ook gebruiken om achter geschikte literatuur en zoekwoorden te komen voor je deskresearch. Gedurende het onderzoek praat je natuurlijk met heel veel mensen en raadpleeg je verschillende personen. Vaak wordt ten onrechte gedacht dat dit niet als onderdeel van je onderzoek geldt. Veel studenten melden deze gesprekken niet en er volgt geen verantwoording met wie ze waarover hebben gesproken en wat dat heeft opgeleverd.

Expertinterviews

Wel worden op basis van deze informatie conclusies getrokken en worden zaken beschreven alsof ze zelf bedacht zijn. Dat is uitdrukkelijk niet de bedoeling. Alle gesprekken die informatie hebben opgeleverd, zijn het waard om in het verslag te vermelden.

Pas als je aangeeft wie je op welke manier over welk onderwerp hebt ondervraagd, kan de lezer inschatten hoeveel waarde moet worden toegekend aan de informatie die de gesprekken hebben opgeleverd.

Een tweede manier waarop interviews worden ingezet, is als kern van het onderzoek, om rechtstreeks de deelvragen te beantwoorden. Interviews verschillen in de mate waarin van tevoren is vastgelegd wat ze moeten opleveren. Hoe concreter is omschreven wat het interview moet opleveren, hoe meer de interviewvragen en ook de antwoordcategorieën van tevoren worden vastgelegd.

We behandelen in deze paragraaf de ontwikkeling van het interviewschema, de soorten interviews, de voorbereiding van het interview, het houden van het interview en tot slot de rapportage.

5.1.1 Onderzoeksvragen, variabelen en operationalisaties

De eerste stap die je moet zetten voordat je een interview kunt gaan afnemen, is bedenken welke informatie het interview moet opleveren.

In het werkplan heb je de onderzoeksvragen en eventueel het conceptueel model gemaakt. Op basis hiervan maak je een lijst met de in kaart te brengen variabelen. Deze variabelen moeten vertaald worden in meetbare termen. Dit noemen we operationaliseren.

Operationaliseren

Niet elke variabele leent zich ervoor om rechtstreeks in een enquête opgenomen te worden. Soms moet je eerst indicatoren zoeken om de variabele in kaart te kunnen brengen. Indicatoren zijn op te vatten als verschillende aspecten van de variabele, ofwel verschillende manieren om de variabele in kaart te brengen.

Indicatoren

Op basis van deze indicatoren kun je vervolgens interviewvragen formuleren, nadat je hebt gekozen via welke indiceringmethode je de vraag stelt. Je kunt zo een variabele op meerdere manieren in kaart brengen. In het algemeen geldt, dat op hoe meer manieren en met des te meer indicatoren je een variabele hebt gemeten, des te meer valide de resultaten zijn.

VOORBEELD 5.1

Je kunt proberen de variabele 'welstand' in kaart te brengen. Als je rechtstreeks naar de welstand van iemand vraagt, is de kans groot dat je of geen of een sociaal wenselijk antwoord krijgt. We gaan dus indicatoren zoeken voor welstand die we wel in een interview kunnen vragen. Eerst kijken we wat er samenhangt met welstand. We zouden bijvoorbeeld als indicator kunnen nemen hoeveel iemand verdient. Dit is nog steeds een rechtstreekse vraag. Als we het koppelen aan het begrip modaal inkomen en vragen of iemand minder, even veel of meer dan modaal verdient, is de kans al groter dat we een eerlijk antwoord krijgen. Het blijft echter een indicator die gevoelig is voor non-respons en sociale wenselijkheid. We kunnen daarnaast ook vragen naar het vakantiegedrag. De veronderstelling is hierbij dat luxezaken, zoals vakanties, eerder en vaker door welvarende mensen aangeschaft/gedaan worden dan door minder welvarende mensen. Een derde indicator zou kunnen zijn of iemand eerder wil stoppen met werken. De achterliggende gedachte is, dat iemand die zijn schaapjes op het droge heeft eerder in staat zal zijn te stoppen met werken.

Verstorende factor kan zijn dat sommige mensen wel zouden kunnen, maar niet zouden willen stoppen met werken voordat ze de pensioengerechtigde leeftijd hebben bereikt. Een laatste indicator die we hier noemen is huizenbezit: mensen met een koopwoning zullen gemiddeld welvarender zijn dan mensen in een huurwoning. Zie de volgende tabel.

Voorbeeld van de operationalisatie van de variabele 'welstand'

Variabelen	Indicator	Indiceringmethode	Vraag
Welstand	Inkomen	Zelfbeschrijving	Verdient u minder dan, meer dan of ongeveer hetzelfde als een modaal inkomen?
Idem	Vakanties	Gedrag	Hoe vaak gaat u per jaar op een buitenlandse vakantie?
Idem	Eerder stoppen met werken	Gedragsintentie	Bent u van plan voor het bereiken van uw pensioengerechtigde leeftijd te stoppen met werken?
Idem	Huisbezit	Feiten	Heeft u een eigen koopwoning?

Indiceringmethode

De indiceringmethode, zie ook tabel 5.1, is datgene waar je de respondent om vraagt: een beschrijving van zichzelf, hun gedrag, feiten of gedragsintenties. Meningen en houdingen (attitudes) worden via *zelfbeschrijving* of gedragsintenties in kaart gebracht. Gedrag via gedragsbeschrijving of feiten. Bij zelfbeschrijving, gedrag of gedragsintenties kan soms het ene antwoord aantrekkelijker voor de respondent zijn dan het andere. Bijvoorbeeld omdat de respondent denkt of vindt dat dit maatschappelijk geaccepteerder is of omdat hij denkt dat de interviewer dit graag wil horen. We hebben dan te maken met bewuste vertekening van de antwoorden.

Bij gedrag en feiten kan de beantwoording soms een beroep op het geheugen van de respondenten doen. Zeker als het wat verder in het verleden ligt, is het geheugen niet altijd feilloos. We hebben dan te maken met onbewuste vertekening. Bij het vragen naar attitudes en gedragsintenties kan gebrek aan kennis een verstorende factor zijn.

TABEL 5.1 Indiceringmethoden

Indiceringmethoden	Wat in kaart gebracht wordt	Storingsbronnen
Zelfbeschrijving	Houdingen en meningen (attitudes)	Kennis en sociale wenselijkheid
Gedrag	Gedrag	Sociale wenselijkheid en geheugen
Feiten	Gedrag en andere feiten	Sociale wenselijkheid en geheugen
Gedragsintenties	Meningen, houding, verwacht toekomstig gedrag	Sociale wenselijkheid en kennis

Als men gevraagd wordt naar iets waarvan men niet weet wat het inhoudt, hebben veel mensen de neiging toch een antwoord te geven. Zo bleek bij een tevredenheidenquête onder studenten een niet bestaand vak een 6,5 te krijgen.

5.1.2 Gestructureerde, halfgestructureerde en ongestructureerde interviews

We onderscheiden interviews naar de mate waarin de vragen van te voren vastliggen.

Bij gestructureerde interviews liggen de vragen (en soms ook de antwoordcategorieën) van tevoren vast. Bij halfgestructureerde interviews liggen alleen de onderwerpen vast die je wilt behandelen, maar is vaak alleen de beginvraag helemaal uitgeschreven. Bij ongestructureerde interviews ligt alleen het onderwerp van het interview vast en de beginvraag. Vervolgens wordt op basis van het antwoord doorgevraagd, totdat het onderwerp voldoende is behandeld.

Gestructureerde interviews
Halfgestructureerde interviews
Ongestructureerde interviews

Bepalend voor de mate van structuur in het interview, is de mate van voorkennis die je hebt. Hoe meer voorkennis, hoe beter je alle vragen gericht kunt stellen. Als je niet precies van tevoren weet wat relevant is en welke aspecten aan de orde gaan komen, ligt een halfgestructureerd of ongestructureerd interview voor de hand. Bij volledig gestructureerde interviews is het opstellen van het interviewschema vergelijkbaar met het maken van een kwantitatieve enquête (zie hoofdstuk 7).

5.1.3 Opzetten en voorbereiden van het interview

Het interview heeft een aantal voordelen ten opzichte van andere methoden van informatie verzamelen.

Voordeel van een interview is dat bijvoorbeeld toonkaarten kunnen worden gebruikt. Dit kan op papier, maar natuurlijk ook op een tablet. Respondenten krijgen dan een kaart waar de antwoordmogelijkheden op staan, eventueel ondersteund door plaatjes. Ze hoeven dan alleen a, b, c of d te antwoorden. Bij vragen die sociaal wenselijke antwoorden uitlokken, kan dit een groot voordeel zijn. Een ander voordeel van mondelinge interviews is dat de controle op de respons groter is. Vragen kunnen niet bewust of per ongeluk worden overgeslagen door de respondent. Nog een voordeel is dat bij onduidelijkheid van vragen de interviewer nog een extra toelichting kan geven. Bij straatenquêtes of enquêtes in een winkel of op een evenement ligt een mondelinge afname voor de hand. Schriftelijk is de respons in deze situaties veel lager.

Toonkaarten

Straatenquêtes

Het interview kent verschillende fasen:
1 het maken van de opzet
2 het voorbereiden
3 het voeren van het gesprek
4 het maken van een verslag

We behandelen hierna de eerste twee punten. In de volgende subparagrafen bespreken we punt 3 en 4.

Maken van de opzet van een interview
Voor de opzet van een interview moet je het volgende weten:
1 wat je gaat vragen: opstellen van de vragenlijst
2 wie je gaat interviewen: keuze respondenten
3 hoe je gaat interviewen: bepalen van de manier van afname

Ad 1 Wat: opstellen van de vragenlijst
Je stelt een ongestructureerde, halfgestructureerde of gestructureerde vragenlijst op. De vragen zijn afgeleid van wat je te weten wilt komen en hoe je dat wilt achterhalen (variabele–indicator–vraag). De volgorde van de vragenlijst is niet willekeurig. Neem de volgende aandachtspunten in acht:

Screeningvragen
- Begin met screeningvragen: valt iemand wel in de doelgroep?
- Begin met een leuke, motiverende, makkelijk te beantwoorden vraag. Met name bij straatenquêtes moet de aandacht worden getrokken.
- Stel in het begin niet te moeilijke vragen, men moet er nog inkomen, ook geen vragen die men liever niet wil beantwoorden. De vertrouwensband moet nog opgebouwd worden.
- Stel in het middenstuk de moeilijke vragen.
- Stel aan het einde de vertrouwelijke vragen, bijvoorbeeld de demografische vragen. Liefst geen moeilijke vragen aan het einde, want de aandacht verslapt weer wat.
- Plaats onderwerpen op een logische wijze bij elkaar.
- Zorg voor een goede overgang tussen de onderwerpen. Sluit elk onderwerp af met een korte samenvatting.
- Vraag eerst naar spontane en dan naar geholpen zaken (zoals naamsbekendheid, kennisaspecten en tevredenheid op deelaspecten). Ga van algemeen naar specifiek.

Ad 2 Wie: inventariseren van de personen die je gaat interviewen
Afhankelijk van het onderwerp kies je uit wie je het beste van informatie kan voorzien.
Bij expertinterviews kun je denken aan:
- wetenschappers
- docenten
- opdrachtgevers
- mensen van brancheorganisaties
- vertegenwoordigers van belangenorganisaties zoals patiëntenverenigingen, natuur- en milieuorganisaties en beroepsorganisatie

Geschikte informanten
Om geschikte informanten te vinden, kun je:
- tips vragen aan collega's, medestudenten en begeleiders
- auteurs van een relevant rapport of artikel opzoeken
- informatie over alle lopende onderzoeken bij universiteiten en overheidsinstellingen opzoeken bij de Nederlandse Onderzoek Databank en het Nederlands Instituut voor Wetenschappelijke Informatiediensten

Contactgegevens van mogelijke informanten kun je vaak via het telefoonboek of internet achterhalen, zoals via LinkedIn.
Expertinterviews leveren soms meer op dan enquêtes onder de populatie zouden doen. Zie het krantenartikel 'Driekwart prostituees uitgebuit'.

Bij interviews die generaliseerbaar moeten zijn naar een populatie, moet je goed kijken naar een evenredige vertegenwoordiging van belangrijke subgroepen voor zover die relevant zijn voor het onderwerp. Je moet je dus eerst afvragen hoe de populatie eruitziet en welke groepen in het onderzoek betrokken moeten worden. Dan is van belang een goede afspiegeling daarvan in de steekproef te krijgen. Bij de steekproefverantwoording moet je daarop **Matrixmethode** ingaan. Je kunt hierbij een matrixmethode hanteren (Groenland, 2001). Stel je wilt bijvoorbeeld uitspraken doen over het favoriete tv-programma van

DE VOLKSKRANT, 5 MEI 2007

Driekwart prostituees uitgebuit

Prostituees ontkennen doorgaans uitbuiting maar volgens de politie geldt het tegendeel. Mishandeling is schering en inslag.

AMSTERDAM/DEN HAAG – Zo'n 70 tot 80 procent van de raamprostituees in Nederland is slachtoffer van mensenhandel. Ze worden bedreigd, gedwongen klanten te ontvangen of moeten een flink deel van hun inkomsten afstaan aan een pooier. Dat blijkt uit gesprekken met de landelijk coördinator mensenhandel van de politie, zedenrechercheurs en diverse medewerkers van de Nationale Recherche.
Het percentage slachtoffers is beduidend hoger dan werd gedacht. Dat komt doordat veel schattingen zijn gebaseerd op verklaringen van prostituees. Die ontkennen doorgaans dat ze worden uitgebuit of gedwongen, maar uit getuigenverklaringen, telefoontaps en observaties blijkt volgens de politie het tegendeel.
De opheffing van het bordeelverbod in 2000 en de toegenomen controles bij seksbedrijven hebben volgens de politie geen einde gemaakt aan dwang en uitbuiting, omdat dit moeilijk te bewijzen is. Wel is het aantal minderjarige en illegale prostituees teruggedrongen.
De Volkskrant volgde zes weken lang specialisten van de politie die onderzoek doen naar een gewelddadige organisatie van mensenhandelaars. De bende liet de afgelopen jaren minstens negentig prostituees tegen hun wil werken achter ramen in Amsterdam, Utrecht, Alkmaar en Den Haag. De vrouwen werden bewaakt door bodyguards en op gruwelijke manieren mishandeld.
'Deze organisatie is slechts het topje van de ijsberg', zegt Jan van Til, teamleider van de Unit Noord- en Oost-Nederland van de Nationale Recherche. Zijn medewerkers doen onderzoek naar deze bende, waarvan inmiddels leden zijn aangehouden.
'Er zijn meer van dit soort organisaties', stelt Henk Werson, landelijk co-coördinator mensenhandel bij de politie. 'Veel prostituees moeten van hun pooier duizenden euro's per week verdienen en worden mishandeld als dat niet lukt.'

kijkers. Als je veronderstelt dat geslacht, leeftijd en opleiding een belangrijke rol spelen, kun je de volgende matrix maken (zie tabel 5.2).

TABEL 5.2 Matrixmethode

Man	Man	Man	Man	Vrouw	Vrouw	Vrouw	Vrouw
Jong	Oud	Jong	Oud	Jong	Oud	Jong	Oud
Lager opgeleid	Lager opgeleid	Hoger opgeleid	Hoger opgeleid	Lager opgeleid	Lager opgeleid	Hoger opgeleid	Hoger opgeleid

Met 8 interviews heb je nu 4 mannen en 4 vrouwen, 4 ouderen en 4 jongeren, en 4 lager opgeleiden en 4 hoger opgeleiden. Als je bij elke cel 2 mensen interviewt, heb je met 16 interviews voldoende respondenten om een uitspraak te doen over al deze drie variabelen in relatie tot hun favoriete tv-programma. Zonder de matrixmethode zou je 3 × 16 = 48 respondenten nodig hebben.

Ad 3 Hoe: face-to-face, telefonisch of via internet
Als je een informant hebt gevonden, moet je eerst bepalen hoe je het interview wilt houden: face-to-face, telefonisch of via internet. De vorm die je kiest, is van invloed op de resultaten van het gesprek.

Face-to-face-interview
In een face-to-face-interview kun je het non-verbale gedrag van de informant observeren. Reacties op je vragen als armgebaren, hoofdschudden, wegkijken en met de ogen knipperen zijn vaak een waardevolle aanvulling op de woordelijke informatie die je krijgt. Bovendien heeft een face-to-face-interview vaak een persoonlijke sfeer, waardoor je eerder meer boven tafel krijgt. Telefonische interviews en interviews via internet, daarentegen, kunnen meestal op kortere termijn gepland worden. Ze zijn sneller, korter en zakelijker. Interviews via internet kunnen via een chatprogramma afgenomen worden. Voordeel hiervan is dat de geïnterviewde zelf de antwoorden intypt, die vervolgens eenvoudig kunnen worden verwerkt.

www.scientias.nl

iPhone-gebruiker antwoordt eerlijker via sms

Wilt u iemand een gevoelige vraag stellen? Doe het via sms. De kans is dan namelijk groter dat u een eerlijk antwoord krijgt.

Dat blijkt uit een onderzoek van de universiteit van Michigan. 'De eerste resultaten van ons onderzoek suggereren dat mensen sterker geneigd zijn om gevoelige informatie via sms te verschaffen dan tijdens een interview', vertelt onderzoeker Fred Conrad.

iPhone
De onderzoekers verzamelden 600 mensen die in het bezit waren van een iPhone. De onderzoekers wilden weten welke factoren invloed hadden op de

antwoorden die de proefpersonen in reactie op hun vraag gaven. Bijvoorbeeld: maakt het uit of een persoon of een computer de vragen stelt? Of maakt het uit of de vragen via de telefoon of sms worden gesteld? En welke invloed heeft de aanwezigheid van andere mensen op de antwoorden? En hoe antwoorden mensen als ze aan het multitasken zijn?

Resultaten
Het onderzoek levert enkele opvallende resultaten op. Zo bleken mensen bepaalde vragen via sms eerlijker te beantwoorden. 'Het lijkt erop dat sms'en de neiging van mensen om de waarheid te verbergen of zichzelf beter voor te doen dan ze zijn, beperkt.' Zo gaven de proefpersonen via sms een veel eerlijker antwoord op vragen als: 'hoe vaak ga je in een gemiddelde week naar de sportschool?' en 'hoe vaak heb je de afgelopen 30 dagen tijdens één gelegenheid vijf of meer drankjes op?'. Zelfs wanneer mensen tijdens het sms-en werden afgeleid of wanneer ze wisten dat de vraag via de sms door een echte persoon (en dus niet door een computer) werd gesteld, gaven ze nog eerlijker antwoord. En dat is verrassend. Want de antwoorden die mensen via sms geven, lekken toch gemakkelijker uit dan gesproken woorden. De sms'jes blijven namelijk bewaard en de kans dat iemand anders de antwoorden ziet, is aanwezig.

21 mei 2012

Voorbereiden van het interview
Als je hebt bepaald wie je waarom over welk onderwerp op welke manier wilt interviewen, zijn er enkele praktische zaken die je aandacht vragen:
1 Maak een afspraak.
2 Bepaal een geschikte locatie.
3 Denk na over opnameapparatuur.

Ad 1 Maak een afspraak
Als je weet wie je wilt interviewen, maak je eerst een afspraak.
Let op het volgende:
- Vertel duidelijk wie je bent, wat je wilt en waarom je die persoon wilt interviewen.
- Geef aan hoelang het interview duurt. Stelregel daarbij is dat een mondeling interview in de regel maximaal een uur mag duren.
- Maak je verwachtingen over de gewenste voorbereiding duidelijk. Moet de geïnterviewde bijvoorbeeld van tevoren informatie opzoeken? Soms is het handig om het interviewschema van tevoren toe te sturen of te mailen.

Ad 2 Bepaal een geschikte locatie
Ga op zoek naar een locatie en let daarbij op het volgende:
- Je hebt een rustige locatie nodig.
- Zorg dat er geen anderen aanwezig zijn.

Ad 3 Denk na over opnameapparatuur
Naast je schriftelijke aantekeningen is het soms handig om opnames van het gesprek te maken. Mocht je zaken gemist hebben, dan kun je die later nog eens terugluisteren. Maak echter altijd aantekeningen: een volledige

opname uitwerken kost erg veel tijd. Verder zit niet elke respondent erop te wachten dat alles wat hij of zij vertelt, wordt opgenomen; vraag dus altijd om toestemming. Met een smartphone kun je meestal goede geluidsopnames maken.

5.1.4 Voeren van het gesprek
We kijken eerst naar de opzet van het interview en daarna gaan we in op de gespreksvaardigheden.

Opzet van het interview
Voorwaarde voor een goed gesprek is dat het een heldere opzet heeft, met een inleiding, een kern en een afsluiting.

Inleiding
In de inleiding leg je de basis voor het gesprek. Je zorgt ervoor dat de informant een duidelijk en volledig beeld krijgt van wie je bent en met welk doel je hem interviewt.
Daarnaast is het voor het verloop van het interview handig om voor een prettige sfeer te zorgen. Enkele tips daarvoor:

Prettige sfeer
- Introduceer jezelf goed.
- Vraag eventueel toestemming voor een opname.
- Benadruk de waarde van de informant: die is heel waardevol voor jou, daarom kom je bij hem of haar op bezoek.
- Zorg voor een prettige setting: ga niet recht tegenover de informant zitten, zorg voor een hoek van 90° of iets minder.
- Zorg voor koffie of thee.

Kern
Bij de kern gaat het erom je informant zover te krijgen dat hij je vragen volledig beantwoordt. Gun jezelf tijd om na te denken over een antwoord. Is het bruikbaar? Is het volledig? Is het relevant? Is het duidelijk? Vaak moet je doorvragen om tot de kern van de zaak te komen:

Kern van de zaak
- Herhaal de vraag.
- Verduidelijk de vraag.
- Herhaal (een deel van) het antwoord.
- Parafraseer het antwoord of vat het samen.
- Vraag ongericht door: hoe bedoelt u? Kunt u daar wat meer over zeggen? Het is mij nog niet precies duidelijk.
- Vraag gericht door: hoe kwam dat? Waarom denkt u dat? En toen?
- Zwijg: vaak is een denkpauze genoeg om de informant verder te laten praten, de meeste mensen houden niet van stiltes. Stiltes laten vallen is vaak een sterk middel om mensen verder te laten praten.
- Laat merken dat je luistert: hum, papegaai (= herhaal de laatste woorden), kijk en knik.

Afsluiting
Sluit het interview goed af. Bedank de informant voor zijn medewerking. Soms is het ook handig nog even terug te komen op het doel van het interview en te vertellen wat je nu verder met de informatie gaat doen. Je kunt bijvoorbeeld beloven het verslag van het interview op te sturen. Een kleine attentie geven, creëert ook veel goodwill.

Gespreksvaardigheden
Interviewen stelt hoge eisen aan de gespreksvaardigheden van de interviewer. We laten nu enkele gespreksvaardigheden de revue passeren:
- luisteren
- open vragen stellen
- gesloten vragen stellen
- doorvragen
- parafraseren
- samenvatten
- gevoel reflecteren
- interpreteren

Luisteren
Actief luisteren is niet alleen horen wat de ander zegt, maar ook proberen te begrijpen wat de ander zegt. Bovendien stellen luistervaardigheden je in staat de ander te laten weten dat je luistert, de ander zijn verhaal te laten vertellen, en, wanneer dat nodig is, te laten verduidelijken. Luisteren kan worden onderscheiden in:
1 *Non-verbaal luisteren*
   Een houding die acceptatie en interesse uitdrukt, vertelt de ander dat je luistert. Je kunt dat bereiken met:
- je *gezichtsuitdrukking*
- *oogcontact*: iemand aankijken betekent dat je aandacht voor hem hebt, maar iemand strak aankijken (fixeren) werkt remmend
- je *lichaamstaal*: een geïnteresseerde houding is licht voorovergebogen, met de schouders naar de ander toegedraaid
- *houdingsecho*: mensen die elkaar sympathiek vinden, zijn (onbewust) geneigd elkaars lichaamshouding te kopiëren; je kunt hier natuurlijk ook bewust gebruik van maken
- *aanmoedigende gebaren* (knikken en handgebaren): pas op voor onbewuste *zenuwtics*: wiebelen met voeten, klikken met pennen en dergelijke

2 *Verbaal luisteren*
   Door wat je zelf zegt, kun je iemand laten merken dat je luistert, kun je de ander zijn verhaal laten vertellen en laten verduidelijken. Dit doe je met:
- *aanmoedigingen*: je kunt een respondent aanmoedigen verder te praten door:
   – het geven van korte verbale reacties, zoals 'hm', 'ja', 'oh?'; 'en toen?'; 'ga verder'
   – te papegaaien, dat wil zeggen één / enkele woorden van het einde van de laatste zin van de geïnterviewde op vragende toon herhalen
- *stiltes*: door zelf te zwijgen, bied je de ander de gelegenheid rustig na te denken over wat hij gezegd heeft en er eventueel nog iets aan toe te voegen
- *vragen stellen*: met vragen kun je je gesprekspartner aanmoedigen om zijn verhaal verder te vertellen of te verduidelijken; je kunt open en gesloten vragen stellen

Open vragen stellen
Een voorbeeld van een open vraag is: wanneer spreekt u over een geslaagde vakantie?
Met een open vraag geef je je gesprekspartner de ruimte om te vertellen wat hij belangrijk vindt. Hij kan zijn eigen antwoord formuleren en zelf de

richting en inhoud van het gesprek bepalen. Als je open vragen gebruikt, heb je wel kans dat de ander (te) erg uitweidt over het onderwerp.

Waaromvraag De waaromvraag is een speciaal type open vraag waarmee je je gesprekspartner kan aanzetten om zijn gedachten verder te verkennen. Zo'n vraag kan echter bedreigend op je gesprekspartner overkomen – alsof hij ter verantwoording wordt geroepen. Gebruik hem dus met beleid.

Gesloten vragen stellen
Een voorbeeld van een gesloten vraag is: vindt u het acceptabel als winkels op zondag open zijn?
Met een gesloten vraag kun je specifieke informatie van je gesprekspartner verkrijgen en je kunt nagaan of je de ander goed begrepen hebt. Een gesloten vraag levert een antwoord op als 'ja', 'nee' of een ander enkelvoudig antwoord. Dat kan prettig zijn, maar:
- je gesprekspartner kan het gevoel krijgen dat hij beperkt wordt in zijn antwoorden en gefrustreerd raken
- gesloten vragen kunnen suggestief zijn
- je gesprekspartner krijgt een passieve rol, voelt zich daardoor misschien minder verantwoordelijk voor het gesprek, geeft steeds kortere antwoorden, en jij moet steeds weer nieuwe vragen bedenken

Doorvragen
Gun jezelf de tijd om na te denken over het antwoord. Is het bruikbaar? Is het volledig? Is het relevant? Is het duidelijk? Vaak kom je pas echt tot de kern van de zaak als je:
- de vraag herhaalt of verduidelijkt
- (een deel van) het antwoord herhaalt / parafraseert / samenvat
- ongericht expliciet doorvraagt (Hoe bedoelt u? Kunt u daar wat meer over zeggen? Het is mij nog niet precies duidelijk.)
- gericht expliciet doorvraagt (Hoe kwam dat? Waarom denkt u dat? En toen?)
- een concreet voorbeeld vraagt

Parafraseren
Door kort, in eigen woorden de belangrijkste elementen uit het verhaal van je gesprekspartner weer te geven, kun je:
- je gesprekspartner laten weten dat je luistert
- nagaan of je de ander goed begrepen hebt
- je gesprekspartner een helderder beeld geven van wat er aan de hand is

Samenvatten
Door gestructureerd de hoofdpunten uit een lang verhaal van je gesprekspartner weer te geven, kun je:
- de ander laten merken dat je luistert
- je gesprekspartner stimuleren zijn gedachten en gevoelens verder te onderzoeken
- nagaan of je de ander goed begrepen hebt
- het gesprek ordenen

Geef je gesprekspartner altijd de gelegenheid om te zeggen of hij het eens is met je samenvatting.

Gevoel reflecteren
Soms moet je aandacht besteden aan de gevoelens van je gesprekspartner. Je kunt dan kort, in eigen woorden, weergeven welk gevoel – volgens jou – of welke beleving je gesprekspartner heeft of had ten opzichte van wat hij vertelt:

Gevoelens

- U bent boos.
- U vindt het een moeilijke opdracht.
- U hebt er eigenlijk niet zo'n zin in.

Natuurlijk is het niet de bedoeling dat je een waardeoordeel uitspreekt over die gevoelens;
het gaat erom dat je begrip toont. Daarmee:

Begrip tonen

- merkt de ander dat zijn gevoelens begrepen en geaccepteerd worden
- laat je zien dat je je in de belevingswereld van je gesprekspartner kunt verplaatsen
- kun je checken of je de gevoelens van de ander goed ingeschat hebt

Interpreteren
Terwijl je luistert, ben je voortdurend aan het interpreteren. Je probeert de informatie van je gesprekspartner te ordenen. Je probeert samenhang te ontdekken tussen bepaalde gegevens en je zoekt naar verklaringen voor bepaalde uitspraken. In een gesprek kun je dit middel soms expliciet (dus op metaniveau) inzetten om de gesprekspartner te dwingen zich nader uit te drukken of om tot nieuwe inzichten te komen.

Het is belangrijk om het gesprek goed af te sluiten.

Gesprek goed afsluiten

Het artikel 'Gehoorschade? Jeugd zit er niet mee' is een voorbeeld van interviewen op een locatie die niet geheel optimaal genoemd kan worden. Het is dan extra lastig om de gesprekstechnieken goed toe te passen.

DE VOLKSKRANT, 6 APRIL 2007

Gehoorschade? Jeugd zit er niet mee

71 procent van de jongeren is zich bewust van het risico op gehoorschade door luide muziek, blijkt uit onderzoek. Maar ze doen er niets aan.

Marijn Lansbergen (20), student media en cultuur, Eugène Hoogstad (25), student socio- en psychologie, Eelke Brouwers (20), studente psychobiologie, Trude Dijkstra (19), studente geschiedenis

'Dansen is mijn leven. Maar om een dansopleiding te volgen, moet je een gehoortest doen, en daar zou ik niet voor slagen.' Sharmaine Doesberg (16) leeft al twee jaar met een voortdurende piep in haar oren. Toen ze twee weken na een punkconcert nog last had, stapte ze naar de dokter, maar de ruis ging nooit meer weg. Hoe harder hoe beter, was Sharmaines motto. 'Nu nog altijd, daarom heb ik bewust geen mp3-speler.'
46 procent van de jongeren tussen 16 en 29 jaar heeft wel eens last van zijn oren. 71 procent van de tieners en twintigers is zich wel bewust van de risico's van te veel lawaai, maar onderneemt geen actie om gehoorschade te voorkomen. Dat blijkt uit een onderzoek onder vijfhonderd jongeren in opdracht van de Gezamenlijke

Audiologische Industrie Nederland (GAIN), de brancheorganisatie van de gehoortechnologie. Het onderzoek is onderdeel van de campagne Hoor jij erbij?, die vanavond van start gaat tijdens het dance-event Awakenings op het terrein van de Amsterdamse Westergasfabriek. Oordopjes en flyers zullen worden uitgedeeld aan het publiek. 43 procent van de jongeren heeft na het uitgaan 1 tot 12 uur last van een fluittoon, wat volgens GAIN al wijst op gehoorschade. 'De pijngrens voor menselijke oren ligt op 140 decibel,' zegt Jan de Laat, audioloog bij het Leids Universitair Medisch Centrum. 'Uit metingen die ik heb gedaan, blijkt dat in discotheken vaak 125 tot 128 wordt gehaald. Mp3-spelers halen onvervormd makkelijk 130 decibel. Onnodig te zeggen dat dat schade toebrengt aan het gehoor.'

De Laat ziet steeds vaker jongeren op zijn spreekuur verschijnen. 'Uit cijfers van een paar jaar geleden blijkt dat er jaarlijks 20 duizend jongeren met gehoorschade bijkomen. En dat aantal is intussen zonder twijfel opgelopen.'

Tijdens een dance-event waar 20 duizend jongeren op af waren gekomen, hoorde 70 procent bij het weggaan een ruis. 'Maar die is morgen weg,' zeggen ze dan. Terwijl dat niet zo is. Elke keer opnieuw gaan tientallen haarcellen kapot, en die zijn onherstelbaar.'

De gevoelige haarcellen in het binnenoor zijn te vergelijken met een korenveld, schetst de audioloog: 'De aren wuiven heen en weer in de wind, maar komen weer overeind als het windstil is. Tenzij er een flinke storm losbreekt, dan knakken ze door.'

Gehoorverlies, maar ook overgevoeligheid voor geluid of een gekmakende fluittoon – zoals bij Sharmaine – kunnen het gevolg zijn.

GAIN wil met deze campagne jongeren bewust maken van de risico's die ze lopen. 'Omdat het zo geleidelijk gaat, merk je het niet. We richten ons speciaal op jonge mensen, bij gehoorschade wordt te vaak aan oude mensen gedacht.'

Wat kunnen jongeren doen om de gehoorschade te beperken? 'Ga niet elke dag uit. Ga je toch, draag oordopjes, liefst op maat gemaakte. Ga geregeld even naar buiten om je oren wat rust te gunnen. En zet je iPod niet te luid: een normaal gesprek met iemand naast je moet nog mogelijk zijn.' Zelf een gehoortest doen? Dat kan op www.oorcheck.nl.

5.1.5 Maken van het verslag

Tijdens het gesprek moet je de kern van het antwoord met pen en papier noteren. Bij ingewikkelde onderwerpen kan het daarom soms handig zijn om met z'n tweeën te zijn. De een kan dan vragen stellen en de ander kan notuleren en bijvoorbeeld de tijd in de gaten houden. Besluit van tevoren of je het gesprek al dan niet wilt opnemen.

Verslag van het interview

Maak zo snel mogelijk na elk interview een verslag van het interview. Het gesprek zit dan nog vers in je geheugen en het kost je daardoor minder tijd om een gesprek goed uit te werken. Doe je het te lang na het interview, dan heb je de kans dat het of een veel te kort verslag wordt waar essentiële informatie uit ontbreekt, of dat je het hele gesprek nog een keer moet afluisteren. Leg indien mogelijk het gespreksverslag aan de geïnterviewde voor. Deze kan dan checken of je hem/haar goed begrepen hebt, of er belangrijke informatie ontbreekt en of er feitelijke onjuistheden in staan. Na alle interviews ga je op zoek naar verbanden en verschillen, en ga je conclusies trekken. Het zetten van informatie in tabellen kan je hierbij helpen. In hoofdstuk 8 gaan we dieper in op de verslaglegging van kwalitatief onderzoek.

5.2 Focusgroepen

Een focusgroep is een soort groepsdiscussie waarbij het doel is zo veel mogelijk ideeën te genereren, achtergronden en mogelijke verklaringen te vinden of toekomstvisies te beschrijven. Belangrijk is om de juiste respondenten in de groep te hebben.
Denk eerst goed na over wie je in de groep wilt hebben. Welke kenmerken moeten de respondenten bezitten? En wat zijn de voor- en nadelen van focusgroepen?

5.2.1 Enkele kenmerken van een focusgroep

Kenmerken van een focusgroep zijn de volgende:
- Er zijn ongeveer zeven tot twaalf deelnemers, die op elkaar reageren.
- Aan de hand van een checklist worden vragen gesteld.
- Iedereen moet aan bod komen, dominante groepsleden moeten worden afgeremd en verlegen groepsleden gestimuleerd.
- De taken van de focusgroepleider zijn de tijd bewaken en de discussie leiden (aanmoedigen, afkappen, samenvatten, nieuw onderwerp aansnijden).
- Goede gesprekstechnieken zijn hierbij belangrijk (vragen stellen, aanmoedigen, reflecteren, parafraseren, samenvatten, papagaaien, hummen, stiltes laten vallen, aandachtgevend gedrag enzovoort).
- Het is aan te raden om de reacties die er uit de groep komen op een bord of flap-over te noteren. Dit lokt weer nieuwe reacties uit en men kan makkelijker op elkaar reageren. Ook na afloop is het vaak handig als de flap-overs meegenomen kunnen worden om te analyseren.

Opdrachtgevers vinden een groepsdiscussie vaak erg prettig om bij te wonen, indien mogelijk is het raadzaam dit achter een one-way screen (een scherm waar je van één kant door kan kijken) te laten plaatsvinden, of in een televisiekamer indien er camera's zijn opgesteld.

One-way screen

5.2.2 Voor- en nadelen van een focusgroep

Voordelen van de focusgroep zijn gelegen in de mogelijke diepgang van de resultaten. De dynamiek van de groep zorgt voor meerwaarde doordat respondenten elkaar kunnen stimuleren en op ideeën brengen.
Nadelen zijn ook tot de groepsdynamiek te herleiden. Het risico van 'groupthink' is aanwezig: een of enkele groepsleden kunnen dominant aanwezig zijn en mensen kunnen zich gaan conformeren aan de groepsnorm.
In het volgende voorbeeld promoot organisatieadviesbureau 'De Beuk' de focusgroep.

Groepsdynamiek

Focusgroep

Een 'focusgroep' is een onderzoekinstrument dat inzicht geeft in meningen, motiveringen en denkwijzen van specifieke doelgroepen. Een representatieve vertegenwoordiging van de doelgroep gaat in een goed voorbereid groepsgesprek de diepte in. Dat leidt tot relevante en bruikbare informatie over hun behoeften, belangen en motiveringsfactoren met betrekking tot een bepaald thema of onderwerp. Daarvan kan vruchtbaar gebruikgemaakt worden bij het uitzetten van bijvoorbeeld een veranderingsstrategie.

Basale kennis en inzichten

De uitvoering vereist een kwalitatieve voorbereiding en techniek. Een professionele groepsleider begeleidt het groepsgesprek in een observatieruimte met videoregistratie.

Meestal nemen zes tot tien participanten deel aan een twee tot drie uur durend gesprek. De gespreksleider introduceert het onderwerp op een open, directe en neutrale manier en nodigt de participanten uit om te reageren. De eerste fase van de discussie weerspiegelt dan ook de basale kennis en inzichten vanuit de doelgroep over het gekozen onderwerp. Daarna wordt de groep aangemoedigd om zelf nieuwe ideeën en concepten te leveren en eventueel probleemstellingen en oplossingsstrategieën te poneren.

Meerwaarde

De gespreksleider zorgt ervoor dat via de principes van de groepsdynamica een meerwaarde aan inzichten en resultaten wordt geproduceerd. In de loop van het groepsgesprek kunnen bepaalde geselecteerde gegevens, formules of een concrete benaderingswijze geïntroduceerd worden om de respons van de groep te testen.

Niet iedereen is echter onder de indruk van de focusgroep. In het artikel 'Het einde van de focusgroep' (bij Yahoo) wordt aangegeven waarom sommige bedrijven naar alternatieven hebben gezocht.

● www.usabilityweb.nl

Het einde van de focusgroep

Cammie Dunaway, hoofd marketing van Yahoo schrapt de focusgroep als methode van onderzoek. Er komt te weinig zinvolle informatie uit de focusgroepen. Het model waarbij klanten, onder deskundige begeleiding, hun feedback geven over een nieuw product en hierbij worden geobserveerd door onderzoekers is verouderd. Dat focusgroepen zo ineffectief zijn komt doordat:
- er een groot verschil zit tussen wat mensen zeggen en wat mensen doen
- mensen zich in een groep anders gedragen en niet het achterste van hun tong laten zien
- bepaalde mensen de overhand in een groep nemen
- onderzoekers vaak niet goed luisteren en de échte behoefte niet boven water weten te krijgen

Dunaway gelooft dan ook veel meer in wat zij noemt 'immersion-groups'. Hierbij spreken vier tot vijf mensen op een informele manier met de productontwikkelaars.
Niets geen observatieruimte, niets geen deskundige begeleider. Gewoon op een laagdrempelige informele manier mensen met elkaar laten babbelen. Omdat mensen bij het proces worden betrokken in plaats van te worden geobserveerd is het resultaat bevredigender.

13 januari 2006

5.3 Observatie

Een andere manier van kwalitatief onderzoek doen is het observeren van gedrag. Observatie is vooral geschikt om gedrag en voorkeuren te bestuderen. We zien in deze paragraaf dat de observatie verschillende vormen kan hebben. Ook gaan we in op de voorbereiding om een betrouwbare observatie te houden. Ten slotte bespreken we de inzet van de smartphone als middel van observatie.

5.3.1 Vormen van observaties

De observatie kan gestructureerd of ongestructureerd en participerend of niet-participerend zijn, en open of verborgen zijn.

Een gestructureerde observatie wil zeggen dat je van tevoren een bepaald doel hebt vastgesteld (waarom wil je observeren?). Daarbij kun je bepaalde methodieken (werkwijzen) gebruiken om te observeren. Een observatieschema is dan het onderzoeksinstrument. **Gestructureerd**

Een ongestructureerde observatie is het tegenovergestelde van een gestructureerde observatie. Er is geen observatieschema ontwikkeld en vooraf is niet vastgelegd wat er exact geobserveerd gaat worden. **Ongestructureerd**

Een participerende observatie wil zeggen dat jij als persoon betrokken bent binnen de situatie van de observatie, je bent dus zichtbaar en actief aanwezig. **Participerend**

Niet-participerend wil zeggen dat je buiten de situatie staat waarin wordt geobserveerd, je bent een buitenstaander en veelal niet zichtbaar voor de geobserveerden. **Niet-participerend**

Niet-zichtbare of verborgen observatie wordt ook wel *non-obtrusive* genoemd. Dit wil zeggen dat je als observator geen invloed op de geobserveerde situatie uitoefent.

Observatie is een veelgebruikte onderzoekstechniek in de sociale wetenschap. Een ander voorbeeld van observatie is mystery shoppen. Hierbij doe je je als klant voor en observeer je hoe je door de organisatie behandeld wordt. Het artikel 'Mysterie-shoppen sterk in opmars' illustreert hoe dit in z'n werk gaat. **Mystery shoppen**

NRC HANDELSBLAD, 4 NOVEMBER 2005

Mystery-shoppen sterk in opmars

Anoniem winkelketens bezoeken om personeel en assortiment te beoordelen: het mystery-shoppen. 'Het grootste probleem in Nederland is ongeïnteresseerd personeel.'

Saskia Brons loopt twee minuten rusteloos langs de schoenrekken, maar de medewerkster drie meter verderop in de winkel blijft bezig met opruimen. Bij een paar hoge zwarte laarzen blijft Brons staan. Ze krabt achter haar oor, staart langdurig naar een paar laarzen en wipt heen en weer op haar voeten. Ten slotte zegt ze duidelijk hoorbaar: 'Tsja!' Nóg geen reactie van het winkelpersoneel: dat is fout één.

Brons heeft een hoge wreef, dus weet ze niet goed welke laarzen geschikt voor haar zijn. Uiteindelijk: 'Laten we die maar proberen.' Ze pakt de laarzen uit het rek en pas dan komt de medewerkster naar haar toe. Fout twee: ze zegt geen goedemorgen, maar: 'Lukt het?'

Brons past de laarzen, maar is matig tevreden. 'Het knelt aan alle kanten.' Fout drie:

geen enkel medeleven van de verkoopster. Fout vier: ze biedt haar klant geen alternatief. Pas na aandringen pakt ze bijna willekeurig een ander paar laarzen. Fout vijf: die zijn bijna twee keer zo duur.

Zo gaat het nog een tijdje door. Tijdens het passen wijst de medewerkster op het grote belang van impregnerende spray voor de duurzaamheid van het leer, maar ze vergeet bij de kassa een spuitbus aan te bieden. Ook twijfelt ze over het leer waarvan de laars is gemaakt. In de winkel staan ongeveer twintig stapels schoenendozen, omdat het magazijn veel te krap is. Als Brons voor een passpiegel haar laarzen bekijkt, zet de bedrijfsleider een stapel dozen voor haar neer, zodat ze niets meer ziet.

Brons is directeur van Shopcontrol Nederland. Voor winkelbedrijven doen haar mystery-shoppers boodschappen om de dienstverlening en formule te beoordelen. Vandaag speelt ze, onaangekondigd, klant bij een schoenwinkel in Eindhoven. Aanvankelijk wilde een schoenwinkelketen meewerken aan dit verhaal, maar na het bezoek en de beoordeling van Shopcontrol trok de directie die toezegging in. Vorig jaar heeft de keten met enkele tientallen vestigingen besloten om een restyling door te voeren. Deze herfst beoordelen mystery-shoppers hoe de winkels presteren.

Mystery-shoppen is sterk in opkomst. Vijf jaar geleden bestond het nauwelijks in Nederland. Er is nog geen overkoepelende belangenvereniging, maar experts schatten dat er ongeveer honderd bedrijven zich bezighouden met dit vak. Dit jaar hebben ruwweg 300 winkelketens hulp van mystery-shoppers ingeschakeld. Dat is in vergelijking met vorig jaar een verdubbeling. Brons begon in januari van dit jaar Shopcontrol en heeft inmiddels meer dan tien opdrachtgevers, zoals Unilever (Swirl's ijswinkels), modeketen Esprit en sieradenketen Bijou Brigitte. Een beoordeling kost rond de 60 euro per winkel.

5.3.2 Voorbereiding van een observatie

Objectief, betrouwbaar en valide observeren vereist een goede voorbereiding. Als eerste moet worden vastgesteld wat er precies geobserveerd moet worden. Wat valt wel/niet onder het te observeren gedrag? Zijn er objectieve criteria voor de scoring te maken?

Door literatuuronderzoek, diepte-interviews met experts en brainstormen kom je op een lijst met te observeren variabelen. Deze eerste stap mondt uit in een observatieschema, waarbij de observatiecategorieën duidelijk omschreven moeten worden. Afgesproken moet worden wat onder welke categorie valt en de observatoren moeten getraind worden in het observeren (scoren van het observatieformulier).

Observatie- categorieën

Ten tweede is het van belang om aan te geven wie waar en hoe wordt geobserveerd. Dit resulteert in een situatiebepaling (wie, waar, hoe), en wel of niet participerend in de situatie. Bij *participerend* ben je zelf onderdeel van de situatie en oefen je dus ook invloed uit op de situatie. Niet participerend heeft vanuit objectiviteitsoogpunt daarom de voorkeur. Niet elk gedrag in elke situatie leent zich echter voor een niet-participerende observatie.

Niet-participerende observatie

Ten slotte is het voor de betrouwbaarheid van belang om meerdere observatoren te hebben die van tevoren getraind worden in het gebruik van het observatie-instrument. Na de scoring kan dan aan de hand van de overeenkomst in het invullen van het observatieformulier berekend worden hoe hoog de (interbeoordelaars)betrouwbaarheid is.

Het artikel 'Voetgangers in steden lopen steeds sneller' geeft een voorbeeld van een onderzoek dat uitgevoerd is door niet-participerende observaties te verrichten.

ANP, 2 MEI 2007

Voetgangers in steden lopen steeds sneller

LONDEN – Voetgangers over de hele wereld hebben de laatste tien jaar hun tempo gemiddeld met 10 procent opgeschroefd. Dit blijkt uit een studie naar voetgangers in grote steden door psychologen aan de Universiteit van Hertfordshire in Groot-Brittannië.
Volgens de onderzoekers is de toegenomen haast van mensen een gevolg van e-mail, sms en de steeds grotere druk om 24 uur per dag beschikbaar te zijn.

De eerste en enige Nederlandse stad op de lijst van 32 'snelle steden' is Utrecht, op plaats negen. De Nederlandse stad komt maar net na New York.
Deze stad maakt zijn reputatie van 'stad die nooit slaapt' met een achtste plaats niet waar.

Snelste lopers
Voetgangers in Singapore zijn het snelst. Hun snelheid is sinds het referentiejaar 1994 met 30 procent toegenomen.
Ook in de Chinese stad Guangzhou steeg het tempo flink, namelijk met 20 procent. De stad kwam op plaats vier. Kopenhagen en Madrid hebben de snelste lopers van alle Europese steden en komen op respectievelijk plaats twee en drie.

De onderzoekers hebben in elke onderzochte stad een drukke straat met een brede, gelijkmatige stoep zonder obstakels gebruikt als meetplek. Ze maten vervolgens de snelheid van 35 voetgangers die langskwamen over een afstand van 18 meter.

5.3.3 Inzet van de smartphone als middel van observatie
Met het snelgroeiende smartphonebezit groeit het aantal ogen en oren op straat. Zonde om die niet te gebruiken en dus komen er steeds meer diensten (bijvoorbeeld Roamler in Nederland en Gigwalk in de VS) waarbij je tegen betaling 'gewone mensen' inzet om observatieveldwerk uit te voeren. Als je een krantenuitgever bent, kun je bijvoorbeeld vragen of ze bij de dichtstbijzijnde supermarkt willen kijken hoeveel kranten er nog op voorraad zijn en of ze daar een foto van willen nemen. Andere voorbeelden van opdrachten zijn:

Roamler

1 het controleren van verkeersborden voor gemeenten
2 het controleren van de schuimkraag van biertjes in de kroeg voor een bierproducent
3 het in kaart brengen van alle oliebollenkramen in Nederland voor een krant

Het grote voordeel van observaties op deze manier uitvoeren is dat het snel en efficiënt is. Je hoeft niet meer zelf alle locaties langs. Je krijgt netjes een databestand aangeleverd met alle gps-codes, foto's en gegevens.

Het onderzoek in het artikel 'Autochtone bedelaar verdient beter dan Roma' is verricht op basis van onder andere participerende observaties. De onderzoeker kan onderdeel gaan uitmaken van de groep die geobserveerd wordt. We spreken dan van etnografisch onderzoek.

Etnografisch onderzoek

DE VOLKSKRANT, 7 FEBRUARI 2007

Autochtone bedelaar verdient beter dan Roma

Wat bepaalt de vrijgevigheid van passanten voor bedelaars? Volgens een onderzoek in Brussel, waarvoor promovenda Ann Clé 265 bedelaars in kaart bracht, blijken autochtone mannelijke bedelaars veel meer te verdienen dan Roemeense Roma-vrouwen. 'Als een autochtone bedelaar vijf dagen per week gedurende vijf uur bedelt, dan heeft hij na een maand ongeveer 900 euro. Een Roma-vrouw komt met moeite aan 350 euro', zegt Clé in de stadskrant *Brussel Deze Week*. Ze vermomde zich voor haar onderzoek enkele keren als Roma-vrouw, haar promotor ging iets verderop in de winkelstraat als autochtone man bedelen. Ze ondervonden zelf ook het verschil in goedgeefsheid.

Onder de 265 bedelaars die Clé registreerde, zaten 150 Roma-vrouwen. Regelmatig nemen zij hun kleine kinderen op schoot. De veronderstelling is dat het de voorbijgangers extra gul maakt, al doen ze het ook uit vrees het land te worden uitgezet zonder hun kroost. Maar kinderen meenemen, levert amper extra muntjes op, constateerde Clé. 'Ze moet dus heel lange dagen maken om te overleven.'

Over de Roma-bedelaars in Brussel bestaan veel vooroordelen. Ze zouden hun kinderen rustig houden door ze grote porties hoestdrank te geven en hun geld deels moeten afstaan aan criminelen.

Clé vond er in gesprekken met de vrouwen echter geen bewijs voor. 'Een jaar of zes geleden heeft de politie weliswaar een bende opgerold die gehandicapte Roemenen liet bedelen, maar zulke netwerken van uitbuiting zijn later niet meer aangetroffen. De Roma-vrouwen leven natuurlijk wel in netwerken, maar dat zijn "eigen" netwerken van familie en bekenden met wie ze samendrommen op een appartementje en met wie ze soms de zorg voor de kinderen delen.'

5.4 Casestudy

Gevalsbeschrijving

Bij de casestudy (gevalsbeschrijving) gaat het om een of meerdere cases. Bij een casestudy worden meerdere instrumenten ingezet: schriftelijke bronnen worden geraadpleegd, mondelinge interviews en vaak worden ook observaties verricht (al dan niet participerend). Gevalsbeschrijvingen leiden tot een diepgaande analyse van de onderzochte gevallen. Deze diepgang zorgt er wel voor dat de beschrijving per geval veel tijd kost. Meestal is het daarom niet mogelijk om meer dan een of enkele gevallen te beschrijven.

5.5 Online kwalitatief onderzoek

Online kwalitatieve onderzoeksmethoden

Online kwalitatieve onderzoeksmethoden kunnen als volgt worden ingedeeld (Groenland, 2001):
1 'één-op-één' versus 'één-op-veel' als je kijkt naar het aantal onderzoeksdeelnemers
2 synchroniciteit versus asynchroniciteit met betrekking tot het proces van dataverzameling

Synchroon betekent 'samen op één moment in de tijd' en asynchroon betekent 'niet gelijktijdig'. Een voorbeeld van een synchroon online-onderzoek is een groepsdiscussie in een chatbox. Een asynchroon online-onderzoek is een discussie op een onlineforum (hierbij kan een discussie een aantal dagen duren).

Tabel 5.3 laat de verschillende methoden van online kwalitatief onderzoek zien.

Synchroon
Asynchroon

TABEL 5.3 Methoden online-onderzoek

Proces van dataverzameling	Eén op één	Eén op veel
Synchroon	Online single	Online focusgroep
Asynchroon	Online letter	Online forum

We werken de methoden van dataverzameling verder uit, zodat je gemakkelijk kunt bepalen welke vorm het meest geschikt is voor het online kwalitatief onderzoek dat jij wilt uitvoeren. In subparagraaf 5.5.1 komt de 'onlinefocusgroep' aan de orde, in subparagraaf 5.5.2 de 'online single' en in subparagraaf 5.5.3 het 'onlineforum'. De 'online letter' (diepte-interview door middel van e-mail) beschrijven we niet, omdat deze vorm vrijwel nooit gebruikt wordt als onderzoeksmethode.

5.5.1 Onlinefocusgroep

De eerste vorm van online kwalitatief onderzoek die we beschrijven is de onlinefocusgroep. Dat is een synchrone vorm van online-onderzoek. Dit type onderzoek is een onlineversie van de traditionele groepsdiscussie. We kijken eerst naar de opbouw en daarna naar de voor- en nadelen van een onlinefocusgroep.

Opbouw onlinefocusgroep

Een onlinefocusgroep wordt als volgt opgebouwd. Er worden potentiële deelnemers benaderd met de concrete vraag of zij op een tevoren vastgestelde datum en tijdstip willen deelnemen aan de groepsdiscussie. In totaal zijn vier à vijf deelnemers per onlinefocusgroep aan te raden. Bij meer deelnemers wordt de focusgroep vaak te onoverzichtelijk. In vergelijking met de traditionele focusgroep (zeven à acht deelnemers) zijn dit minder deelnemers.

Groepsdiscussie

De onlinegroepsdiscussie moet plaatsvinden in een onlinechatmodule (zie figuur 5.1). Indien er geen chatmodule voorhanden is, zou je ook eventueel kunnen uitwijken naar bestaande chatprogramma's zoals MSN Messenger.

Bij voorkeur dienen twee moderators (discussieleiders) de sessie te leiden. De taakverdeling is als volgt. Eén moderator moet zich met name concentreren op de inhoudelijke interactie met de deelnemers. De andere moderator moet zich meer met de procesmatige aspecten bezighouden. Hij heeft hierbij twee taken:

Moderators

1 Het geven van persoonlijke en centrale feedback: hierbij moet de moderator voortdurend afwegingen te maken. Te snel reageren naar een individuele deelnemer kan namelijk leiden tot te veel 'onderonsjes' tussen de moderator en een deelnemer, en kan ook tot gevolg hebben dat een deelnemer voortijdig de gelegenheid wordt ontnomen om het antwoord af te maken.

FIGUUR 5.1 Online groepsdiscussie

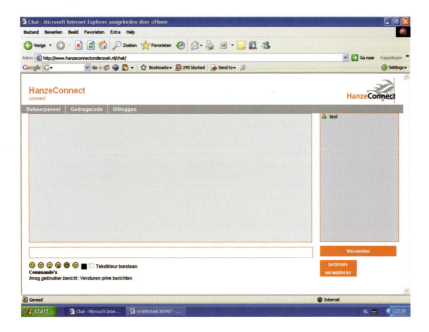

2 Het geven van leespauzes aan de respondenten: hiermee verkrijgt de moderator meer controle over het communicatieproces, aangezien dan duidelijk is waarmee een respondent doende is. Dit maakt het ook gemakkelijker om op de juiste momenten door te vragen.

Het te gebruiken softwareprogramma moet over functies beschikken waarmee overzicht en controle wordt gecreëerd voor de moderator(s). Voorbeelden zijn een functionele kleurindeling van het scherm, waardoor onderscheid kan worden gemaakt tussen achtereenvolgens de moderator, een door de moderator geadresseerde respondent, en de overige respondenten. De vragen die gesteld moeten worden, moet je vooraf in het programma kunnen invoeren, om zo de snelheid te kunnen opvoeren waarmee deze in de sessie kunnen worden ingebracht.

Voor- en nadelen van een onlinefocusgroep
Het gebruik van onlinefocusgroepen heeft een aantal voor- en nadelen die inherent zijn aan de voor- en nadelen van online-onderzoek. Voordelen zijn:

Voordelen

1 verhoogd niveau van participatie
2 respondenten antwoorden extremer
3 minder dominante deelnemers
4 onlinefocusgroepen zijn goedkoop
5 hoge opkomst

Ad 1 Verhoogd niveau van participatie
Uit onderzoek blijkt dat er een verhoogd niveau van participatie is onder respondenten en dat er meer interactie ontstaat tussen respondenten in een onlinegroepsdiscussie dan bij de traditionele focusgroep. Dat heeft als gevolg dat respondenten meer open zijn en meer tevreden zijn met hun deelname aan de groepsdiscussie.

Ad 2 Respondenten antwoorden extremer
Ervaring leert dat respondenten extremer antwoorden. Tijdens een normale groepsdiscussie voelen mensen eerder groepsdruk. Tijdens een online-groepsdiscussie wordt deze druk weggenomen, omdat je niet fysiek in elkaars nabijheid bent.

Ad 3 Minder dominante deelnemers
In een traditionele groepsdiscussie kan het voorkomen dat statusverschil het delen van gedachten en ideeën kan beïnvloeden. In een onlinegroep wordt verschil in status zelden opgemerkt. Door deze anonimiteit zijn deelnemers meer geneigd bij te dragen aan een onlinegroepsdiscussie dan aan een traditionele groepsdiscussie. Als gevolg hiervan zijn er ook minder dominante respondenten in de groepsdiscussies aanwezig.

Ad 4 Onlinefocusgroepen zijn goedkoop
Een belangrijk argument om het instrument van onlinefocusgroepen in te zetten is dat het relatief goedkoop is: het levert veel informatie op voor verhoudingsgewijs weinig geld. Traditionele focusgroepen zijn erg kostbaar, door huur van een locatie, opnameapparatuur en de vergoeding (reiskosten, incentive) die normaal gesproken aan de deelnemers wordt aangeboden.

Ad 5 Hoge opkomst
Het weer, verkeer en andere vormen van transport kunnen geen negatieve invloed hebben op het opkomstpercentage.

Behalve voordelen heeft de online focusgroep ten opzichte van de traditionele focusgroep ook een aantal nadelen:
1 meer typfouten notulen
2 verlies non-verbale communicatie
3 selectie
4 moeilijker orde houden

Nadelen

Ad 1 Meer typfouten notulen
De deelnemers maken met hun deelname aan de discussie als ware hun eigen notulen. Deze notulen bevatten meer typfouten, maar het is wel een inhoudelijke foutloze afspiegeling van de discussie.

Ad 2 Verlies non-verbale communicatie
Het blijkt soms moeilijk om verkregen informatie op de juiste manier te interpreteren door het wegvallen van non-verbale communicatie.

Ad 3 Selectie
Het selecteren van respondenten kent diverse nadelen. Zo kun je nooit zeker zijn van de identiteit van degene die achter de computer zit.

Ad 4 Moeilijker orde houden
In vergelijking met de traditionele focusgroep (groepsdiscussie) is het voor de gespreksleider erg moeilijk om overzicht te bewaren.
Resultaten die een onlinefocusgroep opbrengen, lijken vaak op de resultaten van een traditionele focusgroep.

5.5.2 Online single

Online single is een synchrone vorm van online-onderzoek. Het is de onlinevariant van het diepte-interview.

Chatsessie — Via een chatsessie worden allerlei vragen en stellingen voorgelegd aan de deelnemers. Ook kunnen filmpjes, geluidsfragmenten en plaatjes aan de respondent worden getoond. Het grote voordeel is dat de antwoorden direct worden opgeslagen en dus meteen verwerkt en geanalyseerd kunnen worden. De online single (ook wel *onlinechat* genoemd) is zeer geschikt om individuele emoties en diepere, achterliggende gevoelens te peilen. Dit is mogelijk door onder meer de beleving van anonimiteit van de respondent. De respondent voelt geen sociale druk en gaat meer vrijuit praten. Zie het artikel 'Kindertelefoon – chat populair'.

ALGEMEEN DAGBLAD, 6 FEBRUARI 2007

Kindertelefoon – chat populair – Aantal gesprekken via internet verdrievoudigd

Kinderen en jongeren hebben veel behoefte om te chatten met de Kindertelefoon. In een jaar tijd is het aantal gesprekken via internet meer dan verdrievoudigd, van 4.000 naar 13.000. Jongeren vinden het prettig hun verhaal op internet kwijt te kunnen zonder de angst te worden afgeluisterd.

Vandaag presenteert de Kindertelefoon, onderdeel van bureau Jeugdzorg, een onderzoek naar de effectiviteit van de Kindertelefoon-chat. 'Wij willen graag aansluiten bij onze doelgroep', zegt Rafael van Crimpen, coördinator van het Landelijk Bureau Kindertelefoon. 'We willen er tegelijkertijd zeker van zijn dat deze vorm van hulpverlening werkt.' Kinderen benaderen om uiteenlopende redenen de Kindertelefoon. De meeste vragen gaan over verliefdheid en seksualiteit, maar ook pesten is een veelvoorkomend onderwerp. Daarnaast praten kinderen over de scheiding van hun ouders of problemen thuis.
'De ergste situatie vind ik als een kind opbelt met de opmerking "ik durf niet meer naar huis"', zegt Van Crimpen. 'Wat wij doen is een kind emotioneel ondersteunen; zodat het iets in zichzelf vindt waarmee het zelf de problematiek kan aanpakken. Het feit alleen al dat een kind over zijn problemen durft te praten, is een hele stap.'
Een chatgesprek verloopt volgens Van Crimpen totaal anders dan een telefoongesprek. Voordeel van internet is dat kinderen hun verhaal kwijt kunnen zonder de angst te worden afgeluisterd. Een nadeel is dat hulpverleners de non-verbale signalen missen. Een gemiddeld chatgesprek duurt 20 minuten, veel langer dan een telefonisch contact dat gemiddeld 8 minuten kost. 'Kinderen hebben de neiging te blijven "hangen"', zegt Van Crimpen. 'We hebben nu de afspraak niet meer dan één probleem per keer te bespreken.' Bovendien is de gesprekstijd beperkt tot 30 minuten. Op het totaal aantal contacten met de Kindertelefoon, ongeveer 180.000 per jaar, is de hoeveelheid chatgesprekken nog bescheiden. Dat heeft te maken met de beperkte openingstijden, vertelt Van Crimpen. Kinderen kunnen 10 uur per week bij de Kindertelefoonchat terecht. Van Crimpen: 'We kunnen de chatmogelijkheid maar voorzichtig uitbreiden. We willen jongeren deskundig ondersteunen, óók op internet.'

5.5.3 Onlineforum
We gaan hierna in op research community en facial coding.

Research community
Het onlineforum is een asynchrone vorm van online kwalitatief onderzoek. Dit wordt ook wel onderzoek doen door middel van een research community genoemd. Bij een research community wordt een beperkte groep mensen (25 tot 250 personen) voor een (beperkte) periode in een afgeschermde online-onderzoeksomgeving samengebracht. Binnen deze research community kunnen de deelnemers verschillende activiteiten uitvoeren, bijvoorbeeld discussiëren op een forum, meewerken aan creatieve cocreatieopdrachten, een dagboek bijhouden, en polls en korte vragenlijsten invullen. Dit onder leiding van een groepsleider (moderator).

Verschillende activiteiten

Deze moderator heeft in deze vorm van onderzoek een relatief passieve rol in vergelijking met de onlinefocusgroep. De inbreng van de moderator is minder intensief van aard, met name omdat deelnemers hun reacties spontaan zelf motiveren en toelichten, dus zonder dat de moderator hierom hoeft te vragen. De rol van de moderator lijkt hierdoor bij asynchroon onderzoek meer controlerend dan stimulerend van aard.

In vergelijking met de synchrone onderzoeksvarianten zijn de reacties in het research community uitgebreider en beter onderbouwd. Dit komt omdat de respondent langer de tijd heeft om zijn antwoord te formuleren.

CLOU 56, FEBRUARI 2012

Het talent van 1%

Het inzetten van research communities krijgt tegenwoordig veel handen op elkaar binnen het onderzoeksbeleid van organisaties. Een hoge mate van interactie, veel creativiteit en out-of-the-boxinzichten worden als positief ervaren in vergelijking met meer statische manieren van onderzoek. Maar de inzet van communities voor onderzoek is geen garantie voor succes. Het vergt veel energie en commitment om het gewenste resultaat te behalen.
De allereerste stap daarbij is het voeren van een doordacht deurbeleid.

Het klinkt wat onheilspellend, maar om de waarde van community research goed in te kunnen schatten, moet je er wel goed mee omgaan. Het is allerminst te vergelijken met andere vormen van onderzoek en het vergt andere omgangsvormen en methoden om de juiste lijnen uit te zetten. Om een goed startpunt te creëren bij het opzetten van een community moet je kijken naar het selectieproces van deelnemers en de vraag hoe interactie gaat leiden tot een waardevol proces. Het is nuttig om Facebook als praktisch voorbeeld te nemen, omdat dit platform goede mogelijkheden biedt voor interactie met klanten of fans. Het platform biedt niet alleen mogelijkheden voor onderzoek zelf, maar schept het ook de juiste voorwaarden voor vervolgstappen bij het opzetten van een waardevolle research community.

Content en onderzoek
Gebruikers zijn op Facebook in de lead en bepalen zelf of ze contact met een bedrijf leggen door de bekende 'vind ik leuk' te gebruiken. In dit mechanisme schuilt een essentieel onderdeel voor de mogelijkheden van onderzoek. Wanneer mensen zelf besluiten om ergens aan deel te nemen geven ze aan dat er contact met hen gezocht mag worden. Op Facebook verloopt dit normaliter via content, maar daarnaast zijn er ook goede mogelijkheden om fans te betrekken in onderzoeks- en co-creatietrajecten. Eerder dit jaar werd er door

Social Embassy gekeken hoe 15 grote Nederlandse merken en bedrijven op Facebook handelen op basis van de content op hun prikborden. Het bureau onderzocht daarbij de mate van interactie die deze content opleverde voor het merk. Voor het overgrote deel focussen bedrijven nog steeds op het zenden van informatie (in de vorm van content) en het maken van vrienden. De massa drukt op 'vind ik leuk'-knoppen, chat met vrienden en reageert op posts op hun wall, maar langzaam lijken er veranderingen plaats te vinden. Bedrijven gaan kritischer kijken naar de mogelijkheden en doelen van Facebook binnen hun onderzoeksbeleid. Consumenten vragen vaak ook om een actievere rol door middel van co-creatie. Met een betrokken en loyale achterban, die zelf aangeeft met je in contact te willen staan, lijken de mogelijkheden legio. De behoefte zal zich meer gaan richten op intensievere interacties tussen merk en consument. Onderzoek in de vorm van cocreatie zal hierin een prominentere plek krijgen naast het zenden van (branded) content. Hierbij is representativiteit steeds vaker ondergeschikt aan creativiteit.

Cocreatie en Facebook
Wanneer je kritischer gaat kijken naar het onderzoeksbeleid, dan zou je kunnen starten met de vraag op welk niveau (en met welke frequentie) je interactie wilt doorvoeren. Stel dat je wilt starten met een research community voor het bepalen en uitwerken van een nieuw product. Je kunt daarvoor een wedstrijd opzetten op Facebook, waarbij je je fans op je Facebook-pagina ideeën laat insturen. Doordat andere mensen op 'like' drukken bij de ideeën, voeg je een gekwantificeerd onderzoekselement toe. Bij deze aanpak blijft interactie echter ondergeschikt aan de uitkomst. Bij het aflopen van een dergelijke opdracht heb je mooie ideeën, blije winnaars en leuke promotie, maar is er geen sprake van werkelijke cocreatie. De opdracht heeft echter iets zeer waardevols opgeleverd dat je makkelijk over het hoofd ziet. In plaats van de uitkomst te zien als einde, kan het ook juist een begin betekenen. Mensen die deel hebben genomen aan de opdracht zijn (over het algemeen) de mensen die bovenmatig geïnteresseerd zijn in je merk. Als je 20.000 fans aanspreekt en er doet 1% mee, dan is het aannemelijk dat de 200 mensen die 'overblijven' voldoen aan een aantal karaktereigenschappen van een co-creator: intrinsiek gemotiveerd, creatief en bereid om hun mening te delen. Met de Facebook-opdracht heb je het perfecte selectieproces gecreëerd voor een verdiepingsslag middels een research community.

Facial coding
Gezichts-uitdrukkingen
Er zijn ook onderzoekbureaus die gebruikmaken van facial coding. Facial coding is een methode die is ontwikkeld door Ekman en Friesen (1978). In het model kunnen aan de hand van een analyse van 43 verschillende gezichtsspieren 3.500 gezichtsuitdrukkingen ontrafeld worden die universeel en uniform zijn. Op basis hiervan kan de mate van de zes basisemoties (bijvoorbeeld woede, angst en verassing) van een mens worden ingeschat. Inmiddels is het model van Ekman en Friesen sterk doorontwikkeld. Met software is het meetproces geautomatiseerd. Dit wordt gedaan door een camera op het gezicht van de respondent te zetten en hem dan bijvoorbeeld een aantal advertenties voor te leggen.
Dit kan zelfs met een mobiele telefoon. Dit hebben de bureaus RealityMine en Affectiva in India gedaan. De deelnemers aan het onderzoek kregen op een mobiele telefoon een commercial te zien. Met behulp van de frontcamera werd de gezichtsuitdrukking van de deelnemers gedurende het bekijken van de commercial gefilmd. Daarna heeft speciale software gekeken welke gezichtsuitdrukkingen de respondenten hadden aan de hand van facial coding en het verloop van de emoties afgezet tegen het verloop van de commercial.

Samenvatting

- Kwalitatief onderzoek is een verzamelterm voor onderzoek waarbij vooral de diepgang belangrijk is. Er moet veel informatie worden verzameld over weinig onderzoekseenheden.

- Methoden van informatieverzameling zijn:
  - interview (gestructureerd, halfgestructureerd, ongestructureerd)
  - focusgroep (een gestructureerde discussie onder een kleine groep van belanghebbenden, begeleid door een ervaren gespreksleider)
  - observatie (gestructureerd, ongestructureerd, participerend, niet-participerend)
  - casestudy (gevalsbeschrijving)

- Fasen van het interview zijn:
  1. maken van de opzet (wat je gaat vragen, wie en hoe je gaat interviewen)
  2. voorbereiden (afspraak maken, locatie zoeken, eventueel opnameapparatuur)
  3. voeren van het gesprek (met inleiding, kern en afsluiting)
  4. maken van een verslag

- Gespreksvaardigheden zijn:
  - luisteren (non-verbaal en verbaal)
  - open vragen stellen (waaromvraag)
  - gesloten vragen stellen (antwoord: ja of nee)
  - doorvragen
  - parafraseren
  - samenvatten
  - gevoel reflecteren (begrip tonen)
  - interpreteren

- Kenmerken van focusgroepen zijn:
  - Er zijn ongeveer zeven tot twaalf deelnemers, die op elkaar reageren.
  - Aan de hand van een checklist worden vragen gesteld.
  - Iedereen moet aan bod komen.
  - De focusgroepleider bewaakt de tijd en leidt de discussie.

- Bij observatie is van belang: wat, wie, waar en hoe moet er geobserveerd worden? Tegenwoordig worden veel moderne technieken zoals de smartphone ingezet.

- Methoden van online-onderzoek zijn:
  - synchroon (online single, onlinefocusgroep)
  - asynchroon (online letter, onlineforum)

Opdrachten

5.1 Met deze vraag komen we terug op het onderzoek 'winkeltijden' van hoofdstuk 1 (opdracht **2.1**). Geef voor elke methode van kwalitatief onderzoek aan hoe je deze zou kunnen inzetten.
a Geef per methode aan wat het doel zou kunnen zijn (welke informatie zou je kunnen achterhalen?).
b Hoe zou je het concreet willen inrichten?
c Geef een gestructureerd interviewschema met een aantal (minimaal vijf) interviewvragen opgesteld op basis van de tabel in voorbeeld 5.1.
Neem dit schema af bij twee medestudenten en geef de kern weer in verslagen en trek conclusies op basis van deze verslagen.

5.2 Lees het artikel 'Duitse grap favoriet bij vrouwen' en beantwoord de vragen.

DE TELEGRAAF, 22 MEI 2007

Duitse grap favoriet bij vrouwen

Een Duitse grap valt goed bij Nederlandse vrouwen. Meer dan een op de vier dames noemt een grap van de oosterburen leuker dan een grap van Britten of Belgen. Mannen daarentegen zien meer in de Britse humor. Belgenhumor eindigde als laatste.

Dit blijkt uit een landelijk, representatief onderzoek onder vijfhonderd Nederlanders van *Psychologie Magazine*, waarover het tijdschrift in het juninummer, dat woensdag verschijnt, bericht.

Mannen blijken grappiger dan vrouwen. Driekwart van de Nederlanders vindt een man de grappigste persoon in zijn omgeving. Vrouwen zijn wel goedlachs: 57 procent ziet een vrouw het meest lachen. Mannen maken in een relatie ook liever hun partner aan het lachen dan andersom.

Mensen die veel lachen, worden door 70 procent van de ondervraagden omschreven als eerder meegaand dan dominant van karakter. Als de baas een flauwe grap maakt, lachen Nederlanders dus harder dan wanneer een ondergeschikte dezelfde mop vertelt.

De 'hahaha'-lach vinden Nederlanders het prettigst om te horen wegens het ritme en met geluid. Het vervelendst vinden ze een lach zonder geluid, bijvoorbeeld gehijg of gesnuif. Ook irritant is de niet-ritmische lach met geluid, zoals een gil. De achterliggende emotie is bij een snuiflach niet goed merkbaar.
Ook ergeren Nederlanders zich aan lachende mensen. Vooral als zij dit op verkeerde momenten doen (62 procent) of hard om hun eigen grapjes lachen (55 procent). Hard lachen en te vaak lachen scoren ook niet goed.

> **Reacties op de website**
>
> *Wanneer wordt eens onderzocht wat er met de onderzoekers aan de hand is, die dit soort onzin onderzoeken????*
>
> *Ik kan het gewoon niet geloven, dit onderzoek moet onderzocht worden. Zoiets kan totaal fout lopen, herinnerd u zich nog de Pim Fortuin verkiezing tot grootste*
>
> *Nederlander dat was grappig. Nu moet ik stoppen ik wordt niet goed.*
>
> *Ik vraag me af hoeveel en welke vrouwen aan het onderzoek hebben meegedaan? Ik ken geen Duitse moppen, niet over Duitsers en niet door Duitsers, ik ken niet eens een Duitser?!*

    a Welke methode van kwalitatief onderzoek zou je willen inzetten voor een dergelijk onderzoek?
    b De reacties op het onderzoek geven aan dat lezers weinig vertrouwen hebben in de validiteit van het onderzoek. Geef aan in hoeverre je deze mening deelt en welke maatregelen je bij kwalitatief onderzoek kunt nemen om de interne en externe validiteit te verhogen.

5.3   Lees de artikelen 'Driekwart prostituees uitgebuit' (subparagraaf 5.1.3), 'Voetgangers in steden lopen steeds sneller' (subparagraaf 5.3.2) en 'Autochtone bedelaar verdient beter dan Roma' (subparagraaf 5.3.3).
    a Geef voor elk artikel aan welke methode(s) van informatieverzameling is/zijn toegepast. Wat zijn voor elke methode de voor- en nadelen?
    b Wat zou voor elk onderzoek een alternatieve methode zijn geweest? Geef aan wat daarvan de voor- en nadelen zijn.
    c Geef aan welke methode je zelf zou hebben toegepast.

Webshops handelen retouren niet goed af

Onderzoek naar wensen eierzoekers

Amsterdam beste stad

Brussel weet het ook: in Europa gaat niets boven Groningen

6
Kwantitatief onderzoek: populatie en steekproef

6.1 **Populatie**
6.2 **Steekproef**
6.3 **Responscontrole en maatregelen**

Bij kwantitatief onderzoek wordt gebruikgemaakt van cijfermatige informatie. Onderzoeksresultaten worden hierbij uitgedrukt in getallen en percentages. Kwantitatief onderzoek onderscheidt zich door een grote steekproef die alle relevante kenmerken van de te onderzoeken doelgroep in zich heeft. Het doel is dat de resultaten representatief, nauwkeurig en betrouwbaar zijn. Dit hoofdstuk begint met het kiezen van eenheden die je wilt onderzoeken (populatie) in paragraaf 6.1. Hierna besteden we aandacht aan het trekken van een steekproef uit deze populatie (paragraaf 6.2). Verder gaan we het hebben over hoe je de respons kunt controleren en welke maatregelen je kunt nemen om de respons te verhogen (paragraaf 6.3). In hoofdstuk 7 gaan we dieper in op het ontwikkelen van de vragenlijst en de analyse. Tot slot volgt een aantal opdrachten.

Na bestudering van dit hoofdstuk moet je in staat zijn om:
- een keuze te maken van de juiste steekproef
- een steekproef te trekken
- de benodigde omvang van de steekproef te bepalen
- de respons te controleren en maatregelen te nemen om deze te vergroten

'Wekelijkse koopzondag leidt niet tot overlast'

UTRECHT – De Utrechtse koopzondag heeft meer voor- dan nadelen. Elke zondag open levert de winkels extra inkomsten op, is de verwachting, en leidt niet tot extra criminaliteit of overlast voor de omwonenden. Dat valt op te maken uit het onderzoek dat de gemeente gedaan heeft naar de invoering van een wekelijkse koopzondag in Utrecht. Bij andere gemeenten blijkt bovendien dat de animo om op zondag te werken, groot is. Ook een meerderheid van de bevolking wil graag elke zondag winkelen.

Tegenover al deze positieve geluiden staat dat de gemeente wel extra geld kwijt is om de stad na afloop van een koopzondag weer schoon te maken: 75.000 euro.

Harde cijfers over hoeveel banen de koopzondag oplevert, ontbreken. Volgens de gemeente is het wel duidelijk 'dat een verruiming van het aantal uren dat winkels geopend mogen zijn, zal leiden tot extra uren dat winkelpersoneel aan het werk is'. In Utrecht mogen al enige tijd de supermarkten op zondag open. Hiervoor is zowel bij de supers zelf als bij de inwoners veel belangstelling. Een enquête onder 2.000 huishoudens rond de 14 supermarkten die elke zondag open zijn, wijst uit dat meer dan twee derde geen overlast ervaart van de openstelling op zondag.

Eén op de drie omwonenden heeft soms of iedere zondag overlast. Aan deze steekproef namen 679 respondenten deel.

Het onderzoek naar de voor- en nadelen van de koopzondag is uitgevoerd in opdracht van de gemeenteraad. Die is verdeeld over de invoering van de wekelijkse koopzondag. De winkeliers zijn voor en hebben middels een burgerinitiatief de kwestie op de raadsagenda gezet. Een deel van de burgers, verenigd in actiegroep 'Utrecht is geen Harrie', is tegen. De gemeenteraad beslist begin volgende maand of de winkels in Utrecht elke zondag open mogen. Op 22 januari is een raadsinformatieavond.

Bron: Algemeen Dagblad, 24 januari 2013

6.1 Populatie

De populatie omvat alle eenheden (dit kunnen personen, huishoudens, bedrijven enzovoort zijn) waarover je een uitspraak wilt gaan doen.
Als je bijvoorbeeld een onderzoek wilt doen naar de voor- en nadelen van de koopzondag (zoals in de openingscasus), dan zijn alle inwoners van de gemeente Utrecht tezamen je populatie. Indien je de kwaliteit van Jumbo-supermarkten in Nederland onderzoekt, omvat de populatie alle Jumbo-supermarkten in Nederland.

Als je oorspronkelijke populatie niet geheel te bereiken is om een betrouwbare steekproef (zie paragraaf 6.2) uit te trekken, kun je de populatie afbakenen in een operationele populatie. De operationele steekproef is de populatie waaruit je de feitelijke steekproef trekt. Als je bijvoorbeeld een onderzoek onder de bevolking van Utrecht wilt houden, kun je kiezen om als operationele populatie alle bewoners met een vermelding in het telefoonboek te nemen.

Operationele steekproef

6.2 Steekproef

In deze paragraaf gaan we in op de eisen waaraan een steekproef moet voldoen, daarna bespreken we de twee manieren van het trekken van een steekproef en ten slotte komt de omvang van een steekproef aan de orde.

6.2.1 Eisen aan een steekproef

Als je populatie erg groot is, kost het met traditionele methoden veel tijd en geld alle mensen te enquêteren die in je doelgroep zitten. Om deze reden wordt er bij onderzoek vaak gebruikgemaakt van een steekproef. Een steekproef is een afvaardiging van de doelgroep van het onderzoek.
Om te bepalen of je kiest voor een populatie- of steekproefonderzoek, wordt er gekeken naar de factoren tijd en geld en het instrument waarmee het onderzoek wordt uitgevoerd. Valt een populatieonderzoek binnen het budget en de tijd, dan kies je voor een populatieonderzoek. Is er te weinig budget of tijd, dan kies je voor een steekproefonderzoek. Denk aan een gemeente die wil weten hoe tevreden de bewoners zijn. Om iedereen een enquête te laten invullen, ben je heel wat uren en budget kwijt. Om deze reden wordt er bij dit soort onderzoek gebruikgemaakt van een steekproef. Als je doelgroep kleiner is dan 100, is een steekproef niet nodig. Is dat het geval, dan ga je over tot een populatieonderzoek. Dit is het ondervragen van de gehele populatie. Als je doelgroep groter is dan 100, overweeg je een steekproef.

Steekproef-onderzoek

Populatie-onderzoek

Een steekproef moet aan de volgende twee eisen voldoen:
1 De onderzoeker zorgt ervoor dat door het trekken van een goede steekproef de respons representatief is voor de populatie waarover de onderzoeker een uitspraak wil doen.
2 De steekproef moet voldoende groot zijn om mogelijke statistische verbanden waar te kunnen nemen (hier komen we in subparagraaf 6.2.4 op terug).

Er zijn verschillende manieren om een steekproef te trekken. We behandelen eerst de aselecte manieren (subparagraaf 6.2.2) en daarna de selecte vormen van steekproeven (subparagraaf 6.2.3).

6.2.2 Aselecte steekproeven

Voordat je een steekproef trekt, moet je nagaan of er databestanden bestaan waar de personen van jouw populatie in staan. Dit kunnen werknemerslijsten, ledenlijsten of bijvoorbeeld het bevolkingsregister zijn. Zo'n bestand waar alle leden uit de populatie in staan, noemen we een steekproefkader. Als je een steekproefkader hebt, kies je altijd voor een aselecte steekproef. Indien je geen steekproefkader tot je beschikking hebt, moet je kiezen voor de selecte manieren van steekproef trekken (zie subparagraaf 6.2.3).

Steekproefkader

Het doen van aselecte steekproeven betekent dat iedere persoon of ieder element in een doelgroep dezelfde kans heeft om uitgekozen te worden voor deelname aan het onderzoek.
De verschillende manieren van het trekken van een aselecte steekproef zijn:
- enkelvoudige aselecte steekproef
- systematische steekproef met aselect begin
- clustersteekproef
- gestratificeerde steekproef

Enkelvoudige aselecte steekproef

Willekeurig trekken van een steekproef

Een enkelvoudige aselecte steekproef is het willekeurig trekken van een steekproef uit een bestand. Dit kan de computer doen. Veronderstel, je doet onderzoek naar de gezondheid van inwoners uit de provincie Flevoland en je hebt toegang tot het bevolkingsregister. Bij een enkelvoudige aselecte steekproef laat je de computer willekeurig respondenten trekken uit het bestand.

Systematische steekproef met aselect begin

Het trekken van respondenten met een bepaalde stelregel (bijvoorbeeld om de tien rijen in een Excel-bestand) noem je een systematische steekproef met aselect begin. Of je selecteert in iedere straat het huishouden dat woont op nummer 23.
Een voorbeeld van een onderzoek waarbij je dit kan toepassen is een bewonerstevredenheidsonderzoek in een stad. Door in iedere straat bij een bepaald nummer aan te bellen, trek je de steekproef aselect.

Clustersteekproef

Trossteekproeftrekking

Het trekken van clusters (ook wel trossteekproeftrekking genoemd) gebruik je bijvoorbeeld bij een onderzoek dat zich richt op tienjarigen. Hierbij kan de onderzoeker een aantal basisscholen aselect selecteren waarbij alle kinderen van groep 6 worden ondervraagd. Zo trek je geen individuen aselect, maar groepen. Op deze manier kun je snel een grote steekproef trekken.

Gestratificeerde steekproef

Het trekken van een steekproef in verschillende deelsegmenten wordt ook wel een gestratificeerde steekproef genoemd. Je past deze toe als je uitspraken wilt doen over groepen die anders onvoldoende of niet in de steekproef zouden voorkomen.
Veronderstel dat je een onderzoek houdt naar het verschil in studieresultaten tussen studenten die een bijbaantje hebben en studenten die geen bijbaantje hebben. Dan is de kans groot dat niet iedere groep evengoed vertegenwoordigd is in je steekproef. Een mogelijke oplossing is om de twee groepen in deelpopulaties te verdelen.
Vervolgens trek je een aselecte steekproef uit beide groepen. Hiermee zorg je ervoor dat de groepen evenredig zijn verdeeld binnen de steekproef. De verschillende deelsegmenten van de populatie worden strata genoemd.

Strata

6.2.3 Selecte steekproeven

Als je geen steekproefkader hebt, moet je een selecte steekproef trekken. Het grote nadeel van deze manier van steekproef trekken is dat er aan de representativiteit getwijfeld moet worden. Bij deze manier van steekproef trekken heeft niet iedereen uit de populatie een even grote kans om in de steekproef terecht te komen.

Aanwezigheid op een bepaalde plek of een tijdstip of bekendheid bij anderen bepaalt of iemand in de steekproef terechtkomt. Daarom is deze wijze van steekproef trekken beperkt bruikbaar.

Verschillende manieren van het trekken van selecte steekproeven zijn:
- quotasteekproef
- sneeuwbalsteekproef
- doelgerichte steekproef
- gemakssteekproef

Quotasteekproef

De vorm van steekproeftrekking die quotasteekproef wordt genoemd, kan bijvoorbeeld worden toegepast in winkelcentrums. Van tevoren wordt afgesproken hoeveel respondenten de enquêteur moet ondervragen, bijvoorbeeld vijftig mannen en vijftig vrouwen. Als de enquêteur een groep compleet heeft, stopt hij met het aanspreken van deze groep (hij heeft de quota gehaald). Hiermee kun je de steekproef dezelfde samenstelling (bijvoorbeeld man/vrouwverhouding) geven als de populatie.

Quota

Deze manier van steekproef trekken is erg willekeurig. Het tijdstip en de plaats hebben invloed op het type mensen die meedoen aan je onderzoek. Als je op een doordeweekse dag om tien uur in de ochtend in een winkelcentrum gaat staan, is de kans groot dat mensen zonder baan oververtegenwoordigd zijn in je steekproef.

Deze manier van steekproef trekken lijkt op de gestratificeerde steekproef. Je past deze toe als je uitspraken wilt doen over groepen die anders onvoldoende of niet in de steekproef zouden voorkomen, omdat deze groepen in de populatie relatief zeldzaam zijn, bijvoorbeeld vrouwen op een autobeurs.

Sneeuwbalsteekproef

Als de populatie moeilijk toegankelijk is, omdat het lastig te herkennen is of iemand binnen de steekproef valt of omdat het onderwerp taboe is (bijvoorbeeld drugsverslaafde studenten), moet je via 'netwerken' aan mensen uit de populatie komen. Dit noemen we ook wel de sneeuwbalsteekproef. Bij deze steekproef begin je bij één respondent die aan jouw eisen voldoet. Aan het einde van de enquête vraag je of hij of zij nog meer mensen kent die aan jouw eisen voldoen. Op deze manier krijg je een sneeuwbaleffect en wordt de groep steeds groter. In de literatuur wordt deze manier toegepast. De onderzoeker kijkt steeds in de bronnenlijst van een boek welke bronnen zijn toegepast en gaat hiermee verder.

Netwerken

Doelgerichte steekproef

Bij een doelgerichte steekproef wordt er een steekproef getrokken uit een steekproef. Veronderstel, er is een vragenlijst afgenomen en een van de vragen luidt: 'Heeft u een huidziekte?' Als de personen die deze vraag met 'ja' hebben beantwoord een volgende keer een aantal vragen over huidziektes voorgelegd krijgen, dan trek je een doelgerichte steekproef.

Een andere manier van een doelgerichte steekproef is een oproep in een krant of op een prikbord, waarbij mensen met een bepaald kenmerk worden gezocht. Bijvoorbeeld een oproep waarin gezonde niet-rokende mannen tussen de 20 en 30 jaar worden opgeroepen om mee te doen aan medicijnonderzoek. Deze steekproef kan ook op internet worden toegepast door een oproep te plaatsen op een forum van een website gerelateerd aan het probleem. Bij onlinepanels betreft het vaak ook een doelgerichte steekproef.

Onlinepanel

Vaak is een onlinepanel bewust zo samengesteld dat ze de populatie waarover je iets wil zeggen, zo goed mogelijk representeren. Meer over onlinepanels is te vinden in subparagraaf 7.3.2.

Gemakssteekproef

Studenten maken vaak gebruik van een gemakssteekproef. Bij deze vorm van steekproef trekken staat de enquêteur op een willekeurige plek in de stad en spreekt willekeurig mensen aan. Bij deze manier van steekproef trekken heeft niet iedereen uit de populatie een even grote kans om in de steekproef terecht te komen. Aanwezigheid op een bepaalde plek of een tijdstip bepaalt of iemand in de steekproef terechtkomt. Vaak wordt deze vorm van steekproef trekken gebruikt op tijdstippen dat veel mensen op straat zijn (koopavond of zaterdags).

6.2.4 Omvang van de steekproef

Naast de verschillende manieren van het trekken van een steekproef is de grootte van wezenlijk belang. Immers, als je van te veel onderzoekseenheden gegevens gaat verzamelen, dan maak je te veel onkosten en kost het je te veel tijd. Worden echter van te weinig eenheden gegevens verzameld, dan geeft mogelijk geen enkele statistische analyse een significante uitkomst. Alle reden om vooraf de steekproefomvang duidelijk vast te stellen. We gaan hierna eerst in op de betrouwbaarheid van de steekproef en daarna zien we hoe je de omvang ervan kunt berekenen.

Betrouwbaarheid van de steekproef

Houd bij het trekken van een steekproef rekening met uitval. Als je honderd vragenlijsten verstuurt, krijg je nooit alle vragenlijsten weer teruggestuurd. Meer hierover staat in paragraaf 6.3 over respons.

Nauwkeurigheid

De omvang van de steekproef bepaalt de nauwkeurigheid van het onderzoek. Daarbij geldt dat de nauwkeurigheid toeneemt naarmate de steekproef groter is. Van tevoren moet je weten hoe groot de steekproef moet zijn om statistische significante verbanden vast te kunnen stellen. Ook moet er rekening worden gehouden met het budget dat je als student hebt voor het onderzoek.

In het (ingekorte) artikel 'Webshops handelen retouren niet goed af' worden conclusies getrokken op basis van onderzoek naar eenentwintig webshops.

Betrouwbaarheid van 95%

Bij toepasbaar onderzoek ga je meestal uit van een betrouwbaarheid van 95%. Dit betekent dat als het onderzoek voor een tweede keer wordt uitgevoerd (in dezelfde periode), in 95% van de gevallen het onderzoek dezelfde uitkomst heeft.

We onderscheiden twee typen fouten:
- systematische fouten bij validiteit
- toevallige fouten bij betrouwbaarheid

DE VOLKSKRANT, 17 MEI 2013

Webshops handelen retouren niet goed af

Veel webshops betalen geen bezorgkosten terug wanneer een klant een bestelling retourneert, hoewel ze dat wettelijk verplicht zijn. Dat stelt de website Webshopblog na een onderzoek onder 21 willekeurige onlinewinkels, waaronder die van de Bijenkorf en Douwe Egberts.

Webshops zijn verplicht het volledige aankoopbedrag, inclusief verzendkosten terug te betalen bij retourzendingen. Het terugsturen zelf moet de consument wel betalen. Bijna een derde van de winkels die geen bezorgkosten terugbetalen, zijn volgens Webshopblog aangesloten bij een keurmerk dat claimt toezicht te houden op de aangesloten bedrijven. Het beeldmerk van 'Webshop Keurmerk' of 'Thuiswinkel.org' zou daarom geen garantie zijn voor een goede klantbehandeling.

Volgens woordvoerder Wijnand Jongen van Keurmerk.nl is de steekproef niet representatief voor de dagelijkse praktijk in de aangesloten winkels. In twee van de drie gevallen zou sprake zijn van een misverstand. 'De mail van de onderzoekers die zich als klant voordeden, is foutief door de klantenservice beantwoord', zegt hij. Dat gold onder meer voor De Bijenkorf. Volgens toezichthouder Autoriteit Consument & Markt nam het aantal vragen en klachten over webwinkels vorig jaar toe met veertien procent. Minder dan een derde van de onderzochte webwinkels vermeldde de regels over levering, betaling en bedenktijd goed op haar website, aldus de toezichthouder.

Veel webwinkels beginnen vanuit huis en zijn kleinschalig. Binnen vijf jaar na de oprichting is meer dan de helft weer verdwenen. (ingekort)

Systematische fouten zijn fouten die bij herhaling van het onderzoek weer met dezelfde grootte aanwezig zijn, wanneer aan de meetmethode van het onderzoek niets veranderd wordt.

Een toevallige fout is altijd aanwezig, maar bij herhaling van het onderzoek (met al of niet dezelfde meetmethode) is de fout over het algemeen anders van grootte. Die verandering wordt geheel door het toeval bepaald.

Toevallige fouten zijn de bron van onbetrouwbaarheid van een onderzoek. Systematische fouten hebben betrekking op de validiteit van het onderzoek (zie hoofdstuk 3).

Berekenen omvang van een steekproef
De benodigde omvang van de steekproef is op verschillende manieren te berekenen.
We lichten er één toe.

Formule voor berekenen van steekproef
- Bij een oneindige populatie (> 5000):

$$n = \frac{(p \cdot q) \cdot Z^2}{E^2}$$

- Bij eindige populatie (met correctiefactor):

$$n = \frac{(p \cdot q) \cdot Z^2}{E^2} \times \sqrt{\frac{(N-n)}{N-1}}$$

Z is een constante die afhankelijk is van de gewenste betrouwbaarheid:
- 99% betrouwbaarheid ⟶ Z-waarde = 2,58;
- 95% betrouwbaarheid ⟶ Z-waarde = 1,96;
- 90% betrouwbaarheid ⟶ Z-waarde = 1,65.

p is het percentage respondenten dat aan een bepaald karakteristiek voldoet. Is er geen eerder onderzoek geweest, dan gebruik je hier 50% (= p = q = 0,5).
q is 100 – p.
n is de minimale respons die je moet hebben om aan de voorwaarde van betrouwbaarheid en nauwkeurigheid te voldoen. In de literatuur wordt hier altijd verwezen naar de steekproefomvang. Dit is echter incorrect, omdat je altijd meer moet versturen om de gewenste respons te krijgen.
E is een maat voor de nauwkeurigheid. Eigenlijk kun je hier beter spreken van een de geaccepteerde onnauwkeurigheid.
N is de totale populatie.

We hebben ervoor gekozen niet te veel statistiek te bespreken in dit boek. Voor geschikte literatuur verwijzen we naar www.onderzoekdoen.noordhoff.nl.

6.3 Responscontrole en maatregelen

Respons

Non-respons

De respons van een onderzoek is het deel van de uitgezette vragenlijsten dat ingevuld terugkomt en bruikbaar is. Het gedeelte van de vragenlijsten dat niet terugkomt heet non-respons.
Non-respons kan voorkomen doordat:
- mensen ten onrechte een vragenlijst gekregen hebben (die niet (meer) binnen de populatie vallen)
- mensen niet bereikbaar of thuis zijn
- mensen niet kunnen meedoen
- mensen weigeren om mee te doen
- de respondent één of meerdere vragen heeft overgeslagen (gedeeltelijke non-respons)

We kijken eerst naar manieren om de respons te verhogen en daarna gaan we kort in op onderzoek onder moeilijk bereikbare groepen.

6.3.1 Verhogen van de respons
Hoe hoger de respons van een onderzoek is, hoe groter de kans op betrouwbare resultaten. De betrouwbaarheid van de steekproef wordt vaak opgenomen in de inleiding van het rapport (meer hierover is te vinden in subparagraaf 8.1.1).

Bereidheid tot deelname

De bereidheid tot deelname aan onderzoek is de laatste jaren afgenomen (doordat mensen steeds vaker worden benaderd voor onderzoek). Gezien de nadelige gevolgen van non-respons is het noodzakelijk meer aandacht te besteden aan de kwaliteit van dataverzameling.

Om de respons te verhogen is er een aantal maatregelen mogelijk:
1 herkenbare afzender
2 fraaie opmaak
3 korte enquête
4 incentive
5 waarderen van de respondent
6 relevantie

Ad 1 Herkenbare afzender
Laat duidelijk zien van wie de enquête komt. Een enquête waarvan niet duidelijk is van wie deze afkomstig is, vullen respondenten minder snel in. Bij schriftelijk onderzoek kun je dit doen door het briefpapier te gebruiken van de organisatie waarvoor het onderzoek wordt uitgevoerd. Bij telefonisch onderzoek kun je de organisatie noemen in de introductie van het gesprek en bij digitaal onderzoek kun je het logo in de websurvey plaatsen.

Voorbeeld van een script

<enquêteur>: Goedemorgen, u spreekt met … van onderzoeksbureau Deeds. Wij doen een onderzoek in opdracht van Becel, de boterproducent, naar de tevredenheid van de Nederlandse boterverbruiker. Komt het gelegen als ik u wat vragen hierover stel?

Ad 2 Fraaie opmaak
Een mooie opmaak zorgt voor een hogere respons. Dit geldt zowel voor de mail-uitnodiging als voor de enquête. Figuur 6.1 is een voorbeeld van een mooi opgemaakte enquête.

Ad 3 Korte enquête
Maak je enquête niet te lang. Bij een te lange enquête is de kans dat een respondent halverwege stopt, erg groot. Probeer een enquête niet langer te maken dan vier A4'tjes.

Ad 4 Incentive
Om de respons te verhogen, kun je een incentive koppelen aan een enquête. Een incentive is een cadeau dat je krijgt als je meedoet aan de enquête. Soms wordt ervoor gekozen om alle respondenten wat te geven, maar ook komt het voor dat er een incentive wordt verloot onder de respondenten. Door een incentive te verloten die aansluit bij de doelgroep, verhoog je de respons.

Cadeau

VOORBEELD 6.1
Het onderzoeksbureau Flycatcher kiest ervoor de respondent per ingevulde enquête te belonen. De respondent krijgt afhankelijk van de vragen een aantal punten bij zijn virtuele saldo gestort. Als het saldo van de respondent hoger is dan 900 punten, kan dit worden omgewisseld voor een bioscoop- of boekenbon.
Het onlinepanel van *de Volkskrant* daarentegen kiest ervoor om niet iedereen te belonen, maar om cadeaubonnen te verloten onder de respondenten.

Zie ook www.onderzoekdoen.noordhoff.nl voor een leesbare versie van deze enquête.

FIGUUR 6.1 Fraai opgemaakte enquête

Ad 5 Waarderen van de respondent
Benadruk in je uitnodiging dat de feedback van de respondent in kwestie zeer belangrijk is voor het onderzoek en dat het ook voor de respondent interessant is om te antwoorden. Benader bij specifiek onderzoek de respondent als expert.

Ad 6 Relevantie
Laat duidelijk het nut van het onderzoek zien. Respondenten houden er niet van om hun tijd te verspillen. Geef aan waarvoor de onderzoeksresulaten gebruikt zullen worden. Bijvoorbeeld bij een klanttevredenheidsonderzoek om de service te verbeteren.

> Geachte heer Haan,
>
> Arqin is continu bezig met het optimaliseren van haar dienstverlening en wil daarom graag weten wat de ervaringen van haar klanten met de wijkvernieuwing in de Waterbuurt zijn geweest. Arqin heeft daarom HanzeConnect gevraagd de wijkvernieuwing te evalueren en daarvoor een klanttevredenheidsonderzoek uit te voeren.
>
> Het onderzoek vindt plaats onder alle bewoners en oud-bewoners van de Waterbuurt. Via bijgevoegde enquête vragen wij u om uw persoonlijke mening weer te geven over uw ervaringen met de wijkvernieuwing. De vragenlijst is zo veel mogelijk afgestemd op uw persoonlijke situatie; het kan desondanks voorkomen dat er vragen zijn die niet op uw situatie van toepassing zijn. Door de bijgevoegde vragenlijst in te vullen en deze vóór 13 september a.s. te retourneren in de bijgevoegde antwoordenveloppe, bent u ons bijzonder van dienst.
>
> Het invullen van deze vragenlijst zal circa 10 tot 15 minuten van uw tijd vragen. Wij geven u de garantie dat uw vragenlijst volstrekt vertrouwelijk door ons zal worden behandeld. Individuele gegevens van deelnemers aan dit onderzoek zullen wij dan ook niet rapporteren aan Arqin.
>
> Wij danken u bij voorbaat voor uw medewerking.
>
> Met vriendelijke groet,
>
> M. Julsing
> onderzoeker
>
> Bijlagen: vragenlijst en antwoordenveloppe (een postzegel is niet nodig)

6.3.2 Onderzoek onder moeilijk bereikbare groepen

Als je onderzoeksdoelgroep moeilijk bereikbaar is, moet je aanvullende maatregelen treffen. Voorbeelden van moeilijk bereikbare groepen voor onderzoek zijn eerste generatie niet-westerse allochtonen, bejaarden en analfabeten. Een uitputtende lijst met moeilijk bereikbare groepen is niet te geven. Ook het onderwerp van onderzoek kan ervoor zorgen dat de groep respondenten moeilijk bereikbaar is. Indien het onderwerp bij de doelgroep taboe is, wordt het lastig om mensen uit de doelgroep te herkennen. Voorbeelden zijn homoseksuele allochtonen en incontinente mannen. Per onderzoek moet een inschatting gemaakt worden van de bereikbaarheid en eventueel noodzakelijke aanvullende maatregelen die getroffen moeten worden.

Bij de opzet van het onderzoek, de ontwikkeling van het meetinstrument en bij de afname is het betrekken van iemand uit de groep zelf een enorm voordeel. Deze kan precies vertellen wat je wel en niet moet doen, wat de mogelijkheden zijn en wat wel of niet begrepen wordt.

Onderwerp taboe

De steekproef is vaker een sneeuwbalsteekproef. Hierbij wordt gebruikgemaakt van het netwerk van respondenten die al in het onderzoek betrokken zijn.

Onderzoek via internet kan voor sommige onderwerpen ook een uitkomst zijn. Vooral bij onderwerpen in de taboesfeer zijn er vaak wel groepen op internet met lotgenoten waarbij je gebruik kunt maken van het forum. Zowel om een onderwerp als discussiegroep te lanceren als om mensen uit te nodigen voor het invullen van een web-enquête.

Samenvatting

▶ De populatie omvat alle eenheden waarover je een uitspraak gaat doen. De operationele populatie is de populatie waaruit je de feitelijke steekproef trekt.

▶ Een steekproef is een afvaardiging van de doelgroep van het onderzoek.

▶ Manieren van het trekken van steekproeven zijn:
- aselecte steekproef (iedereen in de populatie heeft even veel kans om geïnterviewd te worden):
  - enkelvoudige aselecte steekproef (willekeurig uit de populatie)
  - systematische steekproef met aselect begin (met een bepaalde stelregel)
  - clustersteekproef (geen individuen aselect, maar groepen)
  - gestratificeerde steekproef (aselect uit deelsegmenten)
- selecte steekproef (niet iedereen heeft even veel kans om geïnterviewd te worden):
  - quotasteekpoef (de hoeveelheid respondenten is vooraf bepaald)
  - sneeuwbalsteekproef (via de respondenten aan meer respondenten komen)
  - doelgerichte steekproef (een steekproef uit een steekproef)
  - gemakssteekproef (de enquêteur staat op een willekeurige plek in de stad en spreekt willekeurig mensen aan)

▶ De omvang van de steekproef bepaalt de nauwkeurigheid van het onderzoek.

▶ De benodigde omvang van de steekproef kun je berekenen met de formule:

$$n = \frac{(p \cdot q) \cdot Z^2}{E^2}$$

▶ De respons van een onderzoek is het deel van de uitgezette vragenlijsten dat ingevuld terugkomt en bruikbaar is.

▶ De non-respons is het gedeelte van de vragenlijsten dat niet terugkomt.

▶ Maatregelen om de respons te verhogen zijn:
- herkenbare afzender
- fraaie opmaak
- korte enquête
- incentive
- waarderen van de respondent
- relevantie

Opdrachten

6.1 Lees het artikel 'Onderzoek naar wensen eierzoekers' en beantwoord de vragen.

DAGBLAD VAN HET NOORDEN, 16 JUNI 2007

Onderzoek naar wensen eierzoekers

LEEUWARDEN – Er komt een onderzoek naar de wensen van de eierzoekers en nazorgers. De Bond van Friese Vogelbeschermingswachten (BFVW) verstrekt binnenkort opdracht tot zo'n onderzoek. Duidelijk moet onder andere worden hoeveel mensen daadwerkelijk kievitseieren zoeken en rapen.
BFVW-voorzitter Geart Benedictus maakte dit gistermiddag bekend. Het onderzoek wordt mogelijk deze zomer al gehouden.

De bond wil meer informatie om op langere termijn zekerheid te krijgen over het aantal eieren dat wordt geraapt.
Bij de plaatselijke bonden zijn totaal bijna 6200 mensen aangesloten die eieren mogen zoeken en rapen. Niet alle leden doen dat. Een aantal verricht uitsluitend nazorg. Hoe groot die aantallen precies zijn, moet uit het onderzoek blijken.

---

    a Wat voor soort steekproef zou je voor dit onderzoek het beste kunnen gebruiken?
    b Hoe zou je de respons voor dit onderzoek kunnen verhogen?

6.2 Lees het artikel 'Webshops handelen retouren niet goed af' (subparagraaf 6.2.4) en beantwoord de volgende vragen.
    a Wat is de populatie van dit onderzoek en welk soort steekproef zou je willen trekken?
    b Bereken de steekproefomvang bij een onnauwkeurigheidsmarge van 5% ($Z = 1{,}96$ bij $x = 5\%$).

6.3 Lees het artikel 'Wekelijkse koopzondag leidt niet tot overlast' uit de openingscasus en geef antwoord op de volgende vragen.
    a Van welke steekproef is hier sprake?
    b Waarom zou hiervoor gekozen zijn?

6.4 Leest het (ingekorte) artikel 'Next.checkt' en beantwoord de vragen.

● nrcnext.nl

Next.checkt: '27% van de vrouwen boven de dertig speelt dagelijks drie uur mobile games'

In het meinummer van het *Tijdschrift voor Marketing* schrijft columnist Marianne van Leeuwen, oprichter van het Amsterdamse communicatiebureau Sister, over de voorname rol van vrouwen bij de nieuwe mobiel-internethype social gaming. Zo groeide het spel Draw Something – Pictionary voor de smartphone – in korte tijd uit tot een van de grootste spellen op Facebook, vooral dankzij de populariteit ervan bij vrouwen. Van Leeuwen schrijft: 'Vrouwen besteden daar steeds meer tijd aan; 27 procent van de vrouwen boven de dertig speelt meer dan drie uur per dag spelletjes via de mobiel. Bij mannen is maar 18 procent zo fanatiek.' Het percentage van 27 procent lijkt lezer Edwin Dijkgraaf wel erg veel. 'Kunt u dat even checken?'

Waar is het op gebaseerd?
In een reactie zegt Van Leeuwen dat ze als columnist bovenal een punt wilde maken, namelijk dat gamen allang geen activiteit meer is voor uitsluitend puberjongens in hun slaapkamer. 'Een column is geen wetenschappelijk onderzoek, het gaat mij vooral om de tendensen.' Van Leeuwen, die vaker over internettrends schrijft, haalt haar informatie vaak van technologieblogs als Mashable.com. De exacte bron van de bewering over de 27 procent weet ze niet direct, maar ze heeft het op verschillende sites zien staan.
Wel heeft ook Van Leeuwen haar twijfels of het percentage wel klopt. Ze benadrukt dat wetenschappelijk onderzoek naar nieuwe internettrends spaarzaam is, waardoor je als auteur er soms niet omheen kunt minder betrouwbaar onderzoek aan te halen. Het percentage van 27 procent is vrijwel zeker afkomstig uit een persbericht dat MocoSpace op 6 januari publiceerde. MocoSpace is een Amerikaanse online gamecommunity met 22 miljoen gebruikers. De oprichters hielden in december vorig jaar een online-enquête onder 15.000 van hun gebruikers. Daarin zei 27 procent van de vrouwelijke en 18 procent van de mannelijke ondervraagden van boven de dertig meer dan drie uur per dag te gamen via de mobiel.

14 mei 2013 (ingekort)

a Wat voor soort steekproef is hier getrokken?
b Is deze manier van steekproef trekken juist of onjuist? Leg uit.

6.5 Lees de twee artikelen 'Amsterdam beste stad' en 'Brussel weet het ook: in Europa gaat niets boven Groningen' en beantwoord de vragen.

DAGBLAD VAN HET NOORDEN, 13 JUNI 2007

Amsterdam beste stad

AMSTERDAM – Nederlanders vinden Amsterdam de beste stad van Nederland. Dat blijkt uit een gisteren gepubliceerd onderzoek in opdracht van ING Real Estate en onderzoeksbureau Berenschot onder circa duizend respondenten. Maastricht komt op de tweede plek en Utrecht op de derde. Den Bosch staat op vier en Rotterdam op vijf.
De onderzoekers vroegen de deelnemers naar hun favoriete stad om te wonen, werken, winkelen en vrije tijd door te brengen. Amsterdam staat op alle lijsten bovenaan.

Wat wonen betreft, komt Maastricht op twee en Apeldoorn op drie. Als het om winkelen gaat, staan Utrecht en Maastricht op respectievelijk twee en drie. De beste steden om te werken zijn, na Amsterdam, achtereenvolgens Rotterdam en Utrecht. Op het gebied van vrije tijd haalt Maastricht 'zilver' en Utrecht 'brons'. Verder vinden Nederlanders Almere de meest geschikte stad om met kinderen te wonen, en Maastricht de beste plaats voor senioren. Volgens een grote meerderheid (62 procent) is Amsterdam de hipste stad van het land. (ANP)

DE VOLKSKRANT, 26 JULI 2007

Brussel weet het ook: in Europa gaat niets boven Groningen

BRUSSEL – De stad zelf zei het al langer in haar marketingcampagne, maar onderzoek in opdracht van de Europese Commissie heeft het bevestigd: er gaat niets boven Groningen.
Van 75 steden in Kroatië, Turkije en de 27 EU-landen, reageren de Groningers het positiefst op de vraag of ze tevreden zijn over hun stad. Ja, ik ben 'zeer tevreden' of 'redelijk tevreden', antwoordt 97 procent van de Groningse respondenten.

De stad wordt op de voet gevolgd door het Poolse Krakow en het Duitse Leipzig. Hekkensluiters zijn Napels, Istanbul en Athene. Amsterdam staat op plaats 30, Rotterdam op 53.

Groningers klagen ook het minst van alle ondervraagden over luchtvervuiling.

Daarin wordt de stad gevolgd door het Poolse Bialystok en het Deense Aalborg; weer staat Athene onderaan. Nergens anders dan in Groningen en het Belgische Luik is men tevredener over de gezondheidszorg. Ook op andere terreinen scoort Groningen opvallend hoog. Ruim 95 procent voelt zich er veilig, goed voor een vierde plaats na Aalborg, het Finse Oulu en het Spaanse Oviedo. Amsterdam volgt op de tiende plaats, voor Parijs (14), Antwerpen (41) en Londen (50).

Locoburgemeester Peter Verschuren van Groningen is in zijn nopjes. 'Vorig jaar werden we ook al uitgeroepen tot beste binnenstad, tot de veiligste gemeente en tot beste fietsstad van Nederland.' Volgens hem is het imago van de stad aan het verbeteren. 'We zijn niet zielig en willen niet telkens om extra steun vragen. We hebben de knop omgezet.'

Valt er dan niets te klagen? Een beetje. Een op de vijf Groningers vindt de allochtonen onvoldoende geïntegreerd. Daarmee staat de stad op de 19de plaats. Groningen staat pas op 43 bij de vraag of het gemakkelijk is om er een goede baan te vinden. 'Nee', zegt ruim de helft. Dan kun je beter in Amsterdam (op 8) of Rotterdam (10) wonen.

'De werkloosheid ligt hier hoger dan het landelijke gemiddelde', beaamt Verschuren. 'Maar het verschil wordt wel steeds kleiner. Deze onderzoeksresultaten helpen ons hopelijk om nieuwe bedrijven naar het Noorden te halen.'

a Wat is het verschil in steekproef trekken tussen beide onderzoeken?
b Wel effect kan het verschil in steekproef trekken hebben op de resultaten?
c Geef voor beide steekproeven aan in welke situatie je ze zou willen toepassen.

Nieuw: Maurice de Hond en co worden nu ook zelf gepeild

Zet werkplezier voor de leraar voorop dit jaar

Gemeente ondervraagt drieduizend Gorcumers

7
Kwantitatief onderzoek: enquête-research

7.1 Dataverzameling
7.2 Online kwantitatief onderzoek
7.3 Variabelen operationaliseren
7.4 Enquêtevragen
7.5 Antwoordcategorieën
7.6 Afname-instrument
7.7 Analyse

In hoofdstuk 6 hebben we de populatie bepaald en de steekproef getrokken. In dit hoofdstuk gaan we dieper in op enquêteresearch (onderzoek door middel van een vragenlijst). We beschrijven de verschillende manieren van dataverzameling (paragraaf 7.1), het online verzamelen van data (paragraaf 7.2), het operationaliseren van de variabelen (paragraaf 7.3), het maken van enquêtevragen (paragraaf 7.4) en hun antwoordcategorieën (paragraaf 7.5). Ook komt de keuze van het afname-instrument (paragraaf 7.6) en de analyse aan bod (paragraaf 7.7).

Na bestudering van dit hoofdstuk moet je in staat zijn om:
- een keuze te maken tussen verschillende manieren van dataverzameling
- van onderzoeksvragen naar een goede vragenlijst te komen
- goede en slechte enquêtevragen te onderscheiden
- te besluiten welke analyses je kunt uitvoeren

Consumenten geven kwart meer uit aan duurzaam eten

Ondanks de crisis hebben consumenten vorig jaar een kwart meer uitgegeven aan duurzaam voedsel dan in 2011. Terwijl de totale uitgaven aan voeding licht daalden, steeg de omzet van milieu- en diervriendelijke producten in 2012 tot 2,2 miljard euro. Dat blijkt uit de Monitor Duurzaam Voedsel 2012, die jaarlijks door het ministerie van Economische Zaken wordt gepubliceerd.

De meeste dier- en milieuvriendelijke producten gingen over de toonbank bij supermarkten. Die maakten ruimte in hun schappen voor verantwoorde A-merken en verduurzaamden hun huismerken. Hierdoor steeg de verkoop met 34 procent. Van alle etenswaren die werden verkocht, was vorig jaar 5,5 procent duurzaam. Het jaar daarvoor was dit nog 4,4 procent.

Vooral de verkoop van duurzaam vlees is toegenomen. Dat is te verklaren door het uitgebreide vleesassortiment van de supermarkten. Van het beschikbare varkensvlees is op dit moment 40 procent duurzaam. Twee jaar geleden was dat nog geen 4 procent. Johan Bakker van de Wageningen Universiteit, die het onderzoek voor de monitor heeft gedaan, denkt dat dit komt door een mentaliteitsverandering. 'Er zijn steeds meer flexitariërs. Als iemand geen zeven keer per week vlees eet maar drie keer per week, is hij bereid meer te betalen voor een echt goed stuk vlees.'

In hoeverre bewustere keuzen van de consument te maken hebben met de groei, is niet geheel duidelijk. Behalve nieuwe producten, krijgen ook bestaande producten namelijk een duurzaamheidslabel. Hoeveel van de groei van de duurzame verkopen komt doordat bestaande producten nu als duurzaam worden geregistreerd, kan Bakker niet zeggen. 'Het is onbegonnen werk om uit te zoeken hoeveel van de totale groei afkomt van al bestaande producten.' De onderzoeker benadrukt dat de productie van bijvoorbeeld hagelslag wel duurzaam moet zijn om het keurmerk te krijgen. 'De chocola is dan niet per se anders, maar het bedrijf voldoet nu aan alle regels om het keurmerk te krijgen.'

Bron: de Volkskrant, 13 juni 2013

7.1 Dataverzameling

Data verzamelen kun je op verschillende manieren doen. Ook in de vorm waarin je de data verzamelt, kun je verschillende keuzes maken. In deze paragraaf bespreken we de vormen (subparagraaf 7.1.1) en de manieren (subparagraaf 7.1.2), zodat je een overwogen keuze kunt maken hoe je je onderzoek wilt gaan uitvoeren.

7.1.1 Vormen van dataverzameling

De vorm van dataverzameling is afhankelijk van hoe vaak je het onderzoek uitvoert. Je hebt drie verschillende vormen van onderzoek. We leggen ze uit aan de hand van een voorbeeld.

Als je wilt weten hoe het gesteld is met de gezondheid van de bewoners van de gemeente Utrecht, kun je dit op de volgende drie manieren onderzoeken:

1 ad-hoconderzoek
2 periodiek onderzoek
3 continu onderzoek

Vormen van onderzoek

Ad 1 Ad-hoconderzoek
Ad-hoconderzoek wordt éénmalig uitgevoerd. Dat wil zeggen, de gemeente Utrecht wordt met een specifiek gezondheidsprobleem geconfronteerd en voor dat probleem laat men een onderzoek uitvoeren.

Ad 2 Periodiek onderzoek
Periodiek onderzoek wordt meerdere malen of regelmatig uitgevoerd, bijvoorbeeld ieder jaar. Periodieke metingen hebben als belangrijk voordeel dat je ontwikkelingen goed kunt volgen. Een voorbeeld hiervan is als de gemeente Scheemda iedere herfst een onderzoek laat uitvoeren naar hoofdluis op de basisscholen.

Ad 3 Continuonderzoek
Bij continuonderzoek worden er continu (dagelijks, wekelijks of maandelijks) gegevens verzameld. Dit betekent in de meeste gevallen dat er gebruik wordt gemaakt van een standaardvragenlijst, waaraan soms een ad-hoconderwerp wordt toegevoegd. De gemeente Utrecht kan bijvoorbeeld een vast iemand in dienst hebben die steekproefsgewijs (het hele jaar door) de deuren langsgaat voor een gezondheidsmonitor.

Een ander voorbeeld van continu onderzoek is het kijkonderzoek van Stichting Kijkonderzoek. Dit is onderzoek dat dagelijks gepubliceerd wordt. Om dit onderzoek uit te voeren, zijn 1.245 huishoudens in Nederland (ongeveer 2.800 personen) voorzien van apparatuur bij al hun televisies, waarmee geregistreerd wordt wie naar welke zender kijkt.

Kijkonderzoek

Zowel over periodiek onderzoek als over continu onderzoek wordt vaak gesproken in termen van een 'monitor'. In het artikel 'Consumenten geven kwart meer uit aan duurzaam eten' in de openingscasus zien we een voorbeeld van zo'n monitor.

Monitor

7.1.2 Manieren van dataverzameling

Data voor kwantitatief onderzoek kunnen op verschillende manieren verzameld worden. Welke manier je kiest, is afhankelijk van hoe de populatie het beste te bereiken is.

De volgende manieren van dataverzameling zijn mogelijk:
- face-to-face
- telefonisch
- schriftelijk
- internet

Face-to-face

Face-to-face-onderzoek

Bij face-to-face-onderzoek gaan de enquêteurs bij de mensen langs of staan ze op straat (bijvoorbeeld in een winkelcentrum) om de enquête af te nemen. Vaak worden mensen vooraf ingelicht over de komst van de enquêteur.
Het voordeel is dat mensen eerder meewerken dan bij de andere manieren. Het nadeel van deze manier van dataverzameling is dat het erg kostbaar is en veel tijd kost.

Telefonisch

De meeste mensen hebben het weleens meegemaakt. Je wordt gebeld of je mee wilt doen aan een enquête.

Telefonisch enquêteren

Het telefonisch enquêteren van mensen heeft een aantal voordelen, zeker als de computer als ondersteunend middel wordt gebruikt. De computer kan zodanig worden geprogrammeerd, dat deze een telefoonnummer kiest en belt uit een selectiebestand. Als de telefoon overgaat, schakelt het de verbinding door naar de interviewer (dit principe wordt ook wel CATI genoemd). Het is snel en het kost geen reistijd, zoals bij face-to-face-onderzoek.
Telefonisch enquêteren heeft ook nadelen. Zo is lang niet iedereen te bereiken via de telefoon. Tegenwoordig hebben lang niet alle huishoudens meer een vaste telefoonlijn en is het lastig om aan goede bestanden te komen met mobiele nummers.

Bias

Ook het feit dat de enquêteur de antwoorden van de respondent moet noteren is nadelig. Dit vormt extra storing (ook wel bias genoemd). De enquêteur kan onbewust of bewust de antwoorden van de respondent sturen. Bijvoorbeeld, de respondent moet een cijfer van één tot tien geven over de dienstverlening van de gemeente. Hij zegt 'voldoende'. Als de enquêteur nu zonder te vragen een zes noteert, stuurt hij de respondent. Een voldoende kan immers ook een zeven of een acht zijn. Bij schriftelijk en internetonderzoek heb je dit niet.

Schriftelijk

Schriftelijke enquête

Bij een schriftelijke enquête worden de vragenlijsten opgestuurd of uitgedeeld.
Voordeel hiervan is dat de onderzoeker de vragenlijsten niet zelf hoeft af te nemen en dat de enquêteur niet onbewust of bewust de antwoorden van de respondent kan sturen. Tevens is het een voordeel dat de respondent zelf kan kiezen op welk tijdstip hij of zij de enquête gaat invullen.
Een nadeel van schriftelijk enquêteren is dat je de respons niet in de hand hebt. De respons kun je verhogen door een herinneringsbrief te sturen of de persoon telefonisch aan te sporen, maar tussentijdse beïnvloeding is haast niet mogelijk. Ook is er haast geen controle mogelijk op de eerlijkheid van de ge-enquêteerde. Deze ingevulde vragenlijsten zijn achteraf om deze redenen nog wel te verwijderen, maar dit kan weer als willekeur van de onderzoeker worden opgevat.

Internet

Bij het verzamelen van data via internet wordt de doelgroep via een uitnodigingsmail of via een website uitgenodigd om mee te doen aan een onderzoek. Tegenwoordig heeft meer dan 90% van de huishoudens een internetaansluiting, dus is voor de meeste onderzoeken via het internet een representatieve steekproef te doen. Hierbij moet de kanttekening worden geplaatst dat niet alle bevolkingsgroepen even goed vertegenwoordigd zijn. Verder is het krijgen van een goed bestand met mailadressen erg lastig. Vooral als je geen steekproefkader hebt, is het vrijwel onmogelijk om aan een goed mailbestand te komen.

Het grote voordeel is dat het relatief goedkoop is en weinig tijd kost. Meer over kwantitatief onderzoek via internet staat in de volgende paragraaf.

Data via internet

7.2 Online kwantitatief onderzoek

Online kwantitatieve onderzoeken zijn onderzoeken waarbij een enquête op internet ingevuld kan worden en de onderzoeker op elk willekeurig moment de resultaten kan op vragen. Er wordt onderscheid gemaakt tussen twee soorten kwantitatief onderzoek:
- websurvey-onderzoek
- panelonderzoek

7.2.1 Websurvey-onderzoek

Websurveys zijn enquêtes die via het internet plaatsvinden. Personen krijgen een e-mail of worden via een website uitgenodigd om mee te doen aan een onderzoek.

Websurveys

Het betreft bij websurveys bijna altijd 'self-administered' (zelf invulbare) enquêtes, waarbij een enquête met standaardvragen zelfstandig door de respondent ingevuld en verstuurd kan worden (zie figuur 7.1).

FIGUUR 7.1 Online vragenlijst

Of een onderzoek via internet of telefonisch wordt uitgevoerd, heeft invloed op de resultaten. Dat heeft twee oorzaken:
- De onderzoeker bereikt via internet een andere groep mensen dan via de telefoon. Zo zijn internetters gemiddeld wat jonger en hoger opgeleid. Dit hoeft afhankelijk van het steekproefkader niet tot problemen te leiden, als de onderzoeker maar goed oplet welke mensen hij wel en niet ondervraagt en als hij (indien nodig) zijn resultaten maar op een juiste manier weegt.
- Het medium zelf beïnvloedt de respondent (bijvoorbeeld door de aanwezigheid van een interviewer bij telefonisch onderzoek).

Tabletonderzoek

Met een tablet kun je face-to-face-websurvey-onderzoek uitvoeren, bijvoorbeeld op een beurs. Het grote voordeel van tabletonderzoek ten opzichte van face-to-face-onderzoek is dat de resultaten direct voorhanden zijn. Veronderstel dat de respondenten vinden dat er te weinig catering op de beurs aanwezig is, dan kan er direct worden ingegrepen.

7.2.2 Panelonderzoek

Online-onderzoekspanel

Panelonderzoek is een veelvoorkomende vorm van online-onderzoek. Een online-onderzoekspanel kan in beheer zijn van een bedrijf, organisatie of onderzoeksbureau (zie figuur 7.2). Ze zijn meestal bewust zo samengesteld dat ze de populatie waar je iets over wilt zeggen zo goed mogelijk representeren. Het gaat uit van dezelfde manier van enquêtes invullen als websurvey-onderzoek, waarbij een enquête met standaardvragen zelfstandig door de respondent ingevuld en verstuurd kan worden. Alleen bestaat een onderzoekspanel uit respondenten die aangegeven hebben mee te willen werken aan een of meerdere toekomstige onderzoeken.

Vooraf zijn vaak al de belangrijkste demografische variabelen bekend. Hiervan kan gebruik worden gemaakt bij de steekproeftrekking of onderzoeksopzet.

FIGUUR 7.2 AD Onderzoekspanel

Hierna gaan we kort in op het werven van respondenten, de voordelen en de gevaren van onlinepanels, en de kenmerken van panels.

Werven van respondenten
Panelrespondenten op internet zijn vaak via self-recruitingmethoden geworven. Dit wil zeggen dat de respondent zichzelf heeft aangemeld om mee te doen aan onderzoeken. Vaak doen mensen dat, omdat ze een beloning krijgen per ingevulde enquête. De panelleden maken veel gebruik van internet, wonen algemeen in grote steden en zijn hoogopgeleid.

Self-recruitingmethoden

De moeilijker te bereiken doelgroepen worden vaak op een andere manier geworven voor online-onderzoek. Dat gebeurt door middel van uiteenlopende methoden, zoals telefonische vooraankondiging of hogere beloningen.

Omdat een panel als basis dient voor vele verschillende onderzoeken, is de manier waarop een panel opgebouwd wordt van cruciaal belang voor de betrouwbaarheid ervan. Het grootste panel (Panelclix van Euroclix) in Nederland kent zo'n 150.000 actieve leden.

Voordelen en gevaren van onlinepanels
Onlinepanels hebben twee voordelen ten opzichte van andere kwantitatieve onderzoeksmethoden:
1 beschikbaarheid van de vooraf verzamelde kenmerken van respondenten
2 de mogelijkheid om respondenten over een langere periode te volgen

Onlinepanels kennen ook hun gevaren. De gevaren zijn:
- Panelmoeheid: dit kan optreden als respondenten zich gaan gedragen als ervaren enquête-invullers. Om dit te voorkomen leggen de meeste panels beperkingen op aan de frequentie van deelname.

Panelmoeheid

- Oververtegenwoordiging: inwoners van grote steden zijn overmatig oververtegenwoordigd in panels, net als veelvuldig internetgebruikers.

Oververtegenwoordiging

- Gemakzuchtigheid: het grootste gevaar van panels zijn de gemakzuchtige respondenten. Dit zijn respondenten die vragenlijsten in een rap tempo invullen en vaak niet goed naar de vragen kijken.

Gemakzuchtigheid

Panelkenmerken
De hoogte van de respons hangt samen met de volgende panelkenmerken:
- panelleeftijd (hoelang het panel bestaat)
- wervingsmethoden (hoe de respondenten worden geworven)
- beloningssystemen (hoe panelleden worden beloond voor het invullen van de enquêtes)
- panelbewaking (of er geregeld kwaliteitscontroles naar de panelopbouw worden gehouden)
- omgang met de respondent (hoe het panel de respondent benadert)
- verbondenheid met het merk (bij een bedrijfspanel: hoe verbonden men is met het merk)

Het artikel 'Nieuw: Maurice de Hond en co worden nu ook zelf gepeild' plaatst kritische kanttekeningen bij peilingsonderzoeken.

NRC HANDELSBLAD, 4 SEPTEMBER 2012

Nieuw: Maurice de Hond en co worden nu ook zelf gepeild

Het moet een vreemde gewaarwording zijn voor TNS Nipo, Ipsos Synovate en Maurice de Hond. Vanaf vandaag worden de peilingbureaus namelijk zélf gepeild. Door Peilen Doe Je Zo: het 'eerste volledig transparante peilingbureau dat de nieuwspeilingen én de opiniepeilers onder de loep neemt'.

Peilen Doe Je Zo is een project van kunstenaar Coralie Vogelaar, tot stand gekomen met steun van het mediafonds. De nieuwste peiler wil 'Nederland de kans geven zich uit te spreken over peilingen'. En zo meer inzicht geven in de methoden die de peilers hanteren.

'ALLES WORDT GEPEILD BEHALVE PEILERS ZELF'

Om dit te bereiken, gaat het nieuwe peilingbureau de komende weken peilingen van onder meer Maurice de Hond overdoen, om zo 'te laten zien dat je als je een vraag net iets anders stelt of het net toevallig regent buiten je heel andere resultaten krijgt', aldus Vogelaar. En Peilen Doe Je Zo gaat peilingen houden over peilingen, want 'alles wordt gepeild behalve de peilers zelf', zegt Vogelaar.

Het project is een reactie op de toenemende aandacht voor peilingen. Uit een analyse van De Nederlandse Nieuwsmonitor blijkt dat de Nederlandse kranten alleen al de afgelopen twee weken 219 artikelen wijdden aan politieke peilingen tegen 197 in dezelfde periode bij de vorige verkiezingen. Belangrijke bron is de wekelijkse peiling van Maurice de Hond, die sinds deze week ook dagelijks een politieke peiling bij De Wereld Draait Door presenteert. De Hond krijgt regelmatig kritiek op zijn manier van peilen: via een internetpanel waarvoor respondenten zichzelf kunnen aanmelden. Dit zou bepaalde groepen uitsluiten van de steekproef.

'23 PROCENT VAN NEDERLANDERS WIL VERBOD OP PEILINGEN VLAK VOOR VERKIEZINGEN'

Peilen Doe Je Zo presenteert vandaag de eerste resultaten: een telefonische enquête onder vijfhonderd Nederlanders over wat zij vinden van peilingen. Wat blijkt: 23 procent van de Nederlanders wil een verbod op peilingen twee weken voor de verkiezingen. De helft vindt dat de media minder aandacht aan peilingen moeten besteden. Negen op de tien Nederlanders zegt dat peilingen geen invloed hebben op hun stemgedrag. En Maurice de Hond krijgt van de respondenten het rapportcijfer 6,2.

VOGELAAR: OOK DEZE PEILING MET EEN KORREL ZOUT NEMEN

Alhoewel, het ligt wat genuanceerder blijkt uit de foutmarge die Peilen Doe Je Zo publiceert. Zo ligt het rapportcijfer van De Hond ergens tussen de 6,07 en 6,33. En de genoemde percentages kunnen 3,8 procent naar boven en beneden afwijken. De cijfers moet je daarom, net als bij alle andere peilingen, met een korrel zout nemen, benadrukt Vogelaar.

'Het is een telefonische enquête en dus is er het gevaar van sociaal wenselijke antwoorden. Peilen is geen harde wetenschap en het wordt tijd dat peilers daar open over zijn.'

De interesse van De Hond is in ieder geval gewekt. Hij zegt: 'Ik ga het aandachtig volgen. Ik ben vooral benieuwd naar de representativiteit van hun resultaten. Zodat het niet louter een grachtengordelinitiatief van "ons soort mensen" blijft.'

In tabel 7.1 hebben we de belangrijkste panelbedrijven van Nederland genoemd plus de naam van het bedrijf.

Panelbedrijven

TABEL 7.1 Overzicht panels in Nederland

Naam bedrijf	Panel
Ciao/Greenfield	CiaO Gmbh
Euroclix	PanelClix
Flycatcher	Flycatcher panel
GMI	Global Test market
GfK Panel Services Benelux BV	Panel.IntomarktGFK
No Ties BV	Peil.nl
PanelWizard	PanelWizard
Toluna	Toluna's PanelPortal
TNS NIPPO	TNS NIPOBase

7.3 Variabelen operationaliseren

Nadat je de centrale vraag hebt afgebakend, de onderzoeksvragen hebt geformuleerd en de keuze hebt gemaakt voor een type steekproef en methode van dataverzameling, komt nu de stap van het ontwikkelen van het onderzoeksinstrument: de vragenlijst.

In het werkplan heb je de onderzoeksvragen en eventueel het conceptueel model gemaakt. Op basis hiervan maak je een lijst met de in kaart te brengen variabelen. Deze variabelen moeten vertaald worden in meetbare termen. Dit noemen we *operationaliseren*. Niet elke variabele leent zich ervoor om rechtstreeks in een enquête opgenomen te worden (zie paragraaf 5.1.1 voor een uitgebreidere uitleg).

Je hebt rechtstreekse en indirecte indicatoren. Veronderstel, je onderzoekt werkstress in bedrijven. Je kunt dit meten aan de hand van verschillende indicatoren. Neemt iemand zijn werk mee op vakantie of denkt hij bij thuiskomst nog aan het werk? Dit zijn twee indirecte indicatoren, die beide antwoord geven op de vraag of iemand werkstress heeft. Je kunt ook rechtstreeks vragen aan werknemers vragen of ze last van werkstress hebben. Dan gebruik je een directe indicator.

Indicatoren

Indirecte indicatoren pas je vaak toe om sociale wenselijkheid te verminderen. In het volgende voorbeeld zie je het verschil tussen directe en indirecte indicatoren.

VOORBEELD 7.1
Een aantal studenten van een organisatie heeft onderzocht hoe het mannelijk middenkader aankijkt tegen een vrouwelijke leidinggevende. De hoofdvraag van het onderzoek was: 'Wat vindt het mannelijk middenkader van een vrouwelijke leidinggevende?' Bij een directe vraag aan de respondent wat ze er van vonden, zeiden de respondenten dat ze er geen problemen mee hadden Als extra item werd gevraagd wat ze dachten wat hun directe collega's ervan vonden. Alle respondenten gaven aan dat hun collega's er moeite mee zouden hebben, terwijl ze zelf aangaven er geen moeite mee te hebben.

Om deze onderzoeksvraag te beantwoorden, is dus gebruikgemaakt van twee indicatoren.
De indirecte methode gaf vermoedelijk een meer valide beeld.

7.4 Enquêtevragen

Bij kwantitatief onderzoek wordt gewerkt met een vooraf vastgelegde vragenlijst. We bespreken in deze paragraaf de basiseisen van een vragenlijst en de verschillende vraagsoorten die je kunt gebruiken in een enquête.

7.4.1 Basiseisen vragenlijst
Een vragenlijst moet voldoen aan een aantal basiseisen:
1 overzichtelijk
2 compleet
3 neutraal
4 niet te lang
5 duidelijke keuzes
6 duidelijk taalgebruik

Ad 1 Overzichtelijk
Een vragenlijst moet gemakkelijk in te vullen zijn of af te nemen. Als respondenten de vragenlijst te onoverzichtelijk vinden, gaan ze eerder halverwege stoppen of vullen ze antwoorden in die niet kloppen. Zorg ervoor dat vragen over hetzelfde onderwerp bij elkaar staan.

Ad 2 Compleet
Als een vragenlijst eenmaal is uitgezet, kan er niks meer aan veranderd worden. De vragenlijst moet antwoord geven op jouw onderzoeksvragen. Zorg ervoor dat deze alle beantwoord kunnen worden met de vragenlijst. Aan te raden is om de vragenlijst eerst te testen voordat je hem uitzet. Eventuele fouten die je zelf niet zag, worden er dan uitgefilterd.

Vragenlijst testen

Ad 3 Neutraal
Een vragenlijst moet neutraal zijn. Het moet de respondent niet in een bepaalde richting sturen. Een vraag die luidt 'veel mensen vinden dat product a goed is, vindt u dat ook?' is uit den boze. Het ergste is als een vragenlijst bewust manipulatief is en de respondent naar een antwoord stuurt die de opdrachtgever graag wil hebben. Een sturende vragenlijst is wel mogelijk bij een journalistiek interview.

Ad 4 Niet te lang
Een vragenlijst moet compact zijn. Een te lange vragenlijst zorgt voor een lagere respons. Hoe korter de vragenlijst, des te meer respons er te verwachten is. Als richtlijn kun je nemen dat een telefonische enquête maximaal twintig minuten mag duren en een face-to-face-enquête maximaal een uur.

Ad 5 Duidelijke keuzes
Zorg ervoor dat je geen vragen toevoegt die niets met je onderzoek te maken hebben. Een vragenlijst moet een duidelijk onderwerp en een duidelijke vraagstelling hebben. Als de vragenlijst een samenraapsel van van alles en nog wat is, dan zijn de resultaten minder representatief.

Dit is een valkuil waarmee veel studenten tijdens hun stage/bedrijfsopdrachten te maken krijgen. Veel bedrijven willen van alles weten en vragen de student te veel dingen op te nemen in de vragenlijst. Hierdoor wordt het uiteindelijke doel van de vragenlijst uit het oog verloren.

Ad 6 Duidelijk taalgebruik
Iedere respondent uit jouw doelgroep moet de vragenlijst begrijpen. Houd de vragenlijst eenvoudig en helder voor de respondent. Dit betekent dat een vragenlijst voor basisscholieren makkelijker invulbaar moet zijn dan een vragenlijst voor hoger opgeleiden. Bij vragenlijsten voor een bepaald vakgebied moet je gebruikmaken van het juiste jargon.

7.4.2 Vraagsoorten vragenlijst
Er zijn verschillende typen vragen mogelijk. De hoofdindeling is: open vragen versus gesloten vragen.
Bij een open vraag kan de respondent zelf een antwoord bedenken en bij een gesloten vraag staan de antwoordmogelijkheden vast.
Bij een open vraag kun je kiezen tussen wel of niet geprecodeerde antwoorden. Hiermee wordt aangegeven of de antwoorden achteraf wel of niet worden gekwantificeerd.

Geprecodeerde antwoorden

Voorbeelden van gesloten vraagsoorten zijn:
1. enkelvoudig
2. meervoudig
3. halfopen
4. schaal
5. dichotoom antwoord
6. rangschikken
7. beeldvragen

Gesloten vraagsoorten

Ad 1 Enkelvoudig
Een enkelvoudige vraag is een vraag waarbij de respondent één optie kan kiezen. Bijvoorbeeld: 'Welke merk racefiets heeft u?' Er kunnen veel antwoordcategorieën mogelijk zijn, maar het moet duidelijk zijn waaruit de respondent kan kiezen. Je kunt er ook voor kiezen een ruimte achter de vraag open te laten.

Enkelvoudige vraag

> Wat is uw geboortejaar? ....
>
> Waar houdt u het meest van? (één antwoord mogelijk)
> 1. Films
> 2. Lezen
> 3. Luieren
> 4. Eten

Ad 2 Meervoudig
Een meervoudige vraag is een vraag waarbij de respondent meerdere antwoorden kan geven. Een voorbeeld van zo'n vraag is: 'Welke huishoudelijke apparaten heeft u in huis?'

Meervoudige vraag

Halfopen vragen

Ad 3 Halfopen
Bij halfopen vragen heb je naast een aantal gesloten antwoorden ook een open categorie.
Dat gebeurt bijvoorbeeld als men een aantal redenen opsomt die niet uitputtend zijn.

> Waarvoor komt u naar de binnenstad van Amsterdam?
> ○ winkels
> ○ historische binnenstad
> ○ horeca
> ○ cultuur
> ○ anders, namelijk ....

Schaalvragen

Ad 4 Schaal
Met schaalvragen worden vaak meningen over stellingen gepeild. Bij een schaal kies je voor meerdere antwoordmogelijkheden, van negatief naar positief.
Vaak wordt er gekozen voor een vijf- of zevenpuntsschaal. Dit is een oneven aantal, zodat de middelste neutraal kan zijn. In sommige gevallen (vaak bij gevoelige onderwerpen) wordt er wel gekozen voor een even antwoord om de respondent te dwingen een keuze te maken. Dit wordt dan gedaan om te voorkomen dat de grootste groep respondenten uit sociale wenselijkheid het neutrale midden invullen. Een zevenpuntsschaal is in dit geval ook beter dan een vijfpuntsschaal. Door meer nuance aan te brengen, is de kans kleiner dat mensen het neutrale midden kiezen.

> Als ik bel naar organisatie X, dan wordt de telefoon snel opgenomen.
> 1 helemaal mee oneens
> 2 mee oneens
> 3 noch oneens/noch eens
> 4 mee eens
> 5 helemaal mee eens

Als alleen de uiteinden (1 en 5) benoemd zijn is het op te vatten als een intervalschaal, als alle punten benoemd worden is het eigenlijk een ordinale schaal.

Ad 5 Dichotoom antwoord
Bij een dichotoom antwoord kan de respondent slechts uit twee antwoorden kiezen.
Dit zijn vaak ja/nee-vragen.

> Maakt u gebruik van het openbaar vervoer?
> ○ ja
> ○ nee
>
> Wat is uw geslacht?
> ○ man
> ○ vrouw

Ad 6 Rangschikken
Bij rangschikken wordt de respondent gevraagd om aantal zaken in een bepaalde volgorde te zetten.

> Geef van onderstaande vijf automerken aan in welke u het liefste rijdt.
> Geef uw favoriete auto het cijfer 1 en de minst favoriete het cijfer 5.
> Audi
> VW
> Mazda
> Ford
> Volvo

Ad 7 Beeldvragen
Bij beeldvragen laat de onderzoeker plaatjes zien en vraagt hij bijvoorbeeld welk plaatje het best bij de respondent past. Daarbij vraag je waarom de respondent kiest voordat ene plaatje. Uit de beschrijving van de reden kun je veel informatie halen.

7.5 Antwoordcategorieën

In deze paragraaf bespreken we de antwoordcategorieën van een vraag.
Deze moeten voldoen aan de volgende voorwaarden: **Voorwaarden**
1 logische volgorde
2 uitputtend
3 meetbaar
4 geen overlap
5 herkenbaar

Ad 1 Logische volgorde
De antwoorden moeten in een duidelijke volgorde gepresenteerd worden.
Het moet geen puzzel zijn voor de respondent.

> Wat is uw hoogst genoten opleiding, inclusief de huidige?
> ○ basisonderwijs/lagere school
> ○ lbo/v(m)bo/praktijkschool
> ○ mavo/mulo/ulo/vglo
> ○ havo/mbo/vwo/hbs/mms
> ○ hbo/wo

Ad 2 Uitputtend
Alle mogelijke antwoorden moeten ertussen staan. Het mag niet voorkomen dat er een antwoord bewust of onbewust is weggelaten.

> Wat is uw gezinssituatie?
> O thuiswonend bij ouders/verzorgers
> O samenwonend/gehuwd zonder kinderen
> O samenwonend/gehuwd met kinderen
> O alleenstaande ouder
> O alleenstaand
> O anders, namelijk

Numeriek

Ad 3 Meetbaar
De categorieën moeten numeriek zijn (of dat gemaakt kunnen worden), zodat je ermee kunt rekenen. Numeriek maken betekent, dat je aan iedere categorie een cijfer koppelt.
De vraag naar hoogst genoten opleiding kunnen we als volgt numeriek maken:

> Wat is uw hoogst genoten opleiding, inclusief de huidige?
> 1 basisonderwijs/lagere school
> 2 lbo/v(m)bo/praktijkschool
> 3 mavo/mulo/ulo/vglo
> 4 havo/mbo/vwo/hbs/mms
> 5 hbo/wo

Deze getallen voeren we daarna in SPSS in. Hierover meer in subparagraaf 7.7.2.

Ad 4 Geen overlap
Zorg ervoor dat de respondent slechts één antwoord hoeft te geven bij vragen waar slechts één antwoord mogelijk is.
Veronderstel je stelt de vraag 'wat is uw leeftijd'? Dan is een verkeerde categorisering de volgende:

> O 18–20
> O 20–30
> O 30–40

Hiervoor is er een overlap. Veronderstel dat je 20 bent. Bij welke categorie moet je een kruisje zetten?

Ad 5 Herkenbaar
Zorg voor duidelijke categorieën, die aansluiten bij de doelgroep van je vragenlijst.
Als je de vraag hebt 'wat is je favoriete gameconsole'? Dan zorg je dat je de juiste categorieën hebt met de meest up-to-date-gameconsoles.

> Wat is je favoriete gameconsole?
> O XBOX One
> O Playstation 4
> O WII U
> O Anders, namelijk...

In het algemeen heeft een antwoordcategorie met een hoger meetniveau (interval/ratio) de voorkeur boven een lager meetniveau (ordinaal).

Op de website www.onderzoekdoen.noordhoff.nl is een aantal voorbeelden van vragenlijsten te vinden.

7.6 Afname-instrument

In deze paragraaf bespreken we de laatste fase voordat het onderzoek wordt afgenomen. Als de vragenlijst klaar is, is het belangrijk om deze te testen. Aan te raden is om behalve jezelf ook twee andere mensen (uit de doelgroep) te vragen je vragenlijst in te vullen. De ervaring leert dat je er op deze manier veel fouten uit kunt halen. Dat is belangrijk, want als de vragenlijsten zijn verstuurd, kan er niks meer veranderd worden.

We bespreken het verschil in voorbereiding bij de volgende manieren van kwantitatief onderzoek:
1 face-to-face
2 telefonisch
3 schriftelijk
4 internet

Ad 1 Face-to-face
Bij face-to-face-onderzoek is het belangrijk om de enquêteur te trainen op het afnemen van de vragenlijst. Het onderzoeksbureau NIPO werkt veel met face-to-face-enquêteurs en laat deze geregeld samenkomen voor een trainingsdag. De enquêteurs worden door middel van rollenspellen op hun verbeterpunten gewezen. Tevens is het belangrijk dat de laptop/pda waarmee de vragenlijst wordt afgenomen, goed werkt en de onderzoekssoftware zonder al te veel vertraging loopt.

Face-to-face-enquêteurs

Als je het enquêteren op papier doet, is het belangrijk dat de vragenlijst van een handzaam formaat is, zodat de enquêteur snel de enquête kan afnemen.

Ad 2 Telefonisch
Bij telefonisch onderzoek moet, net als bij face-to-face-onderzoek, de enquêteur goed getraind zijn. De software moet goed lopen, zodat de vragenlijst

Telefoonlijst

goed en in een snel tempo doorlopen kan worden. Bij telefonisch onderzoek is het ook belangrijk een goede telefoonlijst voorhanden te hebben. Bellen via een telefoonboek mag niet. De nummers moeten officieel eerst door een filter worden gehaald. In Nederland kunnen mensen zich namelijk afmelden voor marktonderzoek. Via Cendris of ander partijen kun je adressen van particulieren en bedrijfsadressen inkopen.

Ad 3 Schriftelijk

Retourenveloppe

Bij schriftelijk onderzoek moet de vragenlijst in te vullen zijn door de doelgroep van het onderzoek. Laat de vragenlijst testen door de doelgroep. Bij schriftelijk onderzoek moet er een retourenveloppe worden meegestuurd.

Ad 4 Internet

Mailbestand

Zorg bij onderzoek via internet dat de vragenlijst goed loopt. Een goed mailbestand is noodzakelijk en zorg voor een duidelijke uitnodiging.

7.7 Analyse

Nu de vragenlijst is uitgezet en er voldoende respons binnen is, is het tijd om de gegevens te analyseren. In deze paragraaf vertellen we op welke manieren je de gegevens kunt verwerken. We kijken eerst naar meetniveaus en daarna gaan we in op het statistiekprogramma SSPS.

7.7.1 Meetniveaus

De gesloten antwoorden zijn allemaal variabelen.
Een variabele kan verschillende meetniveaus hebben:
1 nominaal
2 ordinaal
3 interval
4 ratio

Ad 1 Nominaal
- De categorieën verschillen van elkaar.
- Er is geen verschil van meer of minder.
- Voorbeeld: man of vrouw.

Ad 2 Ordinaal
- De categorieën verschillen van elkaar.
- Er is een verschil van meer of minder.
- Voorbeeld: (zekere) rangorde, bijvoorbeeld lager onderwijs, hoger onderwijs, wetenschappelijk onderwijs.

Ad 3 Interval
- De categorieën verschillen van elkaar.
- Er is een verschil van meer of minder.
- Het verschil is uit te drukken in een getal.
- Voorbeeld: temperatuur in °C.

Ad 4 Ratio
- De categorieën verschillen van elkaar.
- Er is een verschil van meer of minder.
- Het verschil is uit te drukken in een getal.

- Het verschil is uit te drukken in een verhouding tot elkaar (tweemaal zo veel).
- Er is een absoluut nulpunt.
- Voorbeeld: leeftijd.

7.7.2 SPSS
De analyse van gegevens wordt via het statistiekprogramma SPSS gedaan. Met SPSS kun je data:

Statistiekprogramma SPSS

- maken: gegevensinvoer
- bewerken: bijvoorbeeld het samenvoegen van mensen in een aantal leeftijdscategorieën
- analyseren: bijvoorbeeld het berekenen van de samenhang tussen twee variabelen of het bepalen van de statistische significantie van een verschil tussen twee groepen

We bespreken nu een aantal basisanalyses. Voor een uitgebreidere uitleg over het analyseren van onderzoeksresultaten, zie de literatuur over statistiek en SPSS bij de links of de website bij dit boek: www.onderzoekdoen.noordhoff.nl.

Tellingen en percentages
In SPSS kun je tellingen en percentages berekenen met de procedure frequencies. Hiermee kun je tabellen in alle verschillende samenstellingen uitdraaien. Verder zijn er grafische methoden om tellingen en percentages te laten zien. Je kunt bijvoorbeeld een pie chart of staafdiagram uitdraaien. Zie subparagraaf 8.1.2.

Frequencies

Gemiddelde
Bij vragen waar een rapportcijfer of andere getallen worden gegeven, is met SPSS gemakkelijk het gemiddelde te berekenen. Ook voor allerlei deelgroepen is dit gemakkelijk uit te draaien.

Mediaan
Bij het berekenen van de mediaan zet SPSS alle gevonden waarden van een vraag van laag naar hoog. Het middelste getal is de mediaan.

Modus
De modus is de vaakst voorkomende uitkomst. Veronderstel je vraagt om de leeftijd van de respondent en de vaakst voorkomende leeftijd is 28. Dan is dit de modus.

Spreidingsbreedte
De spreidingsbreedte is een maatstaf voor de mate van variatie van de uitkomsten. Het is het verschil tussen de hoogste en laagste waarneming.

De open antwoorden van een enquête worden, als er duidelijke categorieën zijn geturfd, in de rapporten weergegeven. De hele lijst met open antwoorden zet je vaak in de bijlage. Hoe je deze antwoorden en de gesloten antwoorden rapporteert, staat in hoofdstuk 8.

Samenvatting

- ▶ Vormen van onderzoek zijn:
  - ad-hoconderzoek: je voert onderzoek eenmalig uit
  - periodiek onderzoek: je voert je onderzoek meerdere malen of regelmatig uit
  - continuonderzoek: je verzamelt continu gegevens

- ▶ Manieren van data verzamelen zijn:
  - face-to-face (bij mensen langs of op straat)
  - telefonisch (met de computer als ondersteunend middel)
  - schriftelijk (vragenlijsten uitdelen of opsturen)
  - internet (websurvey en panelonderzoek)

- ▶ Websurveys zijn (zelf invulbare) enquêtes die via het internet plaatsvinden.

- ▶ Bij panelonderzoek bestaat een onderzoekspanel uit respondenten die aangegeven hebben mee te willen werken aan een of meerdere toekomstige onderzoeken.

- ▶ De hoogte van de respons hangt samen met de volgende panelkenmerken: panelleeftijd, wervingsmethoden, beloningssystemen, panelbewaking, omgang met de respondent, verbondenheid met het merk.

- ▶ Bij kwantitatief onderzoek wordt gewerkt met een vooraf vastgelegde vragenlijst, die moet voldoen aan de volgende basiseisen: overzichtelijk, compleet, neutraal, niet te lang, duidelijke keuzes en duidelijk taalgebruik.

- ▶ Vraagsoorten zijn: open vragen en gesloten vragen (enkelvoudig, meervoudig, halfopen, schaal, dichotoom antwoord, rangschikken, beeldvragen).

- ▶ Antwoordcategorieën moeten voldoen aan de volgende voorwaarden: logische volgorde, uitputtend, meetbaar, geen overlap en herkenbaar.

- ▶ Een variabele kan verschillende meetniveaus hebben:
  - Nominaal: de categorieën verschillen van elkaar; *geen* verschil van meer of minder.
  - Ordinaal: de categorieën verschillen van elkaar; *een* verschil van meer of minder.
  - Interval: de categorieën verschillen van elkaar; *een* verschil van meer of minder en het verschil is uit te drukken met een getal.
  - Ratio: de categorieën verschillen van elkaar; *een* verschil van meer of minder, het verschil is uit te drukken met een getal en in een verhouding tot elkaar.

Opdrachten

7.1 Lees het artikel 'Zet werkplezier voor de leraar voorop dit jaar' en beantwoord de vragen.

TROUW, 6 OKTOBER 2012

Zet werkplezier voor de leraar voorop dit jaar

Gisteren vierde het onderwijs de Dag van de Leraar. De laatste jaren zijn er verschillende theorieën losgelaten op de vraag op welke wijze Nederland zijn plek in de top 5 van de Pisa-ranking (de beste leerresultaten wereldwijd) weer zou kunnen terugveroveren. Tot op heden zonder al te veel resultaat.

Onze oplossing is: verhoog het werkplezier van de leraar. Metaonderzoek door de Amerikaanse onderwijsdeskundige Robert Marzano heeft aangetoond dat de leerkracht het verschil maakt: Goed vakmanschap is de belangrijkste factor om leerresultaten positief te beïnvloeden.

De laatste jaren geven leerkrachten aan het plezier in hun werk kwijt te raken. Uit recent onderzoek, uitgevoerd door DUO onderwijsonderzoek (maart dit jaar) blijkt dat de werkbelasting als dusdanig hoog wordt ervaren, dat dit het werkplezier negatief beïnvloedt. Bijna de helft van de leraren in het primair en voortgezet onderwijs gaat de laatste jaren met minder plezier aan het werk en geeft aan soms gespannen te zijn door zijn werk. Geboden oplossingen om het werkplezier te vergroten liggen vaak buiten de invloedssfeer van de onderwijsprofessional zelf. Het is belangrijk om na te gaan denken over mogelijkheden die wél binnen zijn invloedssfeer liggen!

Wij roepen alle onderwijsbetrokkenen op om dit schooljaar werkplezier bovenaan de onderwijsagenda te plaatsen. In deze tijd van crisis heeft júist het onderwijs, waarbij kinderen centraal staan, behoefte aan positieve thema's. Politiek, beleidsmakers en werkgevers dagen we uit dit onderwerp hoog op de agenda te zetten, maar ook de onderwijsprofessional zelf. Laat horen en zien dat plezier in uw werk belangrijk voor u is...'

    a Operationaliseer 'werkplezier' in drie indicatoren.
    b Stel voor elk van deze indicatoren een enquêtevraag op en formuleer gesloten antwoordcategorieën.

7.2 **a** Wat is er fout aan de vragen 6b tot en met 6e?
b Hoe zou je deze vragen beter kunnen stellen?

> 6b Bent u avontuurlijk ingesteld?
> ○ ja
> ○ nee
> ○ weet niet
>
> 6c Bent u geïnteresseerd in nieuwe ontwikkelingen?
> ○ ja
> ○ nee
> ○ weet niet
>
> 6d Bent u geïnteresseerd in maatschappelijke ontwikkelingen?
> ○ ja
> ○ nee
> ○ weet niet
>
> 6e Bent u geïnteresseerd in uw culturele omgeving?
> ○ ja
> ○ nee
> ○ weet niet

7.3 Lees het krantenartikel en beantwoord de vragen.

ALGEMEEN DAGBLAD, 8 FEBRUARI 2012

Gemeente ondervraagt drieduizend Gorcumers

Onderzoeksbureau SGBO benadert vanaf morgen in opdracht van de gemeente Gorinchem drieduizend inwoners. Zij krijgen een tevredenheidsonderzoek voorgelegd. De Gorcumers die worden benaderd, hebben allemaal te maken (gehad) met de Wet maatschappelijke ondersteuning.
'Het onderzoeksbureau adviseert ons het te presenteren als een algemeen tevredenheidsonderzoek,' licht gemeentewoordvoerder Sylvia Suvaal toe. 'Een doelbewuste keuze, omdat mensen blijkbaar bij voorbaat een gekleurde bril opzetten als ze horen dat ze ondervraagd worden over maatschappelijke ondersteuning.'

Onderzoekbureau SGBO houdt zich al sinds de invoering van de wet bezig met onderzoek naar hoe mensen in Nederland de steun vanuit de gemeente, maar ook hun woonomgeving, ervaren. Drie jaar geleden nam Gorinchem de onderzoekers in de arm voor een vergelijkbaar onderzoek.
'Net als destijds willen we graag een beeld krijgen of onze inwoners weten waar ze terecht kunnen met vragen over wonen, zorg en welzijn. Ook leggen we ouders de vraag voor of ze tevreden zijn met de geboden opvoedondersteuning,' schetst Suvaal het onderzoek in grote lijnen.

'En het gaat breder dan dat', vervolgt ze. 'Eigenlijk willen we ook inzicht krijgen in thema's als eenzaamheid en betrokkenheid bij de eigen buurt. Dat is breed, maar dat is wel de opzet', aldus de voorlichter.

Het onderzoek neemt enkele maanden in beslag. Naar verwachting zijn de onderzoeksresultaten in juni van dit jaar bekend.

a Operationaliseer 'tevredenheid' in drie indicatoren.
b Stel voor elk van deze indicatoren een enquêtevraag op en formuleer gesloten antwoordcategorieën.

Te dikke vrienden maken je dik

Dunne vrienden houden je slank

Onderzoek naar lijfstraffen jeugdopvang in Papenvoort

8
Rapportage

8.1 Verslaglegging
8.2 Uitkomsten presenteren

Na het verzamelen van de gegevens en het verwerken van die gegevens tot informatie, moet je schriftelijk en vaak mondeling verslag doen van wat het onderzoek heeft opgeleverd. De kern is daarbij het beantwoorden van de centrale vraag.
De verwerking van de kwantitatieve gegevens met behulp van statistiek en statistische computerprogramma's wordt in dit boek niet behandeld. Hiervoor verwijzen we naar diverse andere boeken. Op de website www.onderzoekdoen.noordhoff.nl staan links naar meerdere boeken op dit terrein.
In paragraaf 8.1 wordt ingegaan op de schriftelijke rapportage van de uitkomsten van het onderzoek. In paragraaf 8.2 wordt aangegeven hoe je de presentatie moet voorbereiden en uitvoeren. Het hoofdstuk wordt weer afgesloten met enkele oefenopgaven.

Na bestudering van dit hoofdstuk moet je in staat zijn om:
- een opzet te maken voor de inhoud van een verslag
- tabellen en grafieken te maken
- de uitkomsten te presenteren

Hoe maak je een goede infographic?

Het afgelopen jaar zijn infographics razend populair geworden. Ze bieden een andere (visuele) manier om informatie te presenteren. Maar wat is een infographic precies, waarom zou je er als marketeer gebruik van maken en hoe maak je een goede infographic?

Als tekstueel ingesteld persoon kwam de populariteit van infographics voor mij enigszins als een verrassing. Waarom informatie visualiseren, die je ook tekstueel weer kunt geven? Maar eigenlijk hoeft het niet verrassend te zijn. Sommige mensen zijn meer tekstueel ingesteld, anderen meer visueel.

Getuige ook de populariteit van Instagram, Pinterest en dergelijke. Op de marketingweblogs zijn infographics inmiddels niet meer weg te denken. Maar wat maakt een infographic precies tot een infographic? Wat zijn de voordelen voor marketeers en hoe maak je een infographic die effect sorteert?

Vragen waarop de onderstaande infographic van Infographic Labs antwoord op geeft.

Het wat en waarom van infographics
Een infographic is een grafische weergave van informatie over een bepaald onderwerp, bestaande uit tekst en beeldmateriaal. Het streven is om (complexe) informatie op een eenvoudige wijze te communiceren. Een interessante infographic draagt bij aan SEO, omdat hij zorgt voor inkomende links naar je website en gedeeld wordt op social media platformen, zoals Twitter en Facebook. Infographics lenen zich perfect voor 'sharing' en zijn dus een krachtige marketingtool. De combinatie van tekst en beeld zorgt ervoor dat veel mensen aandacht besteden aan infographics. Als instrument zijn ze veelzijdig. Je kunt over elk denkbaar onderwerp infographics maken.

Bron: Marco Dekkers, www.frankwatching.com

8.1 Verslaglegging

Het schriftelijk verslag van het onderzoek heeft tot doel:
- aantonen dat je het onderzoek op een juiste manier hebt opgezet en uitgevoerd
- weergeven van de resultaten van het onderzoek
- antwoord geven op de centrale vraag en het geven van aanbevelingen

Om op een gestructureerde manier de genoemde doelen te verwezenlijken, is er een aantal richtlijnen voor de indeling en inhoud van het verslag. In deze paragraaf behandelen we de meest voorkomende zaken.

8.1.1 Inhoud van het verslag

Bij het maken van het verslag is het eerst zaak om de doelgroep voor het verslag in kaart te brengen. We maken hierbij onderscheid tussen:
- opleiding
- opdrachtgever
- respondenten/geïnteresseerde derde partijen

Opleiding

Voor de opleiding is het van belang dat je laat zien dat je alle facetten van het onderzoek doen, goed beheerst. Alle keuzes die je in het opzetten, uitvoeren, analyseren en interpreteren van je onderzoek hebt gezet, moet je nauwgezet verantwoorden. De versie voor de opleiding is de uitgebreidste van de drie. De indeling is als volgt:
- titelblad
- voorwoord
- samenvatting
- inhoudsopgave
- inleiding
- opzet van het onderzoek
- resultaten
- conclusies en aanbevelingen
- literatuur en bronnenlijst
- bijlagen

Opdrachtgever

De opdrachtgever is vooral geïnteresseerd in de uitkomst van het onderzoek: 'wat heeft het opgeleverd?', met andere woorden de conclusies en aanbevelingen. De indeling is daarom een iets andere:
- titelblad
- voorwoord
- samenvatting
- inhoudsopgave
- inleiding
- conclusies en aanbevelingen
- resultaten
- literatuur en bronnenlijst
- bijlagen, waaronder de opzet van het onderzoek

Conclusies en aanbevelingen

Respondenten/geïnteresseerde derde partijen

Verkorte versie

De respondenten en andere partijen geef je, indien afgesproken, een verkorte versie soms extra versimpeld qua taalgebruik. De indeling is als volgt:
- titelblad
- voorwoord
- samenvatting
- inhoudsopgave
- inleiding
- conclusies en aanbevelingen (voor zover relevant voor deze groep(en))
- resultaten (verkort)

8.1.2 Resultaten

We bespreken de weergave van de resultaten bij kwantitatief en kwalitatief onderzoek.

Resultaten bij kwantitatief onderzoek

Bij de weergave van de resultaten mag de informatiedichtheid niet te groot worden. Als je in lange zinnen begint op te sommen wat de percentages van de antwoorden per vraag zijn, is de lezer al snel het spoor bijster. Waar mogelijk is het gebruik van tabellen en grafieken aan te raden. Zorg wel voor afwisseling, dus niet alleen maar staafdiagrammen of taartdiagrammen, maar gebruik ook tabellen. Een visueel plaatje is niet alleen aantrekkelijk en afwisselend, maar ook verhelderend.

Tabellen en grafieken

Respons

Het hoofdstuk 'Resultaten' begin je met de verantwoording van de respons. Hoe groot was de beoogde steekproef, hoe was de samenstelling, en in welke mate is het gelukt om dit te realiseren? Dus, in welke mate is de onderzochte groep een goede afspiegeling van de populatie? Dit bepaalt voor een groot deel de waarde die aan de uitkomsten van het onderzoek moeten worden gehecht.

De omvang van de respons is belangrijk voor de beoogde betrouwbaarheid. De samenstelling en afspiegeling is van belang voor de externe validiteit van het onderzoek. In een tabel geef je weer hoe groot de populatie is en welke samenstelling deze heeft. Daarnaast de beoogde omvang en samenstelling van de steekproef, en de daadwerkelijke respons, en indien mogelijk redenen waarom respondenten afvielen. Hierna volgt een voorbeeld van een onderzoek onder docenten Engels naar de tevredenheid met hun lesmethode.

VOORBEELD 8.1

In totaal hebben 369 docenten (25,4%) toegezegd de onlinevragenlijst in te vullen.

Een groot deel van de ruwe populatie (41%) behoorde niet tot de doelgroep: zij geeft geen les aan het eerste leerjaar, is geen docent meer of geeft het vak niet meer of werkt niet met één van de genoemde methoden. Hiermee is de benodigde netto respons van 400 niet behaald.

De totale respons is verdeeld zoals in tabel 1 staat.

TABEL 1 Voorbeeldtabel respons

	Aantal	Percentage
Docenten Engels (populatie)	1450	100,0
Bereid mee te werken aan internetonderzoek	369	25,4
Geeft geen les aan het eerste leerjaar	478	33,0
Niet bereid mee te werken	238	16,4
Fout telefoonnummer	118	8,1
Niet bereikt (na drie pogingen)	104	7,2
Is geen docent meer/geeft vak niet meer	85	5,9
Werkt niet met methode/versie	31	2,1
Geen internet/e-mail	5	0,3
Overig	22	1,5

Uiteindelijk hebben 240 docenten (65% van de bereidwillige docenten) de internetvragenlijst ingevuld.
Verdeeld over de verschillende methode en onderwijstypen ziet de respons eruit zoals in tabel 2 is weergegeven.

TABEL 2 Voorbeeldtabel respons

	Respons per methode							
	Stepping Stones		New Interface		Go for it!		Worldwide	
	vmbo	hv	vmbo	hv	vmbo	hv	vmbo	hv
Verstuurde e-mails	54	98	44	71	26	33	10	33
Respons	37 (68%)	65 (66%)	23 (52%)	43 (61%)	14 (54%)	24 (73%)	8 (80%)	27 (82%)

De respons bij *Stepping Stones* en *New Interface* is nog redelijk te noemen. Bij *Go for it* en *Worldwide* is de respons te laag om harde conclusies te kunnen trekken.
Deze uitkomsten moeten als indicatief worden beschouwd.

Uitkomsten onderzoek
Nadat de steekproef en respons behandeld zijn, ga je de uitkomsten van het onderzoek weergeven. Het uitgangspunt is meestal de volgorde waarin de vragen in het meetinstrument zijn gebruikt. Als je een enquête hebt gehouden, ga je eerst per enquêtevraag de uitkomsten behandelen. Vervolgens kijk je naar verbanden tussen variabelen. Soms wil je afwijken van de volgorde die je in de enquête hebt gehanteerd. In dat geval ga je per onderzoeksvraag de resultaten behandelen.
Bij de weergave van de resultaten gebruik je zo veel mogelijk tabellen en grafieken. Tabellen hebben als voordeel dat de informatiedichtheid groot kan zijn en je zo in een beperkte ruimte meerdere vragen kunt behandelen.

Als voorbeeld een (fictieve) uitkomst van een blokenquête onder studenten die een blok onderzoeksvaardigheden hebben gevolgd. Hierbij was de respons 117 studenten, verdeeld over vier klassen. N = 117 (4 klassen). Zie tabel 8.1.

TABEL 8.1 Uitkomst blokenquête

Aspect	% tevreden (rapportcijfer >7)	% neutraal	% ontevreden (rapportcijfer <6)
Vakkennis docent	70	25	5
Boeiendheid uitleg	50	40	10
Mogelijkheid tot stellen vragen	55	40	5
Antwoorden op vragen	50	40	10
Kwaliteit boek	75	20	5
Tentamen	60	35	5

Wel of geen percentages?
Bij lage aantallen mag je niet met percentages werken, vanaf $n = 100$ kan het wel. Soms wil je voor de overzichtelijkheid toch met percentages werken, ondanks dat de n (aantal respondenten) eigenlijk te laag is. In dat geval moet je er een waarschuwing bij zetten. Beneden de $n = 50$ is het gebruik van percentages sterk te ontraden.

Afronding percentages en gemiddelden
Zorg ervoor dat je bij de afronding van percentages en gemiddelden geen nauwkeurigheid suggereert die je niet kunt waarmaken. Zet bij een laag aantal respondenten geen cijfers achter de komma. Pas bij een $n > 100$ mag je één cijfer achter de komma plaatsen. Meer dan één cijfer achter de komma is vrijwel nooit zinvol.

Tabellen
Bij een tabel zet je de vragen in de rijen en de antwoordmogelijkheden in de kolommen. Ook is het mogelijk om een kruistabel te maken, je zet dan meerdere variabelen tegen elkaar uit. Hierdoor wordt een verband tussen variabelen zichtbaar.

Kruistabel

Chikwadraat-toets

Met een chikwadraattoets kun je onderzoeken of het verband tussen de variabelen significant is. De onafhankelijke variabele zet je in de *kolommen*, de afhankelijke in de *rijen*. Verticaal percenteer je tot 100%, zodat je gemakkelijk kunt vergelijken. Als voorbeeld een kruistabel (tabel 8.2).

TABEL 8.2 Kruistabel

Haarlengte	Geslacht					
	Man		Vrouw		Totaal	
Kort haar	120	(60 %)	30	(20%)	150	(43%)
Middellang haar	70	(35%)	75	(50%)	145	(41%)
Lang haar	10	(5%)	45	(30%)	55	(16%)
Totaal	200	(100%)	150	(100%)	350	(100%)

Grafieken
Grafieken hebben als voordeel dat grafisch weergegeven resultaten een duidelijker beeld geven van de uitkomsten. In een taart- of staafdiagram kun je zien hoe de oppervlaktes van de categorieën van een variabele zich tot elkaar verhouden. Zie figuur 8.1.

FIGUUR 8.1 Voorbeeld van een staafdiagram

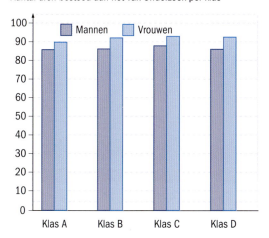

Bij een staafdiagram kun je meerdere staven goed met elkaar vergelijken. Ook relatief kleine verschillen zijn zichtbaar.

Staafdiagram

Bij een taartdiagram (ook wel *cirkeldiagram* genoemd) zijn subtiele verschillen minder zichtbaar. Wel is goed te zien hoe de verdeling van het totaal over de segmenten is. Zie figuur 8.2.

Taartdiagram

FIGUUR 8.2 Voorbeeld van een taartdiagram

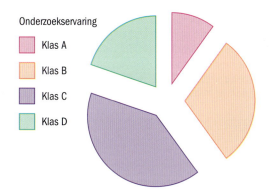

Lijndiagrammen kunnen het verloop van een variabele goed weergeven.

Lijndiagrammen

Figuur- en tabelnummering
Bij figuren en tabellen is het zaak om elke figuur en elke tabel een nummer en een titel te geven.
Elke figuur en tabel moet je ook toelichten.

Misleidende figuren
Figuren mogen nooit misleidend zijn. Omdat je ervan uitgaat dat verhoudingen en oppervlaktes in een figuur constant en betekenisvol zijn, moet je bij 0 beginnen op de Y-as. Figuur 8.3 is een voorbeeld van een misleidende grafiek.

FIGUUR 8.3 Voorbeeld van een misleidende grafiek

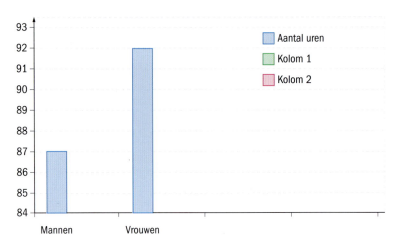

Het lijkt er in figuur 8.3 erop alsof vrouwen veel meer uren besteden als mannen, terwijl het verschil in werkelijkheid wel meevalt. In kranten wordt soms wel bewust gebruikgemaakt van dergelijke figuren om verschillen of veranderingen te benadrukken/overdrijven.

Resultaten bij kwalitatief onderzoek
Ook bij kwalitatief onderzoek begin je met een beschrijving van de respons. Wilde iedereen meewerken? Zo nee, hoeveel niet en om welke reden? Is er een bepaald type respondent die heeft afgehaakt? Geven de resultaten nog wel een beeld van wie je wilde ondervragen of mis je nu meningen/informatie van een bepaald type personen of instanties?

Bij kwalitatief onderzoek is het lastiger om de resultaten objectief weer te geven. De beschrijving van de resultaten doe je aan de hand van de onderzoeksvragen. Per respondent maak je een overzicht van het antwoord dat hij/zij gegeven heeft. Vervolgens ga je deze tabellen aan elkaar plakken, waarbij je in de rijen de onderzoeksvragen en in de kolommen de respondenten zet. Vervolgens trek je conclusies per onderzoeksvraag en per (type) respondent.

Kruisverbanden Ook hier zijn kruisverbanden veelal interessant, al kun je ze niet statistisch toetsen. Bij kwalitatief onderzoek is de interpretatie belangrijk. Wat heeft iemand letterlijk gezegd en wat bedoelde hij? Beschrijf ook goed de condities bij de afname van de interviews (tijdstip, locatie, duur interview, bijzonderheden enzovoort).

Alle interviewverslagen, verslagen van focusgroepen en de observatielijsten komen in de bijlage van het onderzoeksrapport. In het hoofdstuk 'Resultaten' komen de geaggregeerde uitkomsten van alle interviews, discussies en observaties.

Als voorbeeld een tabel met de resultaten van een zevental interviews met arbeidsmarktdeskundigen over de haalbaarheid van het opstarten van een nieuwe hbo-studierichting op het gebied van veiligheid en rampenbestrijding. De vraag luidde: 'Waar (organisaties en functies) zou een afgestudeerde terecht kunnen komen?' Zie tabel 8.3.

TABEL 8.3 Resultaten interview

Interview	Organisaties
1	Overheidsinstellingen als politie, brandweer, gemeenten en grotere bedrijven
2	Facility-afdelingen van grotere instellingen zoals UMC en andere zorginstellingen
3	Alle organisaties die met calamiteiten/rampen/terrorisme te maken (kunnen) hebben
4	Alle grotere organisaties die met risico te maken hebben, verzekeringsmaatschappijen
5	Lokale overheden
6	Grotere organisaties
7	Grotere organisaties en overheden, bij mkb nauwelijks interesse

Bij het weergeven van interviews kan ook weer de matrixmethode van Groenland worden toegepast. In de kolommen staan dan de geïnterviewde groepen, in de rijen de onderwerpen van gesprek.

8.1.3 Conclusies en aanbevelingen

Resultaten interpreteren is altijd een subjectief gebeuren. Het is daarom aan te raden meerdere mensen op basis van je informatie conclusies te laten trekken. Als meerdere collega's het met je eens zijn, is er weliswaar nog niet sprake van objectiviteit, maar in ieder geval van intersubjectiviteit. De achtergrond van de onderzoeker, de verwachtingen die de onderzoeker heeft en de belangen van de opdrachtgever, kunnen bewust dan wel onbewust de interpretatie kleuren. Het is maar net wat je benadrukt en welke norm je stelt. Voor wat betreft de normen moet je van tevoren duidelijk zijn. Bij hoeveel procent tevreden klanten vind je dat een bedrijf het goed doet? Hoeveel procent van de buren moeten bij elkaar op verjaardag komen voor er sprake is van een hoge cohesie in de buurt? In een onderzoek onder de bevolking van een wijk in een middelgrote stad bleek dat 40% van de inwoners met persoonlijke problemen naar hun buren gingen. De onderzoeker vond dat weinig, immers 60% ging bij problemen niet naar de buren. Bij navraag onder experts en deskresearch naar vergelijkingsgegevens bleek dat het juist veel was, meestal gaat maar 25% van de mensen met persoonlijke problemen naar de buren.

Intersubjectiviteit

Vergelijkingsgegevens

Over het algemeen onderzoek je niet bij elke vraag of er ook vergelijkingsgegevens zijn. Ook komt het voor dat er geen vergelijkingscijfers voorhanden zijn. De normen moet je dan als onderzoeker, liefst in samenspraak met experts, zelf opstellen.

Tegen dezelfde resultaten kun je op verschillende manieren aankijken, zoals de volgende artikelen ('Te dikke vrienden maken je dik' en 'Dunne vrienden houden je slank') laten zien. Hoe het valt, wordt mede bepaald door de gebruikte formuleringen in het rapport. Dikke vrienden of slanke vrienden?

DE VOLKSKRANT, 26 JULI 2007

Te dikke vrienden maken je dik

AMSTERDAM – Waar je mee omgaat, daar word je mee besmet. Dat geldt ook voor omgang met vrienden die te dik zijn, concluderen Amerikaanse onderzoekers na analyse van gegevens van meer dan twaalfduizend mensen, die 32 jaar gevolgd werden. Als een vriend, partner of familielid dik wordt, heb je een fors verhoogde kans om ook uit te dijen. Het onderzoek wordt gepubliceerd in het tijdschrift *New England Journal of Medicine*.
Een dikke vriend van hetzelfde geslacht heeft de grootste invloed op het gewicht. De kans op overgewicht is dan 171 procent hoger dan bij de gemiddelde bevolking. Het maakt daarbij niet uit op welke afstand die vriend woont.
Het effect van overgewicht is tot in de derde ring van de bekendenkring meetbaar.

Oftewel, als jij te dik wordt, heeft zelfs de partner van de zus van je beste vriend daar last van.
Het gaat hierbij om dikker wórden en niet dik zíjn. De verklaring is dus niet dat mensen vrienden zoeken van hetzelfde gewicht. Ook leven in een vergelijkbare omgeving kan het niet verklaren: een dikke buurman (die geen vriend of familie is), verhoogt het risico op overgewicht niet. De onderzoekers denken dat het sociale netwerk een grote rol speelt in hoe normaal of abnormaal iemand overgewicht vindt. Naast vetzucht is ook afslanken sociaal besmettelijk. Dus als jij je overbodige kilo's kwijtraakt, heeft die partner van de zus van je beste vriend daar ook wat aan.
Overgewicht komt steeds vaker voor, vooral in de westerse wereld.

NRC NEXT, 27 JULI 2007

Dunne vrienden houden je slank

Vrienden van mensen die veel te dik zijn, lopen meer risico dan gewoonlijk om zelf ook dik te worden. Ernstige vetzucht, ofwel obesitas, verspreidt zich via sociale groepen van vrienden en familie. Die sociale verspreiding is een aparte factor, los van genetische aanleg en van de plaats waar iemand woont. Dat meldde de arts en socioloog Nicholas Christakis van Harvard Medical School gisteren in de *New England Journal of Medicine*. Het goede nieuws: dunne vrienden houden elkaar dun.

Bij de interpretatie moet je uitgaan van het theoretisch kader dat je via deskresearch hebt opgesteld. Dit is de kapstok voor de interpretatie van je gegevens.

Vervolgens ga je elke deelvraag beantwoorden op basis van de antwoorden op de onderzoeksvragen. Daaruit volgt dan de logische beantwoording van je centrale vraag op basis van de antwoorden. Ten slotte ga je aanbevelingen doen. Deze aanbevelingen orden je volgens een trechtermodel, van algemeen naar specifiek, van direct gerelateerd aan de onderzoeksuitkomsten naar meer (onderzoeks)procesmatige aanbevelingen. Geef ook een prioritering aan, wat is urgent en wat kan op de (middel)lange termijn opgepakt? En vergeet ook niet aan te geven wie naar jouw mening verantwoordelijk moet zijn voor de uitvoering ervan. Tabel 8.4 kan hierbij behulpzaam zijn.

Prioritering

TABEL 8.4 Prioritering

	Belangrijk	
Urgent	Ja	Nee
Ja	Directe actie door hele organisatie	Directe actie door een of meer medewerkers
Nee	Projectteam formeren	Stage of afstudeeropdracht

8.2 Uitkomsten presenteren

Bij het houden van een presentatie moet je eerst bedenken voor wie je de presentatie gaat houden. Waar zijn ze in geïnteresseerd, en wat is jouw doel van de presentatie? Vervolgens pas je daar de hulpmiddelen aan aan, rekening houdend met de ruimte waarin je presenteert.

8.2.1 Voorbereiding van de presentatie

Als voorbereiding van de presentatie kun je een tabel invullen waarin je de verschillende stappen doorloopt. Een voorbeeld van een voorbereiding voor een presentatie is te zien in tabel 8.5.

TABEL 8.5 Voorbereiding presentatie

Voor wie	Groep 1	Groep 2	Groep 3
Interesse doelgroep	kennis	interesse	versterken eigen positie
Doel presentatie	kennisoverdracht	beïnvloeding houding	beïnvloeding houding
Huidig kennisniveau	laag	middelmatig	hoog
Opleidingsniveau	mbo	hbo	hbo/wo
Leeftijd	30-40	25-35	35-55
Strategie	informationeel	tweezijdig	transformationeel

Voor wie
Is de groep toehoorders homogeen of zijn er subgroepen te onderscheiden binnen de groep? Kun je wel iedereen tevreden stellen met dezelfde presentatie of is het wenselijker om twee keer te presenteren?

Interesse doelgroep
Waarin is de (sub)doelgroep geïnteresseerd? Willen de leden van de doelgroep kennisnemen van de resultaten uit nieuwsgierigheid, willen ze weten hoe ze dingen in de toekomst (anders) moeten aanpakken, willen ze argumenten horen om hun eigen ideeën te kunnen doorvoeren?
Als je weet waar de doelgroep in geïnteresseerd is, kun je hierop inspelen. Om de aandacht te trekken en vast te houden, zeker in het begin, helpt het door te hinten op voor de toehoorders belangrijke zaken die in de presentatie aan de orde komen.

Doel presentatie
Wat wil je bij de toehoorders bereiken? Moeten ze nieuwsgierig worden naar het complete onderzoeksrapport, wil je een toelichting geven, of wil je dat ze in staat worden gesteld om hun houding of gedrag te wijzigen? Het doel van de presentatie bepaald de opzet, de inhoud en de vorm van de presentatie!

Persuasion Communication model

Volgens het Persuasion Communication model van McGuire heeft succesvolle communicatie de doelen die in tabel 8.6 staan genoemd.

TABEL 8.6 Doelen succesvolle communicatie

Doel	Aandachtspunten
1 Aandacht trekken voor het bericht	Gebruik boeiende opening, lokkertjes.
2 Begrijpen van het bericht	Sluit aan bij huidig kennisniveau; stem complexiteit boodschap af op het niveau van de ontvanger.
3 Attitudeverandering	Overtuig via argumenten en overreed via emotionele appeals. Houd rekening met de huidige mening van de doelgroep. Bij te weinig of te veel verschil tussen de verkondigde boodschap en de huidige mening is er weinig effect (men ziet niet de noodzaak tot aanpassing in (bij weinig verschil tussen de verkondigde en de huidige mening van de doelgroep) of men sluit zich af van de boodschap (veel weerstand bij groot verschil tussen mening toehoorders en presentatie)).
4 Sociale steun	Betrek de sociale omgeving bij de boodschap.
5 Verhoging eigen-effectiviteit	Geef handvatten voor verandering van gedrag indien nodig. Werk aanbevelingen concreet uit.
6 Gedragsverandering	Geef aan wat er nodig is om mensen van gedrag te kunnen laten veranderen.
7 Behoud van gedragsverandering	Maak effecten zichtbaar (feedback).

Huidig kennisniveau

Wat weten de toehoorders al over het onderwerp? Wat weten ze al over de onderzoeksopzet en resultaten? Hebben ze het verslag al gelezen? Dit bepaalt hoeveel je nog over het onderzoek en de achtergrond moet uitleggen. Ga nooit voor een groep die het rapport heeft kunnen lezen, de inhoud van het rapport vertellen in de presentatie! Hiermee beledig je de toehoorders. Of ze denken dat je de inschatting hebt gemaakt dat ze te lui waren om het verslag te lezen, of dat ze het niet begrepen hebben. In beide gevallen is men niet positief.

Opleidingsniveau

Voor de moeilijkheidsgraad en het tempo van de presentatie is het van belang om het niveau van je toehoorders te kennen. Ga uit van het laagste niveau binnen de groep.
Als er subgroepen zijn waarbij het verschil erg groot is, valt het te overwegen om twee presentaties te geven.

Leeftijd of andere demografische kenmerken zoals geslacht

Het kan van belang zijn om een inschatting te maken van deze kenmerken van je toehoorders. Je moet qua taalgebruik, grapjes als ijsbreker en dergelijke aansluiten bij hun belevingswereld.

Strategie

Communicatiestrategieën

Er worden in de literatuur vier communicatiestrategieën onderscheiden om een boodschap over te brengen, zie tabel 8.7.

TABEL 8.7 Communicatiestrategieën

Strategie	Inhoud	Hulpmiddel voor de presentatie
Informationeel	Kennisoverdracht via informatie	Powerpoint, taart- en staafdiagrammen, tabellen
Transformationeel	Houdingsbeïnvloeding door sfeerbeelden, broneffecten ('Onderzoek heeft uitgewezen dat...'; 'Prof. Dr. X zegt dat'), testimonials, emotionele apeals, schokkende beelden enzovoort	Filmpjes, foto's, bewegende beelden in powerpoint, testimonials van bekende personen. Schokkende beelden (*An inconvenient truth*-achtige opzet)
Tweezijdig	Zowel kennisoverdracht als houdingsbeïnvloeding door rationele informatie en emotionele invalshoeken	Beide bovengenoemde elementen gecombineerd
Uitvoering	Niet de boodschap, maar de vormgeving ervan staat centraal en trekt de aandacht. De uitvoering zorgt voor het trekken van de aandacht en roept een gevoel op dat gekoppeld wordt aan het onderwerp	Zaken die bij transformationeel zijn genoemd, met veel overtuiging gebracht. Veel nadruk op de presentatieskills (zie bijvoorbeeld Emile Ratelband)

8.2.2 Presentatietechnieken

Bij het houden van de presentatie moet je met de volgende zaken rekening houden:
1. houding
2. stemgebruik
3. contact met het publiek
4. voorbereiding

Houding

Je lichaamstaal is bepalend voor hoe je overkomt. Mensen kijken meer dan dat ze luisteren. Je lichaamstaal moet je verhaal ondersteunen, aandacht vragen voor je verhaal op de juiste momenten. Je houding moet aansluiten bij wat je zegt.

Lichaamstaal

Het eerste waarop je moet letten is hoe je staat. Sta je stil achter een lessenaar of beweeg je losjes over het podium? Hoeveel gebaren maak je en op welke momenten? Waar laat je je handen? Kijk je op een briefje of kijk je de zaal in?

Bepaal van tevoren hoe je wilt overkomen en wat dat betekent voor het gewenste non-verbale gedrag tijdens de presentatie. Oefen met camera zonder geluid.

Stemgebruik

Belangrijk is variatie in volume en toonhoogte. Niets is zo erg als een half uur naar een monotone stem te moeten luisteren. Een goede ademhaling kan hierbij helpen. We geven de volgende tips:
- Sta of zit met beide voeten stevig op de grond.
- Ontspan de schouders.
- Houd het hoofd rechtop.
- Adem met je buik. De zogenoemde buikademhaling zorgt ervoor dat je met minimale inspanning een maximale longinhoud vult. Hoe meer lucht je inademt, hoe meer lucht je kunt uitademen en hoe voller je stemgeluid klinkt.
- Breng variatie in toonhoogte aan. Wie de toonhoogte varieert, houdt de aandacht vast. Stembuigingen maken het prettiger voor anderen om naar je te luisteren. Een lage stem is aangenamer om naar te luisteren dan een hoge stem. Probeer bewust een toontje lager te zingen.

- Regel je stemvolume. Spreek je op luide toon, dan ben je verzekerd van extra aandacht. Tenminste, als je jezelf tijdig weet te temperen. Als je hard blijft praten, zullen anderen het hooguit als hinderlijk ervaren.

Contact met het publiek

Interactie met publiek

Door interactie in te bouwen met het publiek Interactie met publiek, wordt de presentatie boeiender voor jezelf en voor je publiek. Het tweede voordeel is dat je kunt checken of de boodschap is begrepen en is overgekomen. Enkele tips:
- Ga het gesprek aan.
- Doe alsof je met je publiek in gesprek bent. Stel een vraag en kijk eens rond. Neem rustig de tijd om de vraag te laten doordringen tot je publiek. In een klein gezelschap kun je één of twee personen laten antwoorden op je vraag. Is je publiek groot en wat onoverzichtelijk, dan geef je zélf het antwoord. Je vraag is dan een retorische. Het effect is dat je de toehoorders aanzet tot nadenken.
- Stel controlevragen. Controlevragen zijn bedoeld om te checken of je boodschap overkomt. Met controlevragen voorkom je dat het verhaal dat je zo zorgvuldig hebt voorbereid, verloren gaat, omdat bijvoorbeeld de geluidsinstallatie niet functioneert of omdat de sheets onleesbaar zijn. Mocht je publiek, ondanks je duidelijke uitleg, je verhaal niet begrijpen, dan moet je dingen herhalen met meer voorbeelden en simpeler taalgebruik.

Voorbereiding

Een goede presentatie vereist een zorgvuldige voorbereiding. Zorg dat je hiervoor voldoende tijd reserveert. De volgende tips kunnen je helpen:
- Als eerste ga je met behulp van tabel 8.7 de strategie bepalen. Vervolgens ga je de hulpmiddelen ontwerpen.

Powerpoint-presentatie

- Een goede powerpointpresentatie heeft niet te veel regels op één sheet (ongeveer tien tot elf regels van maximaal zes woorden per regel) en niet te veel sheets per tijdsperiode (maximaal 10 sheets per half uur).
- Zorg voor afwisseling.
- Oefen de presentatie voor de camera (voor non-verbaal gedrag en stemgebruik) en voor publiek.
- Houd ook de tijd in de gaten die je nodig hebt.
- Zorg dat alle apparatuur goed werkt.
- Wees minimaal een uur voor de presentatie aanwezig om te controleren of alles werkt en aanwezig is.
- Gebruik van tevoren geen stimulerende middelen of alcohol om de zenuwen de baas te worden, dit werkt averechts!

Samenvatting

- ▶ Het schriftelijk verslag van het onderzoek heeft tot doel:
  - aantonen dat je het onderzoek op een juiste manier hebt opgezet en uitgevoerd
  - weergeven van de resultaten van het onderzoek
  - antwoord geven op de centrale vraag en het geven van aanbevelingen

- ▶ Het verslag kent de volgende indeling: titelblad, voorwoord, samenvatting, inhoudsopgave, inleiding, opzet van het onderzoek, resultaten, conclusies en aanbevelingen, literatuur en bronnenlijst, en bijlagen.

- ▶ Bij de weergave van de resultaten gebruik je zo veel mogelijk tabellen en grafieken (staaf-, taart- of lijndiagrammen). De weergave bevat:
  - de omvang en de samenstelling van de steekproef
  - de verantwoording van de respons
  - de uitkomst van het onderzoek

- ▶ Resultaten interpreteren is subjectief, laat daarom meerdere mensen conclusies trekken:
  - Ga uit van het theoretisch kader (opgesteld via deskresearch).
  - Beantwoord elke deelvraag op basis van de antwoorden op je onderzoeksvragen. Hieruit volgt een logische beantwoording van de centrale vraag.
  - Orden aanbevelingen volgens een trechtermodel: van algemeen naar specifiek, van direct gerelateerd aan onderzoeksuitkomsten naar meer (onderzoeks)procesmatige aanbevelingen.
  - Geef een prioritering aan: wat is urgent en wat kan later?
  - Geef aan wie verantwoordelijk is voor de uitvoering.

- ▶ Bij de voorbereiding van een presentatie moet je rekening houden met de doelgroep en zijn interesse, het doel van de presentatie, het huidige kennis- en opleidingsniveau en de leeftijd van de toehoorders, en de (communicatie)strategie.

- ▶ De voorbereiding voor het houden van een presentatie moet zorgvuldig zijn: reserveer daarvoor voldoende tijd.

- ▶ Bij het houden van een presentatie moet je rekening houden met:
  - houding (lichaamstaal)
  - stemgebruik (volume en toonhoogte)
  - contact met het publiek (interactie)

Opdrachten

8.1 In een onderzoek onder de deelnemers van workshops voor bedrijven in de toeristisch recreatieve sector in Noord-Nederland is eerst gekeken naar wie de deelnemers zijn.
Van de deelnemende bedrijven is gekeken naar de provincie en de sector. Dit is vergeleken met het totaal aantal bedrijven per provincie en sector. Zie figuur 8.4 tot en met 8.7.
  a Beschrijf de resultaten.
  b Trek conclusies op basis van deze resultaten.

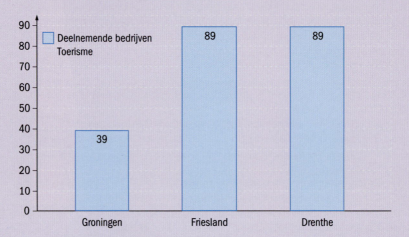

FIGUUR 8.4 Deelnemende toeristische bedrijven

FIGUUR 8.5 Totaal aantal toeristische bedrijven

FIGUUR 8.6 Soorten bedrijven die hebben deelgenomen

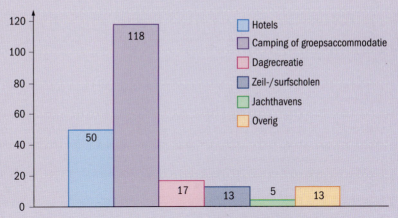

Soorten bedrijven die hebben deelgenomen

FIGUUR 8.7 Soorten bedrijven

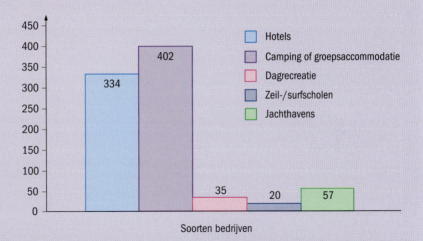

Soorten bedrijven

8.2 Van de bezoekers aan de IAA autobeurs in Frankfurt is de nationaliteit bijgehouden:
Duitsers: 72%
Nederlanders: 6%
Fransen: 8%
Oostenrijkers: 5%
Zwitsers: 3%
Italianen: 3%
Overig: 3%
  a Geef de resultaten weer in een tabel, een staafdiagram en een taartdiagram.
  b Waar geef je de voorkeur aan en om welke reden(en)?

8.3 Lees het artikel 'Onderzoek naar lijfstraffen jeugdopvang in Papenvoort' en beantwoord de vragen.

DAGBLAD VAN HET NOORDEN, 14 APRIL 2007

Onderzoek naar lijfstraffen jeugdopvang in Papenvoort

PAPENVOORT – Het Advies- en Meldpunt Kindermishandeling (AMK) stelt een onderzoek in naar vermeende lijfstraffen, die uitgedeeld zouden worden bij *Another World* in Papenvoort, een opvangcentrum voor kinderen met gedragsstoornissen. Dit naar aanleiding van klachten van een oud-stagiair van het opvangcentrum. Volgens de stagiair zouden lastige kinderen onder de koude douche worden gezet, zouden armen van kinderen omgedraaid worden en zouden ze voor straf op sokken kilometers over straat moeten lopen.

Het AMK valt onder Bureau Jeugdzorg Drenthe. Jeugdzorg-directeur Cees Wierda neemt de zaak uitermate serieus. 'Daar zijn de klachten ernstig genoeg voor. Ja, ik schrik hier van, wij plaatsen namelijk ook wel eens onze eigen jongeren tijdelijk in *Another World*.'

Wierda beaamt dat de zaak weleens gecompliceerd kan liggen. 'Je hebt hier te maken met een moeilijke groep kinderen. Omgaan met zo'n groep vereist niet alleen enthousiasme bij de begeleiders, maar ook een groot stuk expertise. Dat geldt echter ook voor het inzicht van een stagiair, die kan zaken wel eens verkeerd interpreteren. Lijfstraffen kunnen echter beslist niet door de beugel.'

Mocht het AMK vaststellen dat *Another World* inderdaad ontoelaatbare maatregelen hanteert, zal de inspectie van Bureau Jeugdzorg worden ingeschakeld. Wierda: 'En als er sprake is van strafbare feiten ook de politie. Zo niet, kunnen wij bepaalde handelingen tóch onaanvaardbaar vinden. En zullen wij er in elk geval geen kinderen meer plaatsen. De inspectie zal dan verder beoordelen wat er met *Another World* moet gaan gebeuren.'

Wil Bruggeling, directrice van *Another World*, zegt enorm aangeslagen te zijn door de beschuldigingen. Ze noemt de klachten 'onzin' en zegt, dat de stagiaire handelt uit rancune jegens het opvangcentrum.

a Wierda beaamt dat de zaak wel eens gecompliceerd kan liggen. 'Je hebt hier te maken met een moeilijke groep kinderen. Omgaan met zo'n groep vereist niet alleen enthousiasme bij de begeleiders, maar ook een groot stuk expertise. Dat geldt echter ook voor het inzicht van een stagiair, die kan zaken wel eens verkeerd interpreteren.' Geef aan in welke mate interpretatie van gebeurtenissen kan verschillen naargelang het inzicht en de expertise van de observator.

b Veronderstel je bent de stagiair(e) in kwestie die zijn/haar stageverslag moet presenteren aan de directie. Wat zijn je doelen en welke strategie zou je hanteren? Welke middelen zou je willen inzetten bij je presentatie?

Begrippenlijst

Ad-hoc-onderzoek	Een onderzoek dat éénmalig wordt uitgevoerd. Een voorbeeld is de gemeente Utrecht, die met een specifiek gezondheidsprobleem wordt geconfronteerd en voor dat probleem een onderzoek laat uitvoeren.
Afhankelijke variabele	Het gevolg van de onafhankelijke variabele.
Ambtelijk statistisch materiaal	Statistische gegevens die via overheidspublicaties beschikbaar zijn. Ze bevatten gegevens over bevolkingsopbouw en andere demografische kenmerken, sociaal culturele onderwerpen, economie, natuur en milieu.
Aselecte steekproef	Een vorm van steekproef trekken waarbij iedere persoon of ieder element in een doelgroep dezelfde kans heeft om uitgekozen te worden voor deelname aan het onderzoek. Hiervoor is een steekproefkader (lijst met alle leden uit de populatie) vereist.
Attitude	De houding tegenover iets. De eigen attitude is opgebouwd uit cognitieve overtuigingen en affectieve evaluaties.
Beeldvragen	Hierbij laat de onderzoeker plaatjes zien en vraagt bijvoorbeeld welk plaatje het best bij de respondent past.
Beschrijvend onderzoek	Onderzoek waarbij je een situatie in kaart wilt brengen. Meestal heb je hierbij niet veel voorkennis.
Betrouwbaarheid	Mate waarin de uitkomsten van het onderzoek onafhankelijk zijn van het toeval.
Blogresearch	Het monitoren van blogs.
Bronvermelding	Een vermelding van de bronnen die je voor je onderzoek hebt geraadpleegd.
Centrale vraag	De centrale vraag geeft aan hoe het onderzoek wordt afgebakend oftewel de vraag die aan het einde in de conclusie wordt beantwoord.
Clustersteekproef	Een vorm van steekproef trekken waarbij men clusters trekt in plaats van personen of elementen.

Conceptueel onderzoeksmodel	De grafische weergave van de variabelen en hun onderlinge verbanden.
Constructvaliditeit	De mate waarin de deelaspecten van een omvangrijk begrip (bijvoorbeeld woongenot) het gehele begrip dekken, met andere woorden: is gemeten wat men wilde meten?
Continu onderzoek	Onderzoek waarbij continu (dagelijks, wekelijks of maandelijks) gegevens worden verzameld.
Deelvragen	Vragen die worden afgeleid van de centrale vraag en die allemaal een onderdeeltje van de centrale vraag behandelen.
Deskresearch	Het gebruikmaken van bestaande gegevens in de vorm van bijvoorbeeld algemene literatuur, eerdere onderzoeken of databases.
Doelgerichte steekproef	Bij deze vorm van steekproef trekken wordt een steekproef getrokken uit een steekproef.
Doelstelling	De doelstelling van het onderzoek refereert naar wat het onderzoek uiteindelijk moet opleveren.
Empirische cyclus	Empirie betekent de waarneembare werkelijkheid: de kennis komt hieruit voort en wordt hieraan getoetst.
Enkelvoudige aselecte steekproef	Dit is het willekeurig trekken van een steekproef uit een bestand.
Experiment	Een zorgvuldig opgezette en nauwkeurige observatie van een stukje werkelijkheid dat kan worden uitgevoerd om een hypothese te testen onder gecontroleerde omstandigheden.
Evaluerend (of toetsend) onderzoek	Onderzoek waarbij het doel is om een hypothese te toetsen of een (beleids)maatregel te evalueren.
Exploratief onderzoek	Onderzoek waarbij het doel is het exploreren van verbanden, het vinden van verklaringen.
Fieldresearch	Zelf gegevens verzamelen door eigen onderzoek op te zetten en uit te voeren.
Gemakssteekproef	Steekproef waarbij de onderzoeker op een willekeurig moment en plaats respondenten werft, bijvoorbeeld studenten die voorbijgangers enquêteren op straat.
Gestratificeerde steekproef	Aselecte steekproef getrokken uit een bestand met in achtneming van deelpopulaties (strata).
Halfgestructureerd interview	Interview waarbij de vooraf opgestelde vragenlijst geen antwoordcategorieën bevat en waarbij alleen hoofdvragen zijn geformuleerd waarop moet worden doorgevraagd.

Incentive	Beloning voor de respondent voor het meedoen aan een onderzoek. De onderzoeker hoopt hiermee de respons te verhogen en te versnellen.
Indicatoren	Variabelen die een aanwijzing kunnen geven over de waarde van een andere variabele. Zo kan de variabele autobezit een indicator zijn voor de variabele welstand.
Inhoudsanalyse	Een analyse van de inhoud van een secundaire bron om op basis van objectieve criteria uitspraken te kunnen doen.
Interne validiteit	De mate waarin alternatieve verklaringen voor de gevonden uitkomsten van het onderzoek zijn uitgesloten.
Kwalitatief onderzoek	Onderzoek waarbij meestal veel en diepgaande informatie wordt verzameld over weinig onderzoekseenheden, veelal niet cijfermatig maar meer opinies, toekomstvisies, attitudes en dergelijke.
Kwantitatief onderzoek	Onderzoek waarbij over veel onderzoekseenheden cijfermatige informatie wordt verzameld die gegeneraliseerd kan worden naar de populatie.
Literatuuronderzoek	Fase in het begin van het onderzoek waarbij gezocht wordt naar een theoretische inbedding van de onderzoeksvragen. Relevante theorieën en modellen worden gebruikt om het onderwerp af te bakenen, hypotheses te vormen en de inrichting van het onderzoek te ontwerpen.
Nauwkeurigheid	De mate waarin een slag om de arm gehouden moet worden bij de uitkomsten van het onderzoek. Als de onnauwkeurigheidsmarge 10% is, moet bij een uitslag van 70% tevreden klanten aangegeven worden dat het percentage tevreden klanten tussen de 60% en de 80% ligt.
Onafhankelijke variabele	De variabele die je als onderzoeker wilt manipuleren om te onderzoeken wat het effect is op de afhankelijke variabele. De onafhankelijke variabele is daarbij de oorzaak, de afhankelijke variabele het gevolg.
Onderzoeksvragen	De vertaling van de deelvragen in meetbare vragen.
Operationaliseren	Vertalen in meetbare termen.
Populatie	Verzameling personen of zaken waarover je met behulp van het onderzoek een uitspraak wilt doen. De onderzoekseenheden zijn ofwel de populatie ofwel een steekproef uit de populatie.
Primaire bronnen	Gegevens die in het onderzoek zelf zijn verzameld met als doel een of meer onderzoeksvragen te beantwoorden.
Probleemstelling	Afbakening van het onderwerp van onderzoek.

Quotasteekproef	Selecte tegenhanger van de gestratificeerde steekproef. Het verschil is dat hierbij geen steekproefkader (lijst met onderzoekseenheden) is waaruit aselect kan worden gekozen.
Respons	Het deel van de steekproef dat daadwerkelijk aan het onderzoek meewerkt en bruikbare resultaten oplevert.
Secundaire bronnen	Gegevens die worden verkregen uit de literatuur of uit onderzoek door anderen dat met een ander doel werd uitgevoerd.
Selecte steekproef	Steekproef waarbij geen steekproefkader beschikbaar is en dus niet ieder lid van de populatie een even grote kans heeft om in het onderzoek betrokken te worden. Er kan een systematische vertekening optreden waardoor sommigen wel en anderen niet uitgenodigd worden om aan het onderzoek deel te nemen.
Sneeuwbalmethode	Manier van selecte steekproeftrekking waarbij de respondenten zelf andere respondenten aanbrengen. Veel gebruikt bij moeilijk bereikbare groepen.
Steekproef	Deel van de populatie dat uitgenodigd wordt om aan het onderzoek deel te nemen.
Toetsend of evaluerend onderzoek	Onderzoek waarbij het doel is om een hypothese te toetsen of een (beleids)maatregel te evalueren.
Validiteit	De mate waarin het onderzoek gevrijwaard is van systematische fouten.
Variabelen	Kenmerken die meerdere waarden kunnen aannemen.

Literatuuroverzicht

Ajzen, I. (1991). 'The theory of planned behavior' in: *Organizational Behavior and Human Decision Processes*, 50, p. 179-211.
Baarda, D.B., Goede, M.P. M. de (2001). *Basisboek Methoden en Technieken*. Groningen/Houten: Stenfert Kroese.
Baarda, D.B., Goede, M.P. M. de & Meer-Middelburg, A.G.E. van der (1996). *Open interviewen*. Groningen/Houten: Wolters-Noordhoff bv.
Baarda, D.B., Goede, M.P. M. de & Kalmijn, M. (2000). *Enquêteren en gestructureerd interviewen*. Groningen/Houten: Wolters-Noordhoff bv.
Boeije, H. (2005). *Analyseren in kwalitatief onderzoek*. Amsterdam: Boom Onderwijs.
Brinkman, J. (2006). *Cijfers spreken*. Groningen/Houten: Wolters-Noordhoff bv.
Brinkman, J. (2000). *De vragenlijst*. Groningen: Wolters-Noordhoff bv.
Bronner, A.E. e.a. (2002). *Ontwikkelingen in het marktonderzoek, Jaarboek 2002*. Haarlem: Uitgeverij De Vrieseborch.
Cook, T.D. & Campbell, D.T. (1979). *Quasi-Experimentation*. Chicago: Rand McNally.
Delnooz, P. (2003). *Onderzoekspraktijken*. Amsterdam: Boom Uitgeverij bv.
Edmunds, H. (1999). *The focus group research handbook*. Lincolnwood, IL: NTC Business Books/Contemporary Publishing.
Ekman, P. & Friesen, W. (1978). *Facial Action Coding System: A Technique for the Measurement of Facial Movement*. Consulting Psychologists Press, Palo Alto.
Emans, B. (1985). *Interviewen*. Groningen: Wolters-Noordhoff.
Groenland, A.G. (2001). *Online kwalitatief marktonderzoek, Een deerne van vele zinnen*. Universiteit Nyenrode / Blauw Research.
Hart, H. 't, Boeije, H. & Hox, J. (red.) (2005). *Onderzoeksmethoden*. Amsterdam: Boom Onderwijs.
Janssens, J.M.A.M. (1998). *'Ogen' doen onderzoek*. Lisse: Swets & Zeitlinger Publishers.
Jones, S. (1999). 'Preface', in: Jones, S. (Ed.), *Doing internet research. Critical issues and methods for examining the net*. Thousand Oakes, LA: Sage Publications.
Jones, S. (2004). 'Ethics and Internet Studies', in: M.D. Johns, S-L.S. Chen and G.J. Hall (eds), *Online Social Research*, pp. 179-86. New York: Peter Lang.
Landsheer, H., Hart, H. 't, Goede, M.P. M. de & Dijk, J. van (2003). *Methoden van praktijkonderzoek*. Groningen/Houten: Stenfert Kroese.
Lugt, D. van der (2006). *Interviewen in de praktijk*. Groningen/Houten: Wolters-Noordhoff bv.
Nauta, H. (2003). *Online onderzoek een betrouwbaar alternatief?* Universiteit Utrecht/Multiscope.
Nederstigt, A.T.A.M. & Poiesz, Th.B.C. (2006). *Consumentengedrag*. Groningen/Houten: Stenfert Kroese.
Saunders, M., Lewis, P. & Thornhill, A. (2005). *Methoden en technieken van onderzoek*. Amsterdam: Pearson/Prentice Hall.
Schreuder Peters, R.P. I.J. (2005). *Methoden en technieken van onderzoek*. Den Haag: Academic Service.
Swanborn, P. G. (1997). *Basisboek Sociaal Onderzoek*. Amsterdam: Boom Uitgeverij bv.

Swanborn, P. G. (1994). *Methoden van sociaal-wetenschappelijk onderzoek*. Amsterdam: Boom Uitgeverij bv.
Verhoeven, N. (2007). *Wat is onderzoek?*. Amsterdam: Boom Onderwijs.
Zee, F. van der (2004). *Kennisverwerving in de Empirische Wetenschappen, de methodologie van wetenschappelijk onderzoek*. Groningen: BMOOO.
Zwart, P. S. (1992). *Methoden van Marktonderzoek*. Leiden/Antwerpen: Stenfert Kroese.

Websites
www.apparata.nl/nieuws/google-kan-nu-ook-al-filmsucces-voorspellen-1527 (H1)
www.cbpweb.nl/downloads_gedragscodes/ged_onderzoek_statistiek_tien_gouden_regels.pdf (H1)
www.hetkanwel.net/2012/04/17/onderzoek-bewijst-echte-italiaanse-pizza-is-heel-gezond/ (H1)
http://www.scientias.nl/facebook-knabbelt-aan-ons-welzijn-en-ondermijnt-ons-geluk/90972 (H2) www.CBS.nl www.moaweb.nl www.Nipo.nl (H3)
http://toolbox.bearingpoint.com/images/Financeandcontrol.pdf (H4)
www.Rug.nl/noordster (H5)

Illustratieverantwoording

Paramount Pictures, p. 12
Imageselect, Wassenaar, p. 25, 34, 92
Roslan Rahman/AFP/ANP, p. 112
Hanzehogeschool, Zwolle, p. 126
Mark Julsing, p. 144
Jan Bonjer, Eredivisie.nl, p. 157
Algemeen Dagblad, AD.nl, p. 158

Bijlagen

 Zie de website www.onderzoekdoen.noordhoff.nl voor uitgewerkte voorbeelden bij elke checklist.

Bijlage 1
Checklist aanleiding onderzoek

A Soort onderzoek
1 Wetenschappelijk onderzoek: ja/nee
2 Praktijkonderzoek: ja/nee

B Motief onderzoek:

Motief	Niet/wel + uitleg:
1 Verzamelen van informatie om beleid te wijzigen	
2 Verzamelen van informatie om betere beslissingen te kunnen nemen over operationele zaken	
3 Verzamelen van informatie om beter op de externe omgeving te kunnen inspelen	
4 Verzamelen van informatie om geconstateerde verschillen of verschuivingen te verklaren	
5 Verzamelen van gegevens ten behoeve van externe certificering	

C Onafhankelijkheid
Rol als onderzoeker:
Betrokkenheid bij onderwerp:

D Randvoorwaarden
Beschikbare tijd:
Beschikbaar budget:
Beschikbare mankracht:
Beschikbare informatie vanuit organisatie:
Overige randvoorwaarden:
Haalbaar: ja/nee

Bijlage 2
Checklist inperken onderzoek

A Doelstellingen
1 Doelstelling voor de organisatie met betrekking tot het onderwerp
2 Doelstelling van het onderzoek zelf

Ad 1 Organisatiedoelstelling
Is de organisatiedoelstelling SMART geformuleerd?
Specifiek:
Meetbaar:
Acceptabel:
Realiseerbaar of realistisch:
Tijdsbepaald:
Doelstelling organisatie:

Ad 2 Onderzoeksdoelstelling
Je onderzoek levert een bijdrage aan de doelstelling van de organisatie door informatie aan te leveren. Wat moet je onderzoek uiteindelijk opleveren? Dit moet realiseerbaar zijn via onderzoek. De onderzoeksdoelstelling is meestal geformuleerd in termen als 'kennis over', 'inzicht in', 'aanbevelingen met betrekking tot' en dergelijke.
Doelstelling onderzoek:

B Probleemstelling
De probleemstelling geeft het onderwerp van onderzoek aan en bevat minimaal de volgende elementen:
1 Wat zijn de grenzen van het onderzoeksgebied (domein)?
2 Wie behoren er tot de onderzoekspopulatie?
- Invalshoek:
- Plaats:
- Sector:
- Tijd:
- Soort:
- Functie:

C Centrale vraag
1 De centrale vraag moet breed genoeg zijn, zodat alle aspecten die we willen onderzoeken eronder vallen.
2 De centrale vraag moet goed ingeperkt zijn, zodat duidelijk wordt wat we gaan onderzoeken (specifiek) en liefst ook al op welke wijze en bij wie.
3 De centrale vraag is als vraag geformuleerd (met vraagteken), en is liefst een open vraag (waar je niet ja of nee op antwoordt).
4 De termen die in de centrale vraag staan, moeten helder en eenduidig geformuleerd zijn.

5 De vraag moet door onderzoek te beantwoorden zijn, dat wil zeggen dat bijvoorbeeld normatieve vragen niet geschikt zijn.
6 Geen hoe-, waarom- of waardoor-vragen. Deze zijn moeilijk te onderzoeken, omdat vooraf lastig in kaart te brengen is welke aspecten allemaal meegenomen zouden moeten worden om de vraag te kunnen beantwoorden. Je kunt alle kanten op, de vraag is dus te breed. Raadzaam in zo'n geval is eerst vooronderzoek te doen naar mogelijke opties en daar concreet onderzoek naar te verrichten.

Bijlage 3
Checklist onderzoeksopzet

Centrale vraag geeft aanleiding tot:
- beschrijvend onderzoek: ja/nee
- exploratief onderzoek: ja/nee
- toetsend of evaluerend onderzoek: ja/nee

Welke secundaire bronnen zijn beschikbaar via deskresearch?

Uitkomsten literatuuronderzoek:

Uitkomsten verkennende expertinterviews:

Uitkomsten verkennend online-onderzoek:

Formulering deelvragen:
1
2
3
4
5
6
7
enzovoort

Deelvragen zijn via onderzoek te beantwoorden: ja/nee
Deelvragen beantwoorden samen de centrale vraag: ja/nee

Bijlage 4
Checklist onderzoeksbriefing (voor opdrachtgever)

In een onderzoeksbriefing staan de volgende zaken:
1 Waarover gaat het onderzoek? (korte beschrijving)
2 Achtergrondinformatie:
   a Doelstelling voor de organisatie met betrekking tot het onderwerp:
   b Doelstellingen: wat moet het onderzoek opleveren?
   c Probleemstelling:
   d Centrale vraag:
   e Deelvragen:
   f Onderzoeksvragen:
   g Conceptueel model:
   h Hypothesen (indien van toepassing):
3 Doelgroep: wie moet in het onderzoek betrokken worden?
4 Methode van onderzoek: hoe gaan we informatie verzamelen, via welke methoden?
5 Timing: wanneer wordt het veldwerk verricht, wanneer is het eindrapport klaar enzovoort. Per fase van het onderzoeksproces aangeven wat de planning is en wie eindverantwoordelijk is voor die fase.
6 Wijze van rapportage: wat kan men verwachten? Mondelinge en/of schriftelijke rapportage? Hoe uitgebreid moet de rapportage worden?
7 Wat gaat het kosten: offerte met kostenbegroting (specificatie offerte)?

Contactpersoon onderzoeksgroep:
Naam:
E-mailadres:
Telefoonnummer:

Handtekening voor akkoord:

Contactpersoon opdrachtgever:
Naam:
E-mailadres:
Telefoonnummer:

Handtekening voor akkoord:

Bijlage 5
Checklist keuze informatieverzamelingsmethode

	Deskresearch		Fieldresearch			
		Kwantitatief onderzoek	Kwalitatief onderzoek			
	1 Desk-research	2 Enquêtes	3 Groeps-discussie	4 Diepte-interview	5 Observatie / experiment	6 Case-study
Kennis	*	+	–	+	–	–
Meningen	*	+	+	+	–	–
Houding/attitude	*	0	0	+	–	0
Voorkeuren	*	+	+	+	0	+
Verwachtingen	*	0	+	+	0	+
Wensen en behoeften	*	0	+	+	0	+
Hindernissen/belemmeringen	*	0	+	+	0	+
Gedrag	+	+	0	0	+	+
Gedrag sociaal wenselijk	+	0	–	–	+	+
Gedrag niet frequent/niet zichtbaar	+	+	0	0	–	+
Toekomstverwachtingen	0	0	+	+	–	–

+ = geschikte methode voor dit type vraag
0 = wellicht een geschikte methode
– = niet geschikte methode voor dit type vraag
* = afhankelijk van de aard van beschikbare eerder uitgevoerde onderzoeken

Onderzoeksvraag	Ideale methode	Haalbare methode
1		
2		
3		
4		
5		
6		
7		
n		

Vervolgens kopiëren we de haalbare methode per onderzoeksvraag en de methoden in de volgende tabel. We vergeten dan geen aspecten bij het ontwerpen van de methoden. Bij het maken van een vragenlijst kijken we bijvoorbeeld of alle onderzoeksvragen in de enquête terugkomen.

Methode	Onderzoeksvragen								
	1	2	3	4	5	6	7	Enzovoort	Totaal
Deskresearch	×					×			2
Enquête		×	×		×				3
Interviews				×				×	2
Enzovoort									

Wijze van afname per methode:
Deskresearch:
Enquêtes:
Interviews:
Groepsdiscussie:
Observatie:
Casestudy:

Bij enquêtes bijvoorbeeld de keuze tussen:
face-to-face / online / schriftelijk / telefonisch

Bij interviews:
face-to-face / schriftelijk / telefonisch

Bij groepsdiscussie:
face-to-face / online

Bijlage 6
Checklist operationalisering variabelen

De eerste stap voordat je een interview kunt gaan afnemen, is bedenken welke informatie het interview moet opleveren. In het werkplan heb je de onderzoeksvragen en eventueel het conceptueel model gemaakt. Op basis hiervan maak je een lijst met de in kaart te brengen variabelen. Deze variabelen moeten vertaald worden in meetbare termen. Dit noemen we operationaliseren.

Niet elke variabele leent zich ervoor om rechtstreeks in een enquête opgenomen te worden. Soms moet je eerst indicatoren zoeken om de variabele in kaart te kunnen brengen. Indicatoren zijn op te vatten als verschillende aspecten van de variabele, ofwel verschillende manieren om de variabele in kaart te brengen.

Op basis van deze indicatoren kun je vervolgens interviewvragen formuleren, nadat je hebt gekozen via welke indiceringmethode je de vraag stelt. Je kunt zo een variabele op meerdere manieren in kaart brengen.

In het algemeen geldt dat op hoe meer manieren en met des te meer indicatoren je een variabele hebt gemeten, des te meer valide de resultaten zijn.

Indiceringmethoden	Wat in kaart gebracht wordt	Storingsbronnen
Zelfbeschrijving	Houdingen en meningen (attitudes)	Kennis en sociale wenselijkheid
Gedrag	Gedrag	Sociale wenselijkheid en geheugen
Feiten	Gedrag en andere feiten	Sociale wenselijkheid en geheugen
Gedragsintenties	Meningen, houding, verwacht toekomstig gedrag	Sociale wenselijkheid en kennis

Bij zelfbeschrijving, gedrag of gedragsintenties kan soms het ene antwoord aantrekkelijker voor de respondent zijn dan het andere. Bijvoorbeeld omdat de respondent denkt of vindt dat dit maatschappelijk meer geaccepteerd is of omdat hij denkt dat de interviewer dit graag wil horen. We hebben dan te maken met bewuste vertekening van de antwoorden.

Bij gedrag en feiten kan de beantwoording soms een beroep op het geheugen van de respondenten doen. Zeker als het wat verder in het verleden ligt, is het geheugen niet altijd feilloos. We hebben dan te maken met onbewuste vertekening.

Bij het vragen naar attitudes en gedragsintenties kan gebrek aan kennis een verstorende factor zijn. Gevraagd naar iets waarvan men niet weet wat het inhoudt, hebben veel mensen de neiging toch een antwoord te geven.

Voorbeeld:

Variabelen	Indicator	Indiceringmethode	Vraag
Welstand	Inkomen	Zelfbeschrijving	Verdient u minder dan, meer dan of ongeveer hetzelfde als een modaal inkomen?
idem	Vakanties	Gedrag	Hoe vaak gaat u per jaar op een buitenlandse vakantie?
idem	Eerder stoppen met werken	Gedragsintentie	Bent u van plan voor het bereiken van uw pensioengerechtigde leeftijd te stoppen met werken?
idem	Huisbezit	Feiten	Hebt u een eigen koopwoning?

Eigen onderzoek:
Lijst met variabelen (op basis van onderzoeksvragen):

Invulling eigen tabel:

Variabelen	Indicator	Indiceringmethode	Vraag

Bijlage 7
Checklist steekproeftrekking

---

1 De te onderzoeken groep
Bij wie moet je informatie verzamelen om antwoord op je onderzoeksvragen te kunnen geven? Dit kan bijvoorbeeld de hele Nederlandse bevolking zijn, of de doelgroep van bedrijf X of de klantenkring van bedrijf X. In het eerste geval vallen er zo'n 16 miljoen potentiële onderzoekseenheden in de populatie, in het tweede geval misschien 100.000 en in het derde geval misschien 1.500.
De eerste stap is dus duidelijk maken op wie je onderzoek betrekking heeft. Wie vormt de doelgroep van je onderzoek, oftewel over welke populatie wil je straks een uitspraak doen als je de centrale vraag beantwoordt?

Populatie:

2 Populatieonderzoek of steekproef?
De tweede stap is te kijken of je de hele populatie in je onderzoek betrekt of slechts een gedeelte daarvan. In het laatste geval spreken we over een steekproef.
Afhankelijk van de omvang van de populatie, de methode van onderzoek, het beschikbare budget, de beschikbare tijd en de gevraagde betrouwbaarheid en nauwkeurigheid van je resultaten kies je ofwel voor onderzoek onder de gehele populatie (populatieonderzoek) ofwel voor een steekproefonderzoek. Bij de volgende stap gaan we uit van een steekproefonderzoek.

Geef aan: populatieonderzoek (ga naar stap 6) / steekproef

3 In kaart brengen van de onderzoeksgroep
Zijn er lijsten beschikbaar met NAW-gegevens waar alle onderzoekseenheden op vermeld staan? Als je een lijst hebt met alle eenheden uit de populatie, kun je een aselecte steekproef trekken.
Heb je zo'n lijst, ook wel steekproefkader genoemd, niet, dan moet je een andere manier vinden om je onderzoeksgroep te bereiken. In dit laatste geval spreken we over een selecte steekproef.
Een selecte steekproef is per definitie minder aantrekkelijk dan een aselecte. Bij veel statistische toetsen wordt uitgegaan van het principe van een aselecte steekproef. Bij een selecte steekproef moet je veel moeite doen om je steekproef qua samenstelling zo veel mogelijk op de populatie te laten lijken. De mate waarin je daarin slaagt, is een van de belangrijkste bepalers voor de waarde van je onderzoek.

Geef aan: steekproefkader beschikbaar? Selecte/aselecte steekproef.

4 Keuze van het soort steekproef
- Deelpopulaties die ondervertegenwoordigd dreigen (gestratificeerd of quota)? ja/nee
- Is de populatie moeilijk te bereiken (sneeuwbalsteekproef)? ja/nee
- Natuurlijke groepen van respondenten voorhanden (clusters)? ja/nee
- Gekozen steekproef op basis van voorgaande:

5 Aantal onderzoekseenheden
Rest nog de vraag: hoeveel onderzoekseenheden moeten in het onderzoek worden betrokken?

$$N = \frac{(P \cdot Q) \cdot Z^2}{E^2}$$

Of (bij $N < 5000$):

$$N = \frac{(P \cdot Q) \cdot Z^2}{E^2} \times \sqrt{\frac{(N-n)}{N-1}}$$

Z is een constante die afhankelijk is van de gewenste betrouwbaarheid:
- 99% betrouwbaarheid ⟶ Z-waarde = 3
- 95% betrouwbaarheid ⟶ Z-waarde = 1,96
- 90% betrouwbaarheid ⟶ Z-waarde = 1,65

a Totale benodigde onderzoeksgroep:
b Verwachte respons:
c Totaal benodigde steekproef: (c = a / b): n = ...

6 Maatregelen verhogen respons
1. herkenbare afzender
2. fraaie opmaak
3. korte enquête
4. incentive
5. waarderen van de respondent

Maatregelen die in het onderzoek genomen worden ter verhoging van de respons:

Bijlage 8
Checklist vragenlijst

Eisen aan de vragen
1 overzichtelijk
2 compleet
3 neutraal
4 niet te lang
5 duidelijke keuzes
6 duidelijk taalgebruik

Check bij een aantal mensen uit de doelgroep of de vragen goed zijn.

Ontwerp de antwoordcategorieën.

Antwoordmogelijkheden
1 enkelvoudig
2 meervoudig
3 halfopen
4 schaal
5 dichotoom antwoord
6 rangschikken
7 beeldvragen
8 open

Eisen aan gesloten vraagsoorten
1 logische volgorde
2 uitputtend
3 meetbaar
4 geen overlap
5 herkenbaar

Volgorde vragenlijst
- Begin met screeningvragen: valt iemand wel in de doelgroep?
- Begin met een leuke, motiverende, gemakkelijk te beantwoorden vraag. Met name bij straatenquêtes moet je de aandacht trekken.
- Stel in het begin niet te moeilijke vragen, men moet er nog inkomen. Stel ook geen vragen die men liever niet wil beantwoorden. De vertrouwensband moet nog opgebouwd worden.
- Stel in het middenstuk de moeilijke vragen.
- Stel aan het einde de vertrouwelijke vragen, bijvoorbeeld de demografische vragen. Liefst geen moeilijke vragen aan het einde, want de aandacht verslapt weer wat.
- Plaats onderwerpen op een logische wijze bij elkaar.
- Zorg voor een goede overgang tussen de onderwerpen. Sluit elk onderwerp af met een korte samenvatting.

- Vraag eerst naar spontane en dan naar geholpen zaken (zoals naamsbekendheid, kennisaspecten en tevredenheid op deelaspecten). Ga van algemeen naar specifiek.

Bijlage 9
Checklist rapportage

Aantal versies van je verslag
Hoeveel verschillende versies moet je van je verslag maken:
1 opleiding
2 opdrachtgever aparte versie: ja/nee
3 respondenten aparte versie: ja/nee

Inleiding
- aanleiding onderzoek
- doelstelling organisatie en onderzoek
- probleemstelling
- centrale vraag
- deelvragen
- onderzoeksvragen
- hypotheses
- conceptueel model
- vooruitblik op de inhoud

Opzet van het onderzoek
Verantwoording methode en keuzes ten aanzien van:
1 informatieverzamelingsmethoden
2 de wijze van afname
3 de operationalisaties van de begrippen en variabelen uit het onderzoek
4 constructie van het onderzoeksinstrument
5 populatiebepaling en streekproeftrekking

Resultaten
- responsverantwoording en consequenties voor betrouwbaarheid en nauwkeurigheid
- weergave resultaten in tabellen, grafieken en figuren met toelichting

Conclusies en aanbevelingen
- deelvragen beantwoorden
- centrale vraag beantwoorden
- aanbevelingen gekoppeld aan urgentie en belang

Prioritering

Urgent	Belangrijk	
	Ja	Nee
Ja	Directe actie door hele organisatie	Directe actie door een of meer medewerkers
Nee	Projectteam formeren	Stage of afstudeeropdracht

- conclusie over betrouwbaarheid en validiteit van je onderzoek
- alternatieve verklaringen, hindernissen die in je onderzoek bent tegengekomen
- suggesties voor vervolgonderzoek

Bijlage 10
Checklist presentatie

A Voorbereiding presentatie

Voor wie	Groep 1	Groep 2	Groep 3
Interesse doelgroep			
Doel presentatie			
Huidig kennisniveau			
Opleidingsniveau			
Leeftijd			
Strategie			

Doelen succesvolle communicatie

Doel	Aandachtspunten
1 Aandacht trekken voor het bericht	Gebruik boeiende opening, lokkertjes.
2 Begrijpen van het bericht	Sluit aan bij huidig kennisniveau; stem complexiteit boodschap af op het niveau van de ontvanger.
3 Attitudeverandering	Overtuig via argumenten en overreed via emotionele appeals. Houd rekening met de huidige mening van de doelgroep. Bij te weinig of te veel verschil tussen de verkondigde boodschap en de huidige mening is er weinig effect (men ziet niet de noodzaak tot aanpassing in (bij weinig verschil tussen de verkondigde en de huidige mening van de doelgroep)) of men sluit zich af van de boodschap (veel weerstand bij groot verschil tussen mening toehoorders en presentatie).
4 Sociale steun	Betrek de sociale omgeving bij de boodschap.
5 Verhoging eigen-effectiviteit	Geef handvatten voor verandering van gedrag indien nodig. Werk aanbevelingen concreet uit.
6 Gedragsverandering	Geef aan wat er nodig is om mensen van gedrag te kunnen laten veranderen.
7 Behoud van gedragsverandering	Maak effecten zichtbaar (feedback).

Communicatiestrategieën

Strategie	Inhoud	Hulpmiddel voor de presentatie
Informationeel	Kennisoverdracht via informatie	Powerpoint, taart- en staafdiagrammen, tabellen
Transformationeel	Houdingsbeïnvloeding door sfeerbeelden, broneffecten ('Onderzoek heeft uitgewezen dat...'; 'Prof.dr. X zegt dat...'), testimonials, emotionele appeals, schokkende beelden enzovoort	Filmpjes, foto's, bewegende beelden in powerpoint, testimonials van bekende personen. Schokkende beelden (*An inconvenient truth*-achtige opzet)
Tweezijdig	Zowel kennisoverdracht als houdingsbeïnvloeding door rationele informatie en emotionele invalshoeken	Beide bovengenoemde elementen gecombineerd
Uitvoering	Niet de boodschap, maar de vormgeving ervan staat centraal en trekt de aandacht. De uitvoering zorgt voor het trekken van de aandacht en roept een gevoel op dat gekoppeld wordt aan het onderwerp	Zaken die bij transformationeel zijn genoemd met veel overtuiging gebracht. Veel nadruk op de presentatieskills (zie bijvoorbeeld Emile Ratelband)

B Presentatietechnieken

Bij het houden van de presentatie moet je met de volgende zaken rekening houden:

- Houding: gebruik je wel een/geen lessenaar? Spiekbriefjes? Wat doe je met je handen? Loop je heen en weer? Zitten medepresentatoren erbij?
- Stemgebruik: let op toonhoogte en variatie.
- Contact met het publiek: hoe zorg je voor contact?
- Voorbereiding: zie A. Welke ondersteuning kies je (powerpoint, overhead, flap-over, muziek, video enzovoort)?

Hoelang mag de presentatie duren? Lukt het in die tijd? (Oefenen!)

Bijlage 11
Beoordelingsformulier Onderzoeksrapport

Student: ....

Betekenis scores:
O = onvoldoende, moet beter   V = voldoende, kan beter   G = goed, in orde

1 = zwaar onvoldoende, 2 = onvoldoende, 3 = voldoende,
4 = ruim voldoende, prima 5 = uitstekend

Beoordeelde onderdelen	Beoordelingsaspect	Scores		
Schriftelijke communicatie	Is begrijpelijk: tekst kent weinig vragen om verduidelijking	O	V	G
	Is verzorgd: spelling en grammatica zijn correct	O	V	G
	Kent een goede opbouw en indeling van het verslag	O	V	G

Bovenstaande onderdelen moeten voldoende zijn voor er een inhoudelijke beoordeling plaatsvindt

Onderzoek	Aanleiding helder beschreven	1 2 3 4 5
	Doelstellingen	1 2 3 4 5
	Centrale vraag	1 2 3 4 5
	Deelvragen en onderzoeksvragen	1 2 3 4 5
	Verantwoording gebruikte methodes (infoplan)	1 2 3 4 5
	Uitgevoerde deskresearch	1 2 3 4 5
	Kwaliteit onderzoeksinstrumenten	1 2 3 4 5
	Steekproeftrekking en verantwoording respons	1 2 3 4 5
	Gebruikte methode verwerking gegevens	1 2 3 4 5
	Verwerking resultaten uit het kwantitatief en kwalitatief onderzoek	1 2 3 4 5
	Inventiviteit en creativiteit onderzoek	1 2 3 4 5
	Beantwoorden centrale vraag	1 2 3 4 5

Eindcijfer: ..

Register

A
Aanmoedigingen 115
Ad-hoconderzoek 155
Afbakening 38
Afname-instrument 167
Afronding 180
Ambtelijk statistisch materiaal 85
Analyse 168
Analyseschema 41
Antwoordcategorieën 165
Aselecte steekproef 138
– Enkelvoudig 138
Asynchroon 125
Attitude 45

B
Beeldvragen 165
Beschrijvend onderzoek 22, 40, 57
Betrouwbaarheid 66
Bias 156
Big data 91
Bouncers 60
Bronvermelding 89

C
Casestudy 78, 124
Categorieënsysteem van Bales 65
Causaal verband 44
Centrale vraag 38
– Formulering 39
– Soorten 40
Chatsessie 128
Chikwadraattoets 180
Cirkeldiagram 181
Clustersteekproef 138
Communicatiestrategieën 186
Conceptueel model 43
Constructvaliditeit 70
Continuonderzoek 155
Controleerbaar 25

D
Databases 91
Datamateriaal 85

Dataverzameling 155
– Manieren 155
Deelvragen 41
Deskresearch 22, 57, 73
– Nadelen 88
– Voordelen 88
Deskresearchplan 95
Dichotoom antwoord 164
Diepte-interview 76
Doelgerichte steekproef 139
Doelstelling 35
– Voor de organisatie 37
– Voor het onderzoek 38
Doorvragen 116

E
Een derde variabele 68
Eigen attitude 45
Eigen-effectiviteit 46
Empirische cyclus 15
Enkelvoudig 163
Enkelvoudige aselecte
  steekproef 138
Enquête
– Face-to-face- 75
– Schriftelijk 74
– Telefonisch 75
Enquêteresearch 153
Etnografisch onderzoek 123
Evaluerend onderzoek 40
Experiment 77
Expertinterviews 58
Exploratief onderzoek 22, 40, 57
Externe validiteit 71

F
Face-to-face-enquête 75
Face-to-face-enquêteurs 167
Facial coding 130
Fieldresearch 22, 57
Fishing 64
Focusgroep 119
Frequencies 169
Fuikprincipe 38

G

Gedragscode 20
Gemakssteekproef 140
Gemiddelde 169
Generaliseerbaarheid 26
Geprecodeerde antwoorden 163
Gesloten vraagsoorten 163
Gesloten vragen 116
Gespreksvaardigheden 115
Gestratificeerde steekproef 138
Gevalsbeschrijving 124
Gevoel reflecteren 117
Gezichtsuitdrukkingen 130
Grafiek 180
Groepsdiscussie 76
Groepsdynamiek 119

H

Halfopen 164
Herhaalbaar 25
History 69
Houding 187
Houdingsecho 115
Hypothese 24
Hypothese raden 70

I

Incentive 143
Indicator 107, 161
– (In)directe 161
Indiceringmethode 108
Informatiemakelaar 96
Informatieplan 79
Inhoudsanalyse 87
Inleiding 114
Interactie met publiek 188
Interactieprocesanalyse 65
Inter-beoordelaarsbetrouwbaarheid 65
Internetbronnen 90
Internetdeskresearch 90
Interne validiteit 68
Interpreteren 117
Intersubjectiviteit 183
Interval 168
Interview 107
 – Face-to-face- 112
 – Gestructureerd 109
 – Halfgestructureerd 109
 – Ongestructureerd 109
 – Opzet 109, 114
 – Voorbereiden 113

K

Kolommen 180
Kruistabel 180
Kruisverbanden 182
Kwalitatief 23, 62
Kwalitatief onderzoek 65
Kwalitatieve methoden van fieldresearch 76
Kwantitatief 24, 62
Kwantitatief onderzoek 64
Kwantitatieve methoden van fieldresearch 74

L

Lichaamstaal 115
Lijndiagram 181
Literatuurbronnen 89
Literatuuronderzoek 85
Luisteren 115

M

Matrixmethode 110
Mediaan 169
Meervoudig 163
Meetniveaus 168
Meting 76
Mobiel onderzoek 61
Moderator 125
Modus 169
Monitor 155
Mortaliteit 70
Multimediaal 59
Mystery shoppen 121

N

Nauwkeurigheid 26, 140
Niet-participerende observatie 122
Nominaal 168
Non-obtrusive 88, 121
Non-respons 142
Non-verbaal luisteren 115
Numeriek 166

O

Objectiviteit 24, 35
Observatie 76, 121
 – Niet participerend 122
 – Voorbereiding 122
Observatiecategorieën 122
Observatieschema 65
Omvang van de steekproef 140

Onafhankelijkheid   24
Onderzoek   14
– Deelname   142
– Motieven   18
– Panel-   158
– Praktijk-   13
– Randvoorwaarden   37
– Soorten   21
– Vormen   155
– Wetenschappelijk   14
Onderzoeker
– Posities   35
Onderzoekerverwachtingen   71
Onderzoeksinstrument   72
– Soorten   73
Onderzoeksmatrix   72
Onderzoekspopulatie   58
Onderzoeksproces   26
Onderzoeksvragen   41
One-way screen   119
Onlinechat   128
Onlinefocusgroep   125
Onlineforum   129
Onlinegroepsdiscussie   125
Online kwalitatief onderzoek   124
Online kwantitatief onderzoek   157
Onlineomgeving   62
Online-onderzoek   58
– Methoden   125
– Nadelen   60
– Voordelen   59
Onlinepanel   140
Online single   128
Oogcontact   115
Opdrachtgever   15
Open vragen   115
Operationaliseren   70, 107, 161
Operationele steekproef   137
Ordinaal   168

P

Panelkenmerken   159
Panelonderzoek   75, 158
Parafraseren   116
Participerend   122
Percentages   180
Periodiek onderzoek   155
Persoonlijke link   61
Plan van aanpak   15
Populatie   137
Populatieonderzoek   137
Powerpointpresentatie   188
Praktijkonderzoek   13

Presentatie   185
Presentatietechnieken   187
Primaire literatuur   89
Prioritering   184
Probleemstelling   38
Pyttersen's Nederlandse
   Almanak   89

Q

Quotasteekproef   139

R

Rangschikken   165
Ratio   168
Registratie   76
Reliability-analyse   64
Reproduceerbaar   25
Research community   129
Respons   142, 178
Responscontrole   142
Rijen   180
Roamler   123

S

Samenvatten   116
Schaal   164
Screeningvragen   110
Secundaire analyse   86
Selecte steekproef   139
Selectie   69
Self-recruitingmethoden   159
SMART   37
Sneeuwbalmethode   89
Sneeuwbalsteekproef   139
Sociale norm   46
Social media   95
Social-mediaresearch   93
Social-mediatools   95
Split-half betrouwbaarheid   64
Spreidingsbreedte   169
SPSS   169
Staafdiagram   181
Statistische gegevens   85
Steekproef   137
– Betrouwbaarheid   140
– Doelgerichte   139
– Gemaks-   140
– Gestratificeerd   138
– Omvang   140
– Quota-   139
– Sneeuwbal-   139
Steekproefkader   138
Steekproefonderzoek   137

Stemgebruik 187
Stiltes 115
Straatenquêtes 109
Strata 138
Synchroon 125
Systematische fout 141
Systematische steekproef met aselect begin 138

T
Taartdiagram 181
Tabel 180
Tabletonderzoek 158
Theorie 45
Toetsbaar 25
Toetsend onderzoek 22, 40, 57
Toevallige fout 141
Toonkaarten 109
Trefwoorden 91
Trossteekproeftrekking 138

V
Validiteit 68
Vals verband 45
Variabelen 44
Verbaal luisteren 115

Verband 45
Vergelijkingsgegevens 183
Verslag 118
– Verkorte versie 178
– Voor opdrachtgever 177
– Voor opleiding 177
– Weergave resultaten 178
Verslaglegging 177
Vragenlijst 110
– Basiseisen 162
– Vraagsoorten 163
Vragen stellen 115

W
Waaromvraag 116
Websurvey-onderzoek 157
Websurveys 157
Weerlegbaar 25
Wetenschappelijk onderzoek 14

Z
Zelfbeschrijving 108
Zenuwtics 115
Zoeken op internet 90
Zoekmachines 90
Zoekoperator 90

Over de auteurs

Tom Fischer is hogeschooldocent en leerlijnexpert toegepast onderzoek aan het instituut voor marketingmanagement aan de Hanzehogeschool Groningen. Naast het ontwikkelen en verzorgen van het onderwijs op het gebied van toegepast onderzoek, begeleidt hij veel afstudeerstudenten bij hun afstudeeronderzoek. Tom is tevens coauteur van *Basisboek Methoden en technieken* (Noordhoff Uitgevers, 2012) en *Basisboek Kwalitatief onderzoek* (Noordhoff Uitgevers, 2013).

Mark Julsing heeft werkervaring als (markt)onderzoeker aan zowel de bureau- als de opdrachtgeverszijde bij onderzoeksbureau Hanzeconnect, de NCRV, de Persgroep en Eredivisie Media & Marketing CV. Zijn expertise ligt vooral op het gebied van kwantitatief onderzoek en mediaonderzoek. Mark is coauteur van een zestal andere boeken bij Noordhoff Uitgevers, waaronder *Basisboek Methoden en technieken* (Noordhoff Uitgevers, 2012) en *Basisboek Kwalitatief onderzoek* (Noordhoff Uitgevers, 2013).